高等学校经济与工商管理系列教材

# 财务报表分析

## （第 3 版第 2 次修订本）

池国华　王玉红　徐　晶　编著

U0368182

清 华 大 学 出 版 社

北京交通大学出版社

·北京·

## 内 容 简 介

　　本书主要从企业的外部使用者（主要包括资本市场的投资者、商业银行、税务部门等）的视角，同时兼顾企业内部经营管理的需要，以国际上最为成熟又最为流行的"哈佛报表分析框架"（该框架反对就会计论会计，强调跳出财务看财务）为主线，以 2006 年颁布的企业会计准则为依据，并考虑 2014 年修订发布的企业会计准则最新精神，以财务报表分析基本方法应用为重点，不仅专门引入了一家典型制造业上市公司 2015 年年报作为贯穿全书的案例，而且与其同行业最主要的两家竞争对手进行对比，同时穿插其他上市公司真实案例，深入浅出，化繁为简，系统介绍了三大财务报表（资产负债表、利润表和现金流量表）的会计分析基本方法，全面讲解了四大财务能力（盈利能力、营运能力、偿债能力和增长能力）衡量指标的应用原理，以期帮助读者能够在短时间内基本掌握读懂财务报表的基本技能。

　　本书既适合于经管类的本科生使用，也适合于 MPAcc、MV、MAud、MBA、MPA 等研究生使用，同时也适合于非会计学、非财务管理专业的企业经营管理者、投资者、债权人、监管者等学习。

本书封面贴有清华大学出版社防伪标签，无标签者不得销售。
版权所有，侵权必究。侵权举报电话：010-62782989　13501256678　13801310933

**图书在版编目（CIP）数据**

　　财务报表分析/池国华，王玉红，徐晶编著 . —3 版 . —北京：清华大学出版社：北京交通大学出版社，2017.5（2020.3 修订）
　　（高等学校经济与工商管理系列教材）
　　ISBN 978-7-5121-3187-3

　　Ⅰ . ①财… 　Ⅱ . ①池… 　②王… 　③徐… 　Ⅲ . ①会计报表-会计分析-高等学校-教材 　Ⅳ . ①F231.5

　　中国版本图书馆 CIP 数据核字（2017）第 085645 号

**财务报表分析**
CAIWU BAOBIAO FENXI

责任编辑：黎　丹
出版发行：清 华 大 学 出 版 社　邮编：100084　电话：010 - 62776969　http：//www.tup.com.cn
　　　　　北京交通大学出版社　邮编：100044　电话：010 - 51686414　http：//www.bjtup.com.cn
印 刷 者：北京鑫海金澳胶印有限公司
经　　销：全国新华书店
开　　本：185 mm×230 mm　　印张：18.5　　字数：414 千字
版　　次：2017 年 5 月第 3 版　　2020 年 3 月第 2 次修订　　2020 年 3 月第 4 次印刷
书　　号：ISBN 978-7-5121-3187-3/F · 1687
印　　数：14 001～18 000 册　　定价：49.00 元

本书如有质量问题，请向北京交通大学出版社质监组反映。对您的意见和批评，我们表示欢迎和感谢。
投诉电话：010-51686043，51686008；传真：010-62225406；E-mail：press@bjtu.edu.cn。

# 第1版 前言

做老师已经很多年了，财务分析教学也很多年了，近两年来突然很想写一部"既好用又好看"的财务报表分析教材。这主要缘于 2006 年以来在我身边和身上发生的几件事：一是在参加一次本科毕业生教学座谈会时，一位会计学专业毕业生告诉我们，她直到现在也不懂得如何才能编制出一张完整的财务报表，因此她很希望我们的本科教育能够更多地重视实践与操作；二是中石油东北销售总公司一位很年轻的分公司经理托人找到我，要我为他们分公司的管理层讲讲财务与会计的基础知识，其中专门点了要听财务报表分析；三是越来越多的单位找到我们学校，要求我们给他们单位的管理者和职员上财务报表分析课，这中间包括企业、商业银行、税务部门，甚至还有检察院的反贪局。第一件事促使我经常反思应该如何使教学更加贴近现实，更加强调可操作性。对后两件事，我没有表现出太多的惊讶，因为作为一名专业的财务报表分析课程教师，我认为，财务报表分析本身就是一种有助于企业经营管理者、投资者、债权人和监管部门等相关利益者进行各种决策的有效工具，它是沟通财务报表和财务决策之间关系的有力"桥梁"。全世界迄今为止最为成功的投资大师巴菲特的经验告诉我们，要做一名成功的投资者，就需要：第一，去学会计；第二，读懂年报；第三，耐心等待。随着世界经济的全球化和我国经济的高速增长，资本市场涌现出越来越多的机会，同时也带来越来越多的风险，在这种背景下，财务报表分析自然也越来越重要。问题的关键在于怎么能够使得教材"既好用又好看"呢？

首先是必须"好用"。我们在写这本教材的过程中尝试着做了这么几方面的工作。第一，引入了全世界目前最为成熟又最为流行的"哈佛分析框架"。这一框架以企业利益相关者为分析主体，以决策有用性为分析目标，以企业财务报表为分析对象，以战略分析为起点，以会计分析为基础，以财务分析为核心，以前景分析为终点，是一种富有逻辑性和可操作性的分析体系。第二，注重财务分析基本方法的传授。我们深知"授人以鱼，不如授人以渔"的道理，因此我们不仅拿出专门的篇幅重点介绍了财务报表分析的六种最常用的方法，包括水平分析法、垂直分析法、趋势分析法、比率分析法、因素分析法和综合分析法，而且还在其他章节使用了这些方法进行分析，目的是使教材使用者加深对这些方法的认识。第三，结合了最新颁布的新企业会计准则。2006 年我国会计规范发生重大变化，财政部颁布了新的企业会计准则，而且从 2007 年起开始在上市公司实施。本教材不仅按照新的企业会计准则介绍财务报表构成及其构成项目，而且专门引入了一个上市公司 2007 年年报作为贯穿全书的案例。第四，采用了大量的实际案例。除了引入一个贯穿全书的上市公司年报案例以外，本教材还穿插了大量的实际案例，这些案例既有上市公司的，也有非上市企业的，基本上每章都有。案例的引入是为了增强教材使用者对财务报表分析原理的理解与掌握。

其次是"好看"。我们对好看的理解：一是篇幅不能太长。当前许多教材动辄二十几章，厚厚的"大部头"，不仅体系显得臃肿、内容显得冗长，而且给教材使用者造成了不小的负担，而本教材仅 9 章。二是要有图有表。本教材有大量的图表，从而使得教材不仅更加直观，而且更富有说明力。三是增加引例。我们在教材的每一章开篇都有一个引例，其作用是"引人入胜"，帮助读者对该章内容先行把握。四是理论联系实际。教材的每一章都有一些小案例与名人名言，这些小案例与名人名言可读性很强，可以对读者形成强大的吸引力。

以上只是我们对于教材"好用"和"好看"的单方面理解，真正使用效果如何还得由读者来评判。本教材既适合于会计学、财务管理专业与非会计学、非财务管理专业的本科生使用，也适合于非会计学、非财务管理专业出身的 MBA、MPA、MPAcc 等使用。当然，也适合于非会计学、非财务管理专业的企业经营管理者、投资者、债权人、监管者等相关利益者使用。

需要交代一下本教材的编写团队，他们都是来自于国家重点学科东北财经大学会计学院的教师，都属于国家级优秀教学团队财务管理专业的骨干，都曾参与国家精品课财务分析的建设与维护。具体分工是：池国华担任本教材的主编，不仅负责大纲、总纂和定稿，而且还编写了第 1 章、第 2 章和第 9 章；王玉红担任本教材的副主编，编写了第 6～8 章；徐晶编写了第 3～5 章。在这里，我们还要感谢张楠、张玉缺、张显利、陈武、王东阁、徐凤霞、赵丽娜、张靓媛、杨媛媛、孙小茹、梁艳丽、虞田力等硕士生对本教材的贡献，他们不仅仅是本教材的第一批读者，提出了许多建设性的意见，而且在搜集资料、整理初稿和校对终稿等方面做了一些工作。也正因为有他们的参加，才使得本教材与使用者更加贴近。最后，感谢北京交通大学出版社的编辑黎丹女士，没有她的鼓励支持、耐心等待与认真负责，就没有这本"既好用又好看"教材的面世！

由于时间和水平有限，书中难免有疏漏和不当之处，敬请读者和专家批评指正，以期进一步的修改和完善。

池国华

2008 年 6 月于东北财经大学

# 第 2 版 前言

《财务报表分析》第 1 版完成于 2008 年，也是我个人主编的第一本教材。当时的初衷是想写一本"既好用又好看"的财务报表分析教材。出版后，才发觉其实离"既好用又好看"的要求甚远。所幸的是，读者们还是给了我们莫大的支持，不少高校将《财务报表分析》选用为专业课教材，而且不少实务工作者也将其作为实践的指导。一位远在深圳从事投资的实务工作者就是因此选我作为她的 EMBA 导师。当然，也有一些学生来信或当面为我们指出了教材存在的错误，提出了改进教材的建设性意见。出版社的编辑黎丹女士也多次来电告知市场的反映和教材的销售情况。凡此种种，鼓励着我们对《财务报表分析》进行再次修订。

修订的工作是从 2010 年年底开始启动的，历时近半年才完成。修订的宗旨是突出优势，改进不足。因此，本次修订是在保持第 1 版基本框架的基础上做了以下的重点改动：第一，替换了贯穿全书的大案例。之所以这样做，主要是因为替换后的案例更具有时效性（采用的是 2010 年年报）和代表性（该公司属于机械制造业行业）。第二，更新了一些小案例。原来的一些小案例的年代显得有点太久远了，可能已经和现行的实践相脱节了。第三，对一些错误的内容进行了删除或者修改。

第 2 版的编写仍然是由我和我的同事王玉红、徐晶共同承担，具体的分工是：池国华编写第 1 章、第 2 章和第 9 章；徐晶负责编写第 3 章、第 4 章和第 5 章；王玉红负责编写第 6 章、第 7 章和第 8 章。在此过程中，一些前辈们的研究成果给予了我们很大的启发，成为我们编写这本教材的参考依据，他们是：西南财经大学的樊行健教授、北京工商大学的谢志华教授、东北财经大学的张先治教授、厦门国家会计学院的黄世忠教授、中国人民大学的王化成教授、北京大学的陆正飞教授、对外经济贸易大学的张新民教授。也许我们编写的教材不能令他们满意，但我们还是要通过本书表达我们对前辈们深深的崇敬和谢意。当然，我们也要感谢我们所在的组织——国家重点学科东北财经大学会计学院、国家级教学团队东北财经大学财务管理专业、国家精品课程"财务分析"课程组。没有组织的培育与支持，就没有我们的这本教材。

东北财经大学会计学院的硕士生乔晓婷、张天元、魏妙琳、张一珉、马勇、魏同鑫、纪军东对第 2 版书稿进行了校对工作，并提出了一些很好的修改建议，在此表示感谢！最后，依然要感谢黎丹老师的精心编辑和辛苦付出！

很多时候非常羡慕国外的经典教材，都能够传承到十几版。套用马丁·路德金的名

I

言，我也有一个梦想，那就是我们的教材也能够一直得到广大读者的喜爱。或许这是一个永远无法实现的梦想，但我们愿意为此继续努力，同时在此我们也恳请专家和读者提出批评和建议，以便于本书能够得到持续改进和不断完善。来信请发送至 cgh _ lnhz @163. com。

池国华
2011 年 6 月于东北财经大学

# 第 3 版 前言

本书自 2008 年由清华大学出版社和北京交通大学出版社联合出版以来，先后再版 2 次，重印近 20 次，累计印数超过 60 000 册，被许多院校长期选用，受到了广大读者的一致好评。另外，本书经北京交通大学出版社推荐获得中国大学出版社图书奖第二届优秀教材奖二等奖，2012 年又入选辽宁省首批"十二五"普通高等教育本科省级规划教材。

在第 3 版修订之际，衷心感谢广大读者的热情支持，也要特别感谢西南财经大学原副校长樊行健教授、北京工商大学副校长谢志华教授、对外经济贸易大学副校长张新民教授、厦门国家会计学院院长黄世忠教授、中国人民大学商学院原副院长王化成教授、东北财经大学会计学院原副院长张先治教授等学术界各位前辈和同行的勉励和支持，感谢清华大学出版社和北京交通大学出版社卓越的品牌效应与优秀的编辑团队。

本书是在保持第 2 版基本特色与优点的前提下，为适应财务报表风险理论与实务的发展及教学改革的要求进行的再次修订。

本次修订主要体现在以下四个方面。

（1）根据财政部 2014 年修订颁布的企业会计准则对所涉及的相关内容进行了相应的修订。这些修订的企业会计准则包括《企业会计准则——基本准则》《企业会计准则第 30 号——财务报表列报》《企业会计准则第 33 号——合并财务报表》等。为了与时俱进地反映这些准则的修订精神，本书主要对第 1 章进行了修改。

（2）在保留第 2 版以典型制造业上市公司为贯穿全书大案例的基础上，将其财务报表由 2010 年更新替换为 2015 年，一方面保留了案例的稳定性，另一方面也突出了案例的时效性。读者如果有兴趣，可以将本书的第 2 版和第 3 版进行对比，就可以更加全面地了解该上市公司从 2009 年到 2015 年之间的变化。

（3）为了便于教师的教学和学生的学习，本次修订总结了第 2 版在使用过程中的经验，替换了一些已经过时或者不够恰当的案例，增加了一些更具时效性和针对性的案例。

（4）本次修订还针对第 2 版在使用过程中发现的错误与问题进行了更正，使全书内容更加精练、更具可读性。

第 3 版仍然是由我和东北财经大学会计学院的王玉红、徐晶共同担任主编，各章分工如下：第 1 章（池国华）；第 2 章（池国华）；第 3 章（徐晶、朱俊卿）；第 4 章（徐晶、王蕾）；第 5 章（徐晶、程良友）；第 6 章（王玉红、王蕾）；第 7 章（王玉红、朱俊卿）；第 8 章（王玉红、王钰）；第 9 章（池国华）。另外，程良友、王蕾、朱俊卿还为本书其他章节提供了部分案例。

东北财经大学会计学院的硕士生李政凝、朱昱、贺世豪、胡雅萌、王子龙、王晗、程龙和王梓熙对第 3 版修订稿进行了校对工作，并提出了一些很好的修改建议，在此表示感谢！最后，依然要感谢黎丹老师的精心编辑和辛苦付出！

因为篇幅所限，未一一指出案例的原始出处，同时材料大都来源于相关书籍、报纸、杂志和公告信息，在编入本书的过程中，我们根据需要对部分材料进行了不同程度的改编或删节，在此，对全部案例材料原始版本的所有编写者、整理者表示衷心的感谢！

本书配有教学课件和相关资源，有需要的读者可以从网站 http：//www. bjtup. com. cn 下载或者与 cbsld@jg. bjtu. edu. cn 联系。

由于作者水平有限，书中难免还存在一些缺点、错误，恳请读者批评指正，以便我们在下一次修订时加以完善。来信请发送至 cgh _ lnhz@163. com。

池国华

2017 年 4 月

# 目　录

# 第1章

# 财务报表分析基础

**学习目标：**
- 了解财务报表和财务报告的含义；
- 理解财务报表体系的构成及其联系；
- 掌握主要财务报表的结构、内容和作用。

## 引 例

### 财务报表就像一本故事书[①]

财务报表的重要性不言而喻，对经理人来说，它是一面知己知彼的镜子；对于投资者而言，它是规避风险的武器。在《财报就像一本故事书》中，作者将资产负债表比喻成了解企业财务管理工作最重要的利器，我们应该学习威尼斯商人的经商智慧；把利润表当作正确评价经理人绩效的工具，帮助投资人分清"善仆""恶仆"；借助现金流量表来评估企业能否在市场中继续存活和竞争，提醒企业在加速前进的同时，别忘了时刻注意油箱里的油量；通过股东权益变动表判断管理层是否公平对待所有的股东，让投资者明白到底是谁"动了我的奶酪"。

可见，理解财务报表对于企业利益相关者来说至关重要，因为这是财务报表分析的信息依据，也是进一步保证财务报表分析结果正确性的基础。不掌握财务报表编制的过程和包含的内容，就难以进行财务分析，也就无从了解企业的财务状况、经营业绩和现金流量。本章主要介绍财务报表体系的构成、各报表之间的联系，以及四大财务报表的结构、内容和作用。

---

① 韩礼．像读故事一样解读财务报表．沈阳晚报［N］，2007－05－22。

# 1.1　财务报表体系构成

## 1.1.1　财务报告的体系

### 1. 财务报表构成

财务报表是对企业财务状况、经营成果和现金流量的结构性描述。具体来说，财务报表是指企业对外提供的反映企业某一特定日期财务状况和某一会计期间经营成果、现金流量的书面文件。

财务报表是企业对外提供会计信息的主要形式，是财务报告的核心。财务报表的编制有特定的格式，列报项目要符合公认的会计准则，所表达数字的形成过程要遵照既定的标准。

财政部 2014 年修订颁布的《企业会计准则第 30 号——财务报表列报》中规定，一套完整的财务报表至少应当包括"四表一注"，即资产负债表、利润表、现金流量表、所有者权益变动表和附注，并且这些组成部分在列报上具有同等的重要程度。

### 2. 财务报告构成

我国《会计法》规定，财务会计报告由会计报表、会计报表附注和财务情况说明书组成。有关法律、行政法规规定会计报表、会计报表附注和财务情况说明书须经注册会计师审计的，注册会计师及其所在的会计师事务所出具的审计报告应当随同财务会计报告一并提供。

许多人常常混淆财务报告和财务报表，认为财务报表就等同于财务报告。其实，财务报告是广义而言的，泛指企业对外所提供的各项正式或非正式会计信息，包括结构化的和非结构化的会计信息：反映结构化会计信息的载体就是财务报表，非结构化的会计信息通常以其他资料的形式体现。可见，财务报表只是财务报告的一部分。

因此，财务报告是一个完整的报告体系，不但包括财务报表，而且涵盖企业应当对外披露的其他相关信息，具体可以根据有关法律法规的规定和外部使用者的信息需求而定，如公司治理结构、企业应承担的社会责任、可持续发展能力等信息。尽管这些信息属于非财务信息，无法包括在财务报表中，但由于这些信息对于使用者的决策也是相关的，因此企业也应当依法在财务报告中予以披露。

财务报表使用者在阅读财务报表的基础上，进一步了解非财务信息，不仅可以对企业的情况有更全面、更深刻的理解，还可以对企业经营者的经营管理能力作出更公允的判断，从而能够更加客观地评价企业经营者的业绩。

### 3. 年度财务报告体系

以上市公司为例,根据证监会 2016 年修订的《公开发行证券的公司信息披露内容与格式准则第 2 号——年度报告的内容与格式》及 2014 年修订的《公开发行证券的公司信息披露编报规则第 15 号——财务报告的一般规定》,公司年度报告中的财务报告应该包括审计报告正文和经审计的财务报表,如图 1-1 所示。其中财务报表包括公司近两年的比较式资产负债表、比较式利润表和比较式现金流量表、比较式所有者权益(股东权益)变动表及财务报表附注。

根据 2014 年新修订的财务报表列报会计准则,财务报表附注是对财务报表中相关数据涉及的交易和事项作出真实、充分、明晰的说明,是对报表中所列示项目的文字描述或明细资料。附注一般应当按照下列顺序至少披露以下内容:企业的基本情况;财务报表编制基础;遵循会计准则的声明;重要会计政策和会计估计的说明;会计政策和会计估计变更及差错更正的说明;报表重要项目的说明;或有和承诺事项、资产负债表日后非调整事项、关联方关系及其交易等需要说明的事项;有助于报表使用者评价企业管理资本的目标、政策及程序的信息等。财务报表附注补充了财务报表未表达的许多重要项目的细节,有助于报表使用者理解、分析财务报表。

年度财务报表是上市公司年报的核心。上市公司公布上一年度年报的时间是每年的 1 月 1 日至 4 月 30 日。每家上市公司公布两个版本的年报,即年报正文和年报摘要。年报摘要是年报正文的"简装版"。年报摘要虽然内容精练,但无法反映全部有价值的信息,特别是财务报表附注部分。因此,财务报表使用者最好养成阅读与分析年报正文的良好习惯。

值得注意的是,2015 年度,沪、深两市共有 2 678 家上市公司披露了内部控制评价报告,占全部上市公司的 94.73%。48 家上市公司因首年上市豁免披露内部控制评价报告,24 家上市公司因重大资产重组豁免披露内部控制评价报告。在披露内部控制评价报告的上市公司中,2 649 家内部控制评价结论为整体有效,占披露了内部控制评价报告上市公司的 98.92%①。根据财政部、证监会、审计署、银监会和保监会联合颁布的《企业内部控制基本规范》及其配套指引,以及财政部、证监会发布的《关于 2012 年主板上市公司分类分批实施企业内部控制规范体系的通知》要求,在分类分批实施的基础上,我国所有主板上市公司应当在 2014 年实施企业内部控制规范体系。中国企业内部控制规范体系的完善及发展,将对财务报告产生重大影响。良好的内部控制能够为企业在财务报告的编制、公布方面提供规范管控措施,为减少财务报告的失真提供有力保证,同时也为报表使用者进行报表分析提供较为真实的数据资料。

---

① 财政部会计司,证监会会计部,证监会上市部,等. 我国上市公司 2015 年执行企业内部控制规范体系情况分析报告〔EB/OL〕(2017-01-06). http://www.mof.gov.cn/mofhome/kjs/zhengwuxinxi/diaochayanjiu/201701/t20170106_2515688.html.

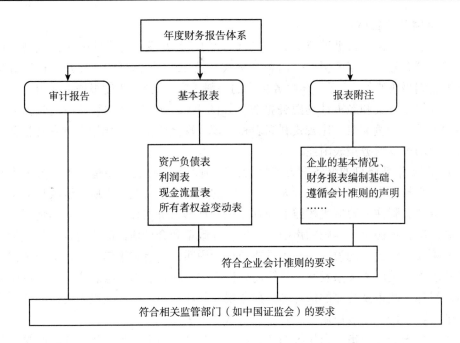

图 1-1　上市公司年度财务报告体系构成图

## 1.1.2　财务报表的形成

　　了解财务报表的形成是为了更好地进行财务报表分析。财务报表分析首先应该从会计报表入手，找出报表中可疑的项目，然后再通过查找账簿，甚至追查到凭证，而财务报表的形成过程则与之相反。具体而言，从经济业务发生开始，到最后财务报表的生成，其过程主要包含 5 个步骤。

　　（1）取得原始凭证

　　企业对于发生的各项经济业务，需要填制或取得证明业务发生或完成的原始凭证。

　　（2）填制记账凭证

　　企业应定期汇总原始凭证，编制原始凭证汇总表。然后根据审核无误的原始凭证或原始凭证汇总表填制记账凭证。记账凭证包括收款凭证、付款凭证和转账凭证。

　　（3）登记日记账、明细账和总账

　　企业应根据收款凭证与付款凭证登记现金日记账和银行存款日记账，根据收款凭证、付款凭证和转账凭证登记各种明细分类账。与此同时，为了保证会计资料的准确完整，企业应依据各种记账凭证逐笔平行登记总分类账。

（4）编制试算平衡表

期末，企业应将现金日记账、银行存款日记账、各种明细分类账分别与总分类账进行核对，并编制试算平衡表。

（5）编制财务报表

企业在试算平衡表的基础上及时编制财务报表。其具体过程如图1-2所示。

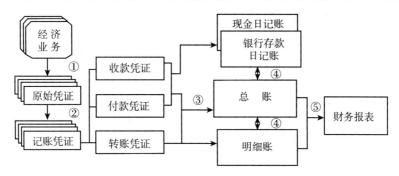

图1-2　财务报表生成过程图

# 1.1.3　财务报表之间的关系

需要明确的是，各个财务报表并不是孤立存在的，它们之间存在一定的联系。进行财务报表分析时，如果不考虑财务报表之间的联系，则可能造成分析的片面性，最终影响分析结果的准确性与说服力。

**1. 财务报表之间关系的整体描述**

财务报表可以在时间维度上被联系到一起。资产负债表是存量报表，它报告的是在某一时点上的价值存量。利润表、现金流量表和股东权益变动表是流量报表，反映的是一段时期之后的价值增量，从数量关系上看可以表示为两个时点价值存量的变化量。存量与流量之间的关系如图1-3所示。

图1-3　存量与流量关系示意图

具体来说，资产负债表分别给出了期末和期初两个时点的资产、负债和股东权益存量；而利润表说明了在一定时期内股东权益的变化（流量）；现金流量表反映了一个会计期间内现金和现金等价物的存量是如何变化的（流量）；股东权益变动表则说明了在两个时点的股东权益中各项目的存量是如何变化的（流量）。

## 2. 不同财务报表之间的具体关系

### (1) 资产负债表与利润表的关系

资产负债表与利润表的关系主要是体现在：如果企业实现盈利，首先需要按《公司法》规定提取盈余公积，这样会导致资产负债表盈余公积期末余额增加；其次，如果企业进行利润分配，那么在实际发放股利（或利润）之前，资产负债表应付股利期末余额会发生相应增加；最后，如果净利润还有剩余，则反映在资产负债表的未分配利润项目当中。因此，利润表的净利润项目分别与资产负债表中的盈余公积、应付股利和未分配利润项目具有一定的对应关系。

### (2) 资产负债表与现金流量表的关系

在不考虑以公允价值计量且其变动计入当期损益的金融资产的前提下，现金流量表中的现金及现金等价物净增加额等于资产负债表中的货币资金期末余额与期初余额两者之间的差额。

### (3) 资产负债表与股东权益变动表的关系

资产负债表与股东权益变动表的关系主要表现为：资产负债表股东权益项目的期末余额与期初余额之间的差额，应该与股东权益变动表中的股东权益增减变动金额相一致。

### (4) 利润表与现金流量表的关系

在目前的企业管理中，管理者常常把利润表放在关注的首位，而忽视了现金流量表的作用，这是因为，企业经营的核心目标就在于利润，是否盈利、盈利多少，看利润表就可以一目了然。其实，利润表对企业真实经营成果的反映是存在局限性的。利润表所反映的利润是由会计人员以权责发生制为基础，按照一定的会计程序与方法，将企业在一定时期所实现的收入及其利得减去为实现这些收入和利得所发生的成本、费用与损失而得来的，因此，利润表反映的是企业在一定期间"应计"的利润，而不是企业真实赚到的现金。此外，不同企业对于同一项目，由于选择的会计政策和会计方法存在差异，最终导致利润指标缺乏可比性。而现金流量表的编制基础是收付实现制，且不受会计政策和会计估计的影响，因此可以弥补利润表的这种缺陷，揭示企业资金流入和流出的真正原因，最终反映企业盈利的质量。

在编制现金流量表时，列报经营活动现金流量的方法有两种：一是直接法，二是间接法。间接法就是将净利润调节成经营活动产生的现金流量净额，实际上就是将按权责发生制原则确定的净利润调整为现金净流入量，并剔除投资活动和筹资活动对现金流量的影响。这些调整可归纳为 3 种类型，如表 1-1 所示。

表 1-1    由净利润到经营活动现金流量净额的调整表

|  | 调增（＋） | 调减（一） |
|---|---|---|
| 调整实际未引起现金收付的费用和收入项目 | 实际没有支付现金的费用和损失，如资产减值准备、固定资产折旧、无形资产摊销、长期待摊费用的摊销、递延所得税资产减少、递延所得税负债增加 | 实际没有收到现金的收入，如冲销已计提的资产减值准备、递延所得税资产的增加或递延所得税负债的减少等 |
| 调整不涉及经营活动的费用和收入项目 | 不涉及经营活动的费用和损失，如投资损失、财务费用、非流动资产处置损失、固定资产报废损失、公允价值变动损失 | 不涉及经营活动的收入，如投资收益、财务收益、非流动资产处置收益、固定资产报废收益、公允价值变动收益 |
| 调整经营性应收项目和应付项目 | 经营性应收项目减少，如应收账款减少、存货减少<br>经营性应付项目增加，如应付账款增加 | 经营性应付项目增加<br><br>经营性应付项目减少 |

（5）利润表与股东权益变动表的关系

利润表与股东权益变动表之间的关系主要变现为：利润表中的净利润、归属于母公司所有者的净利润、少数股东损益等项目金额，应与所有者权益变动表中的本年净利润、归属于母公司所有者的净利润、少数股东损益等项目金额一致。也就是说，净利润是股东权益本年增减变动的原因之一。

综上所述，资产负债表、利润表、现金流量表和股东权益变动表等主要财务报表之间的关系如图1-4所示。

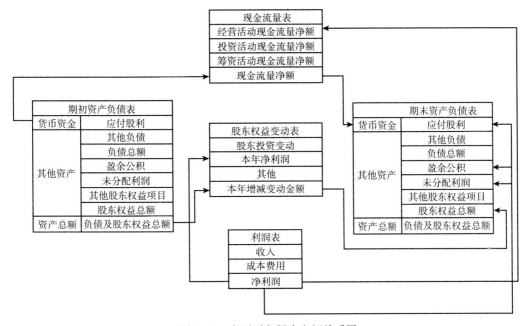

图1-4    主要财务报表之间关系图

# 1.2 资产负债表结构与内容

## 1.2.1 资产负债表的结构

资产负债表的结构一般是指资产负债表的组成内容及各项目在表内的排列顺序。资产负债表是一种静态的报表，反映了企业在某一特定日期的财务状况，即反映了企业在这一时点拥有或控制了多少资产，承担了多少对债权人和股东的义务。资产负债表的编制基础是权责发生制。

我国企业的资产负债表的编制格式采用的是账户式，左右平衡，其编制原理遵循"资产＝负债＋所有者权益"这一会计最基本的等式。资产负债表的右边反映资金的来源——筹资活动，主要源自于两大渠道，它们分别为负债和所有者权益；左边反映资金的占用——投资活动，投资活动的结果是给企业带来一系列的资产。资产负债表左右总额相等。资产负债表的结构具体如图1-5所示。

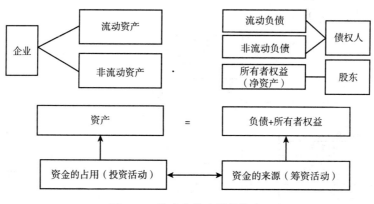

图1-5 资产负债表结构简表

## 1.2.2 资产负债表的内容

根据财政部2014年修订颁布的《企业会计准则第30号——财务报表列报》，企业资产负债表的基本格式和内容如表1-2所示。

## 表1-2　SYZG公司资产负债表

编制单位：SYZG公司　　　　　　　　　　　2015年12月31日　　　　　　　　　　　单位：万元

| 资　产 | 期末余额 | 期初余额 | 负债及所有者权益 | 期末余额 | 期初余额 |
|---|---|---|---|---|---|
| 流动资产： | | | 流动负债： | | |
| 货币资金 | 684 088 | 604 927 | 短期借款 | 1 157 052 | 460 192 |
| 以公允价值计量且其变动计入当期损益的金融资产 | 3 116 | 3 578 | 衍生金融负债 | 10 685 | 12 588 |
| 衍生金融资产 | 33 443 | 1 991 | 应付票据 | 258 654 | 305 373 |
| 应收票据净额 | 54 732 | 121 498 | 应付账款 | 364 212 | 448 794 |
| 应收账款净额 | 2 096 139 | 1 985 131 | 预收款项 | 89 251 | 164 359 |
| 预付款项净额 | 25 039 | 28 838 | 应付职工薪酬 | 29 283 | 29 727 |
| 应收利息净额 | 99 | 28 | 应交税费 | 17 814 | 20 498 |
| 其他应收款净额 | 225 971 | 240 529 | 应付利息 | 4 470 | 3 885 |
| 存货净额 | 552 085 | 726 915 | 应付股利 | 10 953 | 10 844 |
| 一年内到期的非流动资产 | 18 228 | 8 794 | 其他应付款 | 216 569 | 241 914 |
| 其他流动资产 | 39 943 | 89 007 | 一年内到期的非流动负债 | 621 457 | 386 789 |
| 流动资产合计 | 3 732 883 | 3 811 236 | 流动负债合计 | 2 780 400 | 2 084 963 |
| 非流动资产： | | | 非流动负债： | | |
| 可供出售金融资产净额 | 39 605 | 51 975 | 长期借款 | 870 218 | 1 613 159 |
| 长期应收款净额 | 26 217 | 36 416 | 应付债券 | 49 696 | 49 513 |
| 长期股权投资净额 | 102 553 | 101 724 | 长期应付款 | 4 984 | 6 857 |
| 固定资产净额 | 1 522 594 | 1 608 232 | 长期应付职工薪酬 | 7 416 | 9 006 |
| 在建工程净额 | 98 308 | 128 173 | 预计负债 | 10 864 | 21 629 |
| 工程物资 | 11 098 | 21 040 | 递延收益 | 11 353 | 10 408 |
| 无形资产净额 | 443 624 | 452 577 | 递延所得税负债 | 24 771 | 29 342 |
| 开发支出 | 42 665 | 34 055 | 其他非流动负债 | | 1 985 |
| 商誉净额 | 3 513 | 3 693 | 非流动负债合计 | 979 302 | 1 741 899 |
| 长期待摊费用 | 1 462 | 1 496 | 负债合计 | 3 759 702 | 3 826 862 |
| 递延所得税资产 | 90 114 | 43 491 | 所有者权益： | | |
| 其他非流动资产 | 8 138 | 6 837 | 股本 | 761 650 | 761 650 |
| 非流动资产合计 | 2 389 891 | 2 489 709 | 资本公积 | 76 295 | 76 295 |
| | | | 其他综合收益 | −188 257 | −99 442 |
| | | | 专项储备 | 456 | 413 |
| | | | 盈余公积 | 261 265 | 261 265 |

续表

| 资　产 | 期末余额 | 期初余额 | 负债及所有者权益 | 期末余额 | 期初余额 |
|---|---|---|---|---|---|
| | | | 未分配利润 | 1 355 662 | 1 378 362 |
| | | | 归属于母公司所有者权益合计 | 2 267 071 | 2 378 543 |
| | | | 少数股东权益 | 96 001 | 95 540 |
| | | | 所有者权益合计 | 2 363 072 | 2 474 083 |
| 资产总计 | 6 122 774 | 6 300 945 | 负债与所有者权益总计 | 6 122 774 | 6 300 945 |

下面对资产负债表的主要项目进行简单说明。

**1. 资产类项目**

资产是指企业过去的交易或者事项形成的、由企业拥有或者控制的、预期会给企业带来经济利益的资源。资产可能是有形的，如机器设备、存货等；资产也可能是无形的，如专利权和商标权。资产通常分为两个主要类型：流动资产和非流动资产。在资产负债表中通常是按资产的流动性由强到弱自上而下排列，先流动资产后非流动资产。

（1）流动资产

流动资产是指可以在一年或超过一年的一个营业周期内变现或耗用的资产。在资产负债表中，流动资产项目包括货币资金、以公允价值计量且其变动计入当期损益的金融资产、应收票据、应收账款、预付账款、其他应收款、存货等。流动资产是企业在生产经营过程中必不可少的资产。例如，缺少货币资金，企业就难以购买材料、难以发放工资、难以购置设备等；缺少原材料，就会给企业生产经营造成停工损失，所以流动资产就犹如企业的血液，必须保证充足、流动畅通，企业才能健康持续发展。

在流动资产中，货币资金是企业在生产经营过程中处于货币形态的那部分资金，它可立即作为支付手段并被普遍接受，因而流动性最强。货币资金一般包括企业的库存现金、银行结算户存款、外埠存款、银行汇票存款、银行本票存款、信用卡存款和信用证保证金存款等。

根据2014年修订的《企业会计准则第30号——财务报表列报》，资产负债表的资产类至少应当单独列示"以公允价值计量且其变动计入当期损益的金融资产"，此类资产可以进一步划分为交易性金融资产和直接指定为以公允价值计量且其变动计入当期损益的金融资产，两者都通过"交易性金融资产"科目来核算。

应收票据主要是指企业因销售商品或提供劳务等而收到的商业汇票，包括商业承兑汇票和银行承兑汇票。

应收账款是指企业在生产经营过程中因销售商品或提供劳务而应向购货单位或接受劳务单位收取而未收的款项。

预付款项是指购货单位根据购货合同的规定，预先付给供货单位的货款，预付的货款既可以是部分货款，也可以是全部的货款。

　　其他应收款是指除应收票据、应收账款和预付账款以外的其他各种应收、暂付款项。

　　存货是指企业在生产经营过程中为销售或耗用而储存的各种有形资产，包括各种原材料、燃料、包装物、周转材料、委托加工材料、在产品、产成品和商品等。

　　（2）非流动资产

　　除流动资产外，企业的其他资产统称为非流动资产，非流动资产是指在一年或超过一年的一个营业周期内不能变现或耗用的资产。非流动资产包括可供出售金融资产、持有至到期投资、长期股权投资、长期应收款、投资性房地产、固定资产、在建工程、工程物资、无形资产、商誉等。非流动资产的形成往往需要投入大量资金，并且发挥作用的时间也较长，它一旦形成就不易调整或变现。

　　在非流动资产中，可供出售金融资产、持有至到期投资属于企业的非生产经营性长期资产，这些资产会给企业带来投资收益，但不直接参与企业的生产经营活动。

　　投资性房地产是指为赚取租金或资本增值，或两者兼有而持有的房地产，包括已出租的土地使用权、持有并准备增值后转让的土地使用权、已出租的建筑物。

　　长期股权投资是指企业为了扩大规模或兼并其他企业而进行的期限超过一年的投资。

　　长期应收款是指企业融资租赁产生的应收账款和采用递延方式分期收款、实质上具有融资性质的销售商品和提供劳务等经营活动产生的应收款项。

　　固定资产是指企业为生产商品提供劳务、出租或经营管理而持有的、使用寿命超过一个会计年度的有形资产，包括房屋建筑物、机器设备、运输工具等。

　　无形资产是指企业拥有或控制的、无实物形态的、可辨认的非货币资产，包括专利权、非专利技术、商标权、著作权、土地使用权等。

　　**2. 负债类项目**

　　负债是指企业过去的交易或者事项形成的、预期会导致经济利益流出企业的现时义务。现时义务是指企业在现行条件下已承担的义务。未来发生的交易或者事项形成的义务，不属于现时义务，不应当确认为负债。同资产类项目一样，负债分为流动负债和非流动负债。在资产负债表中，负债是按照到期日的由近到远自上而下排列的。

　　（1）流动负债

　　流动负债是指可以合理预期在一年内或超过一年的一个经营周期内需要利用企业现有资产偿还的债务，主要包括短期借款、应付票据、应付账款、应付职工薪酬等。

　　短期借款是指企业向银行或其他金融机构等借入的期限在一年以下（含一年）的各种借款。

　　应付票据是指企业因购买材料、商品和接受劳务供应等开出、承兑的商业汇票，包括银行承兑汇票和商业承兑汇票。

　　应付账款是指企业因购买材料、商品和接受劳务等经营活动应支付的款项。

（2）非流动负债

非流动负债是指偿还期超过一年或一个经营周期的债务，具体包括长期借款、应付债券、长期应付款、专项应付款等。

在非流动负债中，长期借款是指企业向银行或其他金融机构借入的期限在一年以上的各种借款。

应付债券是指企业为筹集（长期）资金而发行的债券。债券发行有面值发行、溢价发行和折价发行三种情况。

长期应付款是指除了长期借款和应付债券以外的其他各种长期应付款，包括应付融资租入固定资产的租赁费、以分期付款方式购入固定资产等发生的应付款项等。

### 3. 股东权益类项目

股东权益是指企业资产扣除负债后由股东享有的剩余权益。公司的股东权益又称为所有者权益。股东权益的来源包括所有者投入的资本、直接计入所有者权益的利得和损失、留存收益等。股东权益项目包括股本（或实收资本）、资本公积、盈余公积、未分配利润等。

股本是指股东在公司中所占的权益，多用于指股票。上市公司与其他公司相比较，最显著的特点就是将上市公司的全部资本划分为等额股份，并通过发行股票的方式来筹集资本。股东以其所认购股份对公司承担有限责任，因此股份是很重要的指标。股票的面值与股份总数的乘积为股本，股本应等于公司的注册资本。

资本公积是指投资者出资额超出其在注册资本或股本中所占份额的部分。直接计入所有者权益的利得和损失，也通过本科目核算。

盈余公积包括法定盈余公积和任意盈余公积两种类型，主要可以用于弥补企业亏损或者转增资本。关于法定盈余公积，按照《公司法》的规定，按照税后利润的10%提取，法定盈余公积累计额已达注册资本50%时，可以不再提取；上市公司按照股东大会的决议提取任意盈余公积。法定盈余公积和任意盈余公积的区别在于其各自计提的依据不同，前者以国家的法律或行政规章为依据提取，后者则由上市公司自行决定提取。

未分配利润是指企业未作分配的利润。它在以后年度可继续进行分配，在未进行分配之前，属于所有者权益的组成部分。从数量上来看，未分配利润是期初未分配利润加上本期实现的净利润，减去提取的各种盈余公积和分出的利润后的余额。未分配利润有两层含义：一是留待以后年度处理的利润；二是未指明特定用途的利润。相对于所有者权益的其他部分来说，企业对于未分配利润的使用有较大的自主权。

少数股东权益简称少数股权，在控股合并形式下，少数股东权益是指子公司股东权益中未被母公司持有部分。在母公司拥有子公司股份不足100%，即只拥有子公司净资产的部分产权时，子公司股东权益的一部分属于母公司所有，即多数股权，其余仍属子公司外部其他股东所有。由于后者在子公司全部股权中不足半数，对子公司没有控制能力，故被称为少数股权。

## 1.2.3 资产负债表的附表

受制于资产负债表特定的格式要求，一些信息的来源和构成无法直接在资产负债表中披露。于是，资产负债表的编制者会根据现有会计准则的要求，以更加灵活的表格形式将这些信息在报表附注中加以披露，形成资产负债表附表。常见的资产负债表附表包括资产减值准备明细表、以公允价值计量且其变动计入当期损益的金融资产明细表、应收账款账龄结构分析表、应收账款客户结构分析表、存货明细表、存货跌价准备明细表、长期股权投资明细表、投资性房地产明细表、固定资产及累计折旧明细表、无形资产及摊销明细表、借款明细表、应付职工薪酬明细表、应付债券明细表、长期应付款明细表等。表1-3列示的是存货跌价准备明细表。

**表1-3 SYZG公司存货跌价准备明细表**

编制单位：SYZG公司　　　　　　　　　　2015年度　　　　　　　　　　单位：万元

| 项　　目 | 期初余额 | 本期增加金额 | | 本年减少金额 | | 期末余额 |
| --- | --- | --- | --- | --- | --- | --- |
| | | 计提 | 其他 | 转回或转销 | 其他 | |
| 原材料 | 13 767 | 3 730 | | 5 183 | 196 | 12 118 |
| 在产品 | 666 | 89 | | 159 | 33 | 563 |
| 库存商品 | 11 115 | 843 | | 4 551 | 392 | 7 015 |
| 合　　计 | 25 548 | 4 662 | | 9 893 | 621 | 19 696 |

## 1.2.4 资产负债表的作用

（1）揭示经济资源总量及其分布形态

资产负债表揭示了企业拥有或控制的能用货币表现的经济资源，即资产的总规模及具体的分布形态，即有多少资源是流动资产、有多少资源是非流动资产、流动资产内部结构又是如何等。总之，资产负债表是分析企业生产经营能力的重要途径。

（2）反映企业资金来源及其构成情况

资产负债表提供某一日期负债和所有者权益总额及其结构，反映了企业资金的来源及其构成情况。具体而言通过资产负债表，可以了解企业的负债规模及其结构、所有者权益规模及其结构。

（3）获取企业资产流动性水平信息

通过资产负债表，财务报表使用者可以获取企业资产流动性水平方面的信息。这是由于企业资产负债表的资产项目是按照流动性的强弱顺序排列的。通过观察资产的流动性，财务报表的使用者还可以了解资产的变现能力。

（4）提供分析企业偿债能力的信息

企业的债务需要用资产来偿还。通过将资产负债表中的资产、所有者权益等项目信息与负债项目进行比较，可以了解企业债务偿还的保障程度。也就是说，资产负债表提供了分析偿债能力方面的信息。

# 1.3　利润表的结构与内容

## 1.3.1　利润表的结构

利润表是反映企业在一定会计期间经营成果的会计报表，因此它是一种动态报表。我国企业的利润表是采用多步式格式编制的，其编制原理遵循另一会计等式，即"利润＝收入－费用"。与资产负债表一样，利润表编制的基础是权责发生制。

要分析利润表，首先需要掌握利润表的实质。利润表主要综合反映了企业各种活动尤其是经营活动的最终成果，它反映的是企业在一定会计期间所取得的收入、所发生的成本费用及最终所赚取的利润。我国企业利润表包括了营业利润、利润总额和净利润三种利润形式。利润表与企业各种活动的对应关系可通过表1-4来反映。

表1-4　利润表与企业各种活动的对应关系

| 项　　目 | 企业各种活动 |
| --- | --- |
| 一、营业总收入 | 经营活动 |
| 　其中：营业收入 | |
| 二、营业总成本 | |
| 　其中：营业成本 | |
| 　　　　税金及附加① | |
| 　　　　销售费用 | |
| 　　　　管理费用 | |
| 　　　　财务费用 | 筹资活动 |
| 　　　　资产减值损失 | 取决于资产类型 |
| 　加：公允价值变动损益 | 投资活动 |
| 　　　投资收益 | 投资活动 |
| 　　　汇兑收益 | 筹资活动 |
| 三、营业利润（亏损以"－"号填列） | 日常经济活动 |
| 　加：营业外收入 | 非日常经济活动 |
| 　减：营业外支出 | |
| 四、利润总额（亏损总额以"－"号填列） | 经济活动 |

| 项　目 | 企业各种活动 |
|---|---|
| 　减：所得税费用 | 经济活动 |
| 五、净利润（亏损以"－"号填列） | 经济活动 |
| 六、其他综合收益（损失）的税后净额 | 非日常经济活动 |
| 七、综合收益总额 | 全部经济活动 |
| 八、每股收益 | 全部经济活动 |

　　① 按照财政部会计司〔2016〕22号文件的规定，全面试行营业税改征增值税后，"营业税金及附加"科目名称调整为"税金及附加"。

## 1.3.2　利润表的内容

　　根据财政部2014年修订颁布的《企业会计准则第30号——财务报表列报》，企业利润表的基本格式和内容如表1-5所示。

表1-5　SYZG公司利润表

编制单位：SYZG公司　　　　　　　　　　2015年1—12月　　　　　　　　　　单位：万元

| 项　目 | 本期发生额 | 上期发生额 |
|---|---|---|
| 一、营业总收入 | 2 336 687 | 3 036 472 |
| 　其中：营业收入 | 2 336 687 | 3 036 472 |
| 二、营业总成本 | 2 345 172 | 3 003 919 |
| 　其中：营业成本 | 1 757 677 | 2 253 867 |
| 　　　营业税金及附加① | 12 112 | 18 315 |
| 　　　销售费用 | 193 928 | 287 217 |
| 　　　管理费用 | 200 277 | 253 252 |
| 　　　财务费用 | 132 122 | 123 035 |
| 　　　资产减值损失 | 49 056 | 68 233 |
| 　加：公允价值变动收益 | 28 236 | －1 527 |
| 　　　投资收益 | －2 697 | 40 717 |
| 　　　其中：对联营企业和合营企业的投资收益 | 6 248 | 2 321 |
| 三、营业利润 | 17 054 | 71 743 |
| 　加：营业外收入 | 37 011 | 46 092 |
| 　　　其中：非流动资产处置利得 | 2 920 | 5 240 |
| 　减：营业外支出 | 42 076 | 19 322 |

续表

| 项　目 | 本期发生额 | 上期发生额 |
|---|---|---|
| 　　其中：非流动资产处置损失 | 22 190 | 5 510 |
| 四、利润总额 | 11 989 | 98 513 |
| 　　减：所得税费用 | −1 826 | 22 916 |
| 五、净利润 | 13 815 | 75 597 |
| 　　归属于母公司所有者的净利润 | 13 859 | 70 921 |
| 　　少数股东损益 | −44 | 4 676 |
| 六、其他综合收益的税后净额 | −88 835 | −46 101 |
| 七、综合收益总额 | −75 020 | 29 497 |
| 　　归属于母公司所有者的综合收益 | −74 957 | 24 824 |
| 　　归属少数股东的综合收益 | −63 | 4 673 |
| 八、每股收益 | | |
| 　　（一）基本每股收益（元/股） | 0.018 | 0.093 |
| 　　（二）稀释每股收益（元/股） | 0.018 | 0.093 |

① 2015 年 SYZG 公司利润表仍然是营业税金及附加，为尊重事实，故保持原状。

下面对利润表的主要项目进行简单说明。

**1. 营业利润**

营业利润是指企业从事生产经营活动所产生的利润，是指企业在某一会计期间的营业收入与为实现这些营业收入所发生的费用、成本配比计算之后的结果。它主要是企业通过自身的生产经营活动所取得的。

与经营活动有关的收入主要指营业收入，包括主营业务收入和其他业务收入等；与经营活动有关的成本费用项目主要包括营业成本、税金及附加、销售费用、管理费用等。财务费用主要与企业的筹资活动有关，公允价值变动收益、投资收益则与投资活动相关，资产减值损失具体属于经营活动还是投资活动取决于资产的类型。

**2. 利润总额**

利润总额是指企业在营业利润的基础上，考虑营业外收支后的利润成果。利润总额是衡量企业经营业绩十分重要的财务指标。

根据收益总括观，利润总额包括营业外收支和前期会计调整等内容。按照规定，企业在计算利润总额之前，需要将当期经营过程中所产生的利润（正常利润）和其他损益（非正常利润）分开列示。所谓正常利润，是指由企业生产经营活动所产生和实现的利润，包括企业从事经营活动、投资活动、筹资活动等实现的利润，也就是包括经营利润（经营活动所取得的利润）、投资收益等。非正常利润是与企业生产经营活动无关事项所引起的损益，包括罚款收入、处置长期资产的净收益、遭受自然灾害导致的损失、罚款支出和滞纳金支出等与正常生产经营活动无关的项目。除此以外，前期会计调整也纳入非正常利润之列。由于产生正常利润的生产经营活动可由企业管理层所控制，而非正常利润是不可控制的，因而将利润划分为正常利润和非正常利润（即在利润表中分开列示）有利于更客观地衡量企业管理层的经营管理效率。

### 3. 净利润

净利润是指在利润总额中按规定缴纳了所得税后公司的利润留成，一般也称为税后利润或净收入。它反映了企业全部活动的经营成果。

净利润是反映企业经济效益的一项重要指标。一般来讲，净利润多，企业的经营效益就好；净利润少，企业的经营效益就差。对于企业投资者来说，净利润是衡量投资回报大小的基本指标；对于企业经营者而言，净利润可以很好地反映其受托责任的履行情况。

### 4. 其他综合收益和综合收益总额

综合收益，是指企业在某一期间除与所有者以其所有者身份进行的交易之外的其他交易或事项所引起的所有者权益变动。综合收益总额项目反映了净利润与其他综合收益扣除所得税影响后的净额相加后的合计金额。其他综合收益，是指企业根据企业会计准则规定未在当期损益中确认的各项利得和损失。财政部 2014 年修订颁布的《企业会计准则第 30 号——财务报表列报》规定，企业应当在利润表"净利润"项下增列"其他综合收益的税后净额"项目和"综合收益总额"项目，并且应当在附注中披露其他综合收益各项目及其所得税影响，以及原计入其他综合收益、当期转出计入当期损益的金额等相关信息。

### 5. 每股收益

每股收益即 EPS，又称每股税后利润、每股盈余，是指公司某一时期税后利润与股本总数之间的比率。它是测定股票投资价值的重要指标之一，是综合反映公司盈利能力的重要指标。每股收益包括基本每股收益和稀释每股收益两种形式。

## 1.3.3　利润表的附表

为了明确利润表中的数据来源和构成，提供更多的相关信息，现行企业会计准则要求对部分利润表中的数字，以表格的形式在报表附注中加以披露。表 1-6 分项目列示了 SYZG 公司营业收入和营业成本的具体构成。

表 1-6　SYZG 公司营业收入和营业成本的分项目列示

编制单位：SYZG 公司　　　　　　　　　　　2015 年度　　　　　　　　　　　单位：万元

| 项　　　目 | 本期发生额 | | 上期发生额 | |
|---|---|---|---|---|
| | 收入 | 成本 | 收入 | 成本 |
| 主营业务 | 2 267 873 | 1 695 978 | 2 970 493 | 2 200 447 |
| 其他业务 | 68 814 | 61 699 | 65 979 | 53 420 |
| 合　　计 | 2 336 687 | 1 757 677 | 3 036 472 | 2 253 867 |

除上述附表外，利润表的附表还包括营业收入明细表、投资收益明细表、资产减值损失明细表、营业外收入明细表、营业外支出明细表等。

### 1.3.4　利润表的作用

（1）揭示企业经营成果

通过利润表反映的收入取得情况、费用耗用情况和利润实现情况可以评价企业的经营成果。获利是企业的根本目标，也是企业投资者、债权人、经营管理者十分关注的信息。

（2）反映企业盈利能力

盈利能力通常体现了财务成果与其相关的一些指标之间的比率关系，如财务成果与收入的比率关系，财务成果与成本费用的比率关系等。利润表提供了盈利能力分析所需要的收入信息和成本费用信息，其他反映盈利能力的指标计算也离不开利润表提供的数据。

（3）有助于分析企业偿债能力

企业的偿债能力受多种因素的影响，而获利能力的强弱又是决定偿债能力大小的一个重要因素。企业的获利能力不强，就不能保证销售活动带来足够的现金流量，从而影响偿债能力。

（4）有助于企业进行科学经营管理

利润表提供了反映企业收入、成本费用状况的信息，通过分析可以了解企业各项收入、费用和利润的升降趋势及其变化幅度，找出原因所在，发现经营管理中存在的问题；通过比较分析利润表中各项构成要素，对利润的形成进行结构分析，找出形成利润的主要来源渠道，为企业的经营决策提供依据。

（5）有助于考核评价经营者的经营业绩

利润表中的数据，体现了企业在生产经营过程中的资本利用的效果与效率，是对企业经营业绩的直接反映，是经营者受托责任履行情况的真实写照，因而是股东考核评价经营者经营业绩的重要依据。

# 1.4　现金流量表的结构与内容

## 1.4.1　现金流量表的结构

现金流量表是指反映企业在一定会计期间的现金和现金等价物流入和流出的会计报

表，它以现金流量为基础体现了企业全部活动的总体状况。现金，是指企业库存现金及可以随时用于支付的银行存款。现金等价物，是指企业持有的期限短、流动性强、易于转换为已知金额现金、价值变动风险很小的投资。现金流量表是反映企业的现金流量状况的动态报表，编制的基础是收付实现制，编制原理遵循以下公式。

$$现金流入－现金流出＝现金流量净额$$

我国企业的现金流量表将现金流量划分为经营活动现金流量、投资活动现金流量和筹资活动现金流量三种类型。因此，现金流量表提供了从另外一个角度观察企业的经营活动、筹资活动和投资活动情况的信息。现金流量表与企业活动的对应关系具体如表1-7所示。

**表1-7　现金流量表与企业各种经济活动的对应关系**

| 项　　目 | 企业活动 |
| --- | --- |
| 一、经营活动产生的现金流量 | |
| 　经营活动现金流入小计 | 经营活动 |
| 　经营活动现金流出小计 | |
| 　经营活动产生的现金流量净额 | |
| 二、投资活动产生的现金流量 | |
| 　投资活动现金流入小计 | 投资活动 |
| 　投资活动现金流出小计 | |
| 　投资活动产生的现金流量净额 | |
| 三、筹资活动产生的现金流量 | |
| 　筹资活动现金流入小计 | 筹资活动 |
| 　筹资活动现金流出小计 | |
| 　筹资活动产生的现金流量净额 | |
| 四、汇率变动对现金及现金等价物的影响 | 全部经济活动 |
| 五、现金及现金等价物净增加额 | 全部经济活动 |

## 1.4.2　现金流量表的内容

根据财政部2014年修订颁布的《企业会计准则第30号——财务报表列报》，企业现金流量表的基本格式和内容如表1-8所示。

## 表 1-8　SYZG 公司现金流量表

编制单位：SYZG 公司　　　　　　　2015 年 1—12 月　　　　　　　　单位：万元

| 项　目 | 本期发生额 | 上期发生额 |
|---|---|---|
| 一、经营活动产生的现金流量 | | |
| 　销售商品、提供劳务收到的现金 | 2 394 437 | 3 244 284 |
| 　收到的税费返还 | 25 098 | 33 244 |
| 　收到的其他与经营活动有关的现金 | 101 477 | 115 001 |
| 　　经营活动现金流入小计 | 2 521 012 | 3 392 529 |
| 　购买商品、接受劳务支付的现金 | 1 641 773 | 2 034 027 |
| 　支付给职工及为职工支付的现金 | 287 928 | 377 454 |
| 　支付的各项税费 | 106 349 | 241 470 |
| 　支付其他与经营活动有关的现金 | 271 364 | 616 384 |
| 　　经营活动现金流出小计 | 2 307 414 | 3 269 335 |
| 　　经营活动产生的现金流量净额 | 213 598 | 123 194 |
| 二、投资活动产生的现金流量 | | |
| 　收回投资收到的现金 | 6 269 | 596 |
| 　取得投资收益收到的现金 | 8 362 | 70 721 |
| 　处置固定资产、无形资产和其他长期资产收回的现金净额 | 38 503 | 47 457 |
| 　处置子公司及其他营业单位收到的现金净额 | | |
| 　收到的其他与投资活动有关的现金 | 91 716 | 0 |
| 　　投资活动现金流入小计 | 144 850 | 118 774 |
| 　购建固定资产、无形资产和其他长期资产支付的现金 | 151 377 | 155 105 |
| 　投资支付的现金 | 16 378 | 144 268 |
| 　取得子公司及其他营业单位支付的现金净额 | | |
| 　支付其他与投资活动有关的现金 | | 44 853 |
| 　　投资活动现金流出小计 | 167 755 | 344 226 |
| 　　投资活动产生的现金流量净额 | −22 905 | −225 452 |

| 项　目 | 本期发生额 | 上期发生额 |
|---|---|---|
| 三、筹资活动产生的现金流量 | | |
| 　吸收投资收到的现金 | 530 | 93 981 |
| 　其中：子公司吸收少数股东投资收到的现金 | 530 | 93 981 |
| 　发行债券收到的现金 | | 0 |
| 　取得借款收到的现金 | 2 421 847 | 1 336 659 |
| 　收到其他与筹资活动有关的现金 | | 0 |
| 　　筹资活动现金流入小计 | 2 422 377 | 1 430 640 |
| 　偿还债务支付的现金 | 2 317 627 | 1 142 914 |
| 　分配股利、利润或偿付利息支付的现金 | 124 599 | 260 432 |
| 　其中：子公司支付给少数股东的股利、利润 | | 63 897 |
| 　支付其他与筹资活动有关的现金 | | 1 196 |
| 　　筹资活动现金流出小计 | 2 442 226 | 1 404 542 |
| 　　筹资活动产生的现金流量净额 | － 19 849 | 26 098 |
| 四、汇率变动对现金及现金等价物的影响 | 33 | － 1 796 |
| 五、现金及现金等价物净增加额 | 170 877 | － 77 956 |
| 　加：期初现金及现金等价物余额 | 456 815 | 534 771 |
| 六、期末现金及现金等价物余额 | 627 692 | 456 815 |

下面对现金流量表的主要项目进行简单说明。

**1. 经营活动产生的现金流量**

企业应当采用直接法列示经营活动产生的现金流量。经营活动，是指企业投资活动和筹资活动以外的所有交易和事项，通常包括企业的供产销等环节。直接法，是指通过现金收入和现金支出的主要类别列示经营活动的现金流量的一种方法。

对于一个健康发展的企业而言，经营活动产生的现金流量应该是企业现金流量的主要来源。如果我们把现金流量比喻为企业的"血液"，那么经营活动产生的现金流量就反映了企业的自我"造血"功能。试想，如果一个人失去造血功能，将会怎样呢？如果一个企业失去"造血"功能，那么离破产的边缘也就不远了。

根据现行会计准则的要求，除了对外披露采用直接法编制的现金流量表之外，企业还需要在附注中披露采用间接法将净利润调节为经营活动现金流量的信息。表1-9是SYZG公司2015年度的现金流量表补充资料。

### 2. 投资活动产生的现金流量

投资活动，是指企业长期资产的购建和不包括在现金等价物范围的投资及其处置活动。"投资活动产生的现金流量"是指企业长期资产的购建和不包括现金等价物范围在内的投资及其处置活动产生的现金流量，通常反映在企业的股权和债权投资中。

同样，我们也可以把投资活动产生的现金流量比喻成企业的"放血"功能。如果说人体通过适当的放血，可以促进促成血液的新陈代谢，那么进行适度的投资不论对于企业维持简单再生产还是进行战略性扩张都也是非常必要的。

### 3. 筹资活动产生的现金流量

筹资活动，是指导致企业资本及债务规模和构成发生变化的活动。"筹资活动产生的现金流量"是指导致企业资本及债务的规模和构成发生变化的活动所产生的现金流量，它反映了企业出于各种需求而进行资金筹措活动所产生的现金流入和流出金额。

对于"筹资活动产生的现金流量"，我们可以比喻为企业的"输血"功能。适度的"输血"对于发展中的企业是尤为必要的，但是如果一个企业的生存长期依赖于外部的"输血"，那么它的发展前景就会令人担忧。

#### 表1-9　现金流量表补充材料

编制单位：SYZG公司　　　　　　　　2015年度　　　　　　　　单位：万元

| 项　目 | 本期金额 | 上期金额 |
|---|---|---|
| 1. 将净利润调节为经营活动现金流量： | | |
| 　净利润 | 13 815 | 75 597 |
| 加：资产减值准备 | 43 571 | 58 165 |
| 　固定资产折旧、油气资产折耗、生产性生物资产折旧 | 152 229 | 148 427 |
| 　无形资产摊销 | 25 522 | 24 596 |
| 　长期待摊费用摊销 | 34 | |
| 　处置固定资产、无形资产和其他长期资产的损失（收益以"－"号填列） | 19 270 | 271 |
| 　固定资产报废损失（收益以"－"号填列） | | |
| 　公允价值变动损益（收益以"－"号填列） | －28 236 | 1 528 |
| 　财务费用（收益以"－"号填列） | 134 592 | 90 236 |
| 　投资损失（收益以"－"号填列） | 2 697 | －40 717 |
| 　递延所得税资产减少（增加以"－"号填列） | －49 298 | 3 070 |
| 　递延所得税负债增加（减少以"－"号填列） | －1 880 | 5 364 |

| 项　目 | 本期金额 | 上期金额 |
|---|---|---|
| 存货的减少（增加以"－"号填列） | 180 681 | 211 922 |
| 经营性应收项目的减少（增加以"－"号填列） | －25 603 | －280 327 |
| 经营性应付项目的增加（减少以"－"号填列） | －253 797 | －163 494 |
| 其他 |  | －11 444 |
| 经营活动产生的现金流量净额 | 213 597 | 123 194 |
| 2. 不涉及现金收支的重大投资和筹资活动： |  |  |
| 债务转为资本 |  |  |
| 一年内到期的可转换公司债券 |  |  |
| 融资租入固定资产 |  |  |
| 3. 现金及现金等价物净变动情况： |  |  |
| 现金的期末余额 | 627 692 | 456 815 |
| 减：现金的期初余额 | 456 815 | 534 771 |
| 加：现金等价物的期末余额 |  |  |
| 减：现金等价物的期初余额 |  |  |
| 现金及现金等价物净增加额 | 170 877 | －77 956 |

## 1.4.3　现金流量表的作用

（1）提供了企业资金来源与运用的信息

通过现金流量表，财务报表使用者可以了解企业资金的来龙去脉。这对于分析企业资金来源与运用的合理性，判断企业的经营状况和效果，评价企业的经营业绩是非常有益的。

（2）提供了企业现金增减变动原因的信息

通过分析现金流量表中经营活动、投资活动和筹资活动的现金流入、现金流出项目，财务报表使用者可以了解企业现金发生增减变动的具体原因。

（3）提供了分析企业总体财务状况的信息

现金流量表提供了从另一个角度观察企业总体财务状况的方法，它所提供的信息有利于将资产负债表和利润表衔接起来，说明利润形成、分配与资金来源和运用的关系，有助于评价企业的盈利能力和偿债能力。

（4）提供了分析企业盈利质量的信息

利润表中的收入和利润，与现金流量表中的现金流量并不完全同步。分析企业盈利质量关键的一点是看收入和利润的"含金量"，如果企业在一定时期内的收入和利润与现金流量，尤其是经营活动产生的现金流量基本同步，那么有理由相信企业盈利质量较高。因此，财务报表使用者通过将经营活动产生的现金流量与收入、利润相比较，可以了解企业的盈利质量。

# 1.5　股东权益变动表的结构与内容

## 1.5.1　股东权益变动表的结构

股东权益变动表是反映企业在一定会计期间之内，构成股东权益的各组成部分当期增减变动情况的报表。股东权益变动表体现了投资者利益保护的理念，是对资产负债表中"股东权益"项目的进一步说明。资产负债表只是列示了构成股东权益的各个项目的期末余额与期初余额，但并没有说明其变动的具体原因；而股东权益变动表则进一步反映了构成股东权益的各个项目当期的增减变动数额及具体原因。

股东权益变动表同样是一种动态报表，同样以权责发生制作为其编制基础。它的编制原理遵循以下基本公式：即"股东权益增加－股东权益减少＝股东权益变动净额"。根据财政部2014年修订颁布的《企业会计准则第30号——财务报表列报》的规定，股东权益变动表至少应当单独列示反映下列信息的项目：综合收益总额，在合并股东权益变动表中还应单独列示归属于母公司股东的综合收益总额和归属于少数股东的综合收益总额；会计政策变更和前期差错更正的累积影响金额；股东投入资本和向股东分配股利等；按照规定提取的盈余公积；股东权益各组成部分的期初和期末余额及其调节情况。因此，股东权益变动表是从股东权益角度反映企业的经营活动、筹资活动和投资活动状况的会计报表。股东权益变动表与企业各种经济活动的对应关系如表1-10所示。

表1-10　股东权益变动表与企业各种经济活动的对应关系

| 项　目 | 企业活动 |
| --- | --- |
| 一、上年期末余额 | — |
| 加：会计政策变更 | — |
| 前期差错更正 | — |
| 同一控制下企业合并 | 投资活动 |
| 其他 | — |
| 二、本年期初余额 | — |
| 三、本年增减变动金额 | — |
| （一）综合收益总额 | 全部经济活动 |
| （二）所有者投入或减少资本 | 筹资活动 |

| 项　目 | 企业活动 |
| --- | --- |
| （三）利润分配 | 筹资活动 |
| （四）所有者权益内部结转 | 筹资活动 |
| （五）其他 | — |
| 四、本年期末余额 | — |

## 1.5.2　股东权益变动表的内容

根据财政部 2014 年修订颁布的《企业会计准则第 30 号——财务报表列报》，企业股东权益变动表的基本格式和内容如表 1-11 所示。

由表 1-11 可知，为了清楚地表明构成股东权益的各组成部分当期的增减变动情况，股东权益变动表以矩阵形式列示。一方面，列示了导致股东权益变动的交易或事项，改变了以往仅仅按照股东权益的各组成部分反映股东权益变动情况，从股东权益变动的原因对一定时期股东权益变动情况进行全面反映；另一方面，按照股东权益各组成部分及其总额列示交易或事项对股东权益的影响。

## 1.5.3　股东权益变动表的作用

（1）揭示了所有者权益变动的原因

在股东权益变动表中，导致股东权益变动的原因按照"综合收益""与所有者的资本交易"等不同类别分别列示。这种列示方法，揭示了不同经济活动对于股东权益变动产生的影响，能够清晰明确地反映导致股东权益变动的具体原因。

（2）反映了股东权益内部结构的变动

在股东权益变动表中，除了揭示不同原因对于股东权益产生的影响之外，还列示了股东权益内部结构变动。资本公积转增资本、盈余公积转增资本、盈余公积弥补亏损等造成股东权益内部结构变动的事项也都分别列示，从而为了解股东权益的内部结构变动提供了信息。

（3）提供了判断企业真实业绩的信息

股东权益增减变动表全面地反映了企业的股东权益在年度内的变化情况，增强了财务报表关于企业财务业绩信息的完整性和有用性，不仅减小了企业管理层进行盈余管理、利润操纵的空间，提升了上市公司信息披露质量，而且便于财务报表使用者在深入分析企业股东权益增减变化情况的基础上，对企业的资本保值增值情况做出正确判断，从而进行有效决策。

表1-11　SYZG公司股东权益变动表

编制单位：SYZG公司　2015年1—12月

单位：万元

| 项 目 | 本期 | | | | | | | |
|---|---|---|---|---|---|---|---|---|
| | 归属于母公司所有者权益 | | | | | | 少数股东权益 | 所有者权益合计 |
| | 股本 | 资本公积 | 其他综合收益 | 专项储备 | 盈余公积 | 未分配利润 | | |
| 一、上年期末余额 | 761 650 | 76 295 | −99 442 | 412 | 261 265 | 1 378 362 | 95 540 | 2 474 082 |
| 加：会计政策变更 | | | | | | | | |
| 　前期差错更正 | | | | | | | | |
| 　同一控制下企业合并 | | | | | | | | |
| 　其他 | | | | | | | | |
| 二、本年期初余额 | 761 650 | 76 295 | −99 442 | 412 | 261 265 | 1 378 362 | 95 540 | 2 474 082 |
| 三、本期增减变动金额（减少以"—"号填列） | | | −88 815 | 44 | | −22 701 | 462 | −111 010 |
| （一）综合收益总额 | | | −88 815 | | | 13 859 | −63 | −75 019 |
| （二）所有者投入或减少资本 | | | | | | | 530 | 530 |
| 1. 股东投入的普通股 | | | | | | | | |
| 2. 其他权益工具持有者投入资本 | | | | | | | | |
| 3. 股份支付计入所有者权益的金额 | | | | | | | | |
| 4. 其他 | | | | | | | | |
| （三）利润分配 | | | | | | −36 559 | | −36 559 |
| 1. 提取盈余公积 | | | | | | | | |
| 2. 提取一般风险准备 | | | | | | | | |
| 3. 对所有者（或股东）的分配 | | | | | | −36 559 | | −36 559 |
| 4. 其他 | | | | | | | | |
| （四）所有者权益内部结转 | | | | | | | | |
| 1. 资本公积转增资本（或股本） | | | | | | | | |

续表

**本期**

| 项 目 | 归属于母公司所有者权益 | | | | | | 少数股东权益 | 所有者权益合计 |
| --- | --- | --- | --- | --- | --- | --- | --- | --- |
| | 股本 | 资本公积 | 其他综合收益 | 专项储备 | 盈余公积 | 未分配利润 | | |
| 2. 盈余公积转增资本（或股本） | | | | | | | | |
| 3. 盈余公积弥补亏损 | | | | | | | | |
| 4. 其他 | | | | 44 | | | | 44 |
| （五）专项储备 | | | | | | | | |
| 1. 本期提取 | | | | 2 959 | | | | 2 959 |
| 2. 本期使用 | | | | 2 915 | | | | 2 915 |
| （六）其他 | | | | | | | −5 | −5 |
| 四、本期期末余额 | 761 650 | 76 295 | −188 257 | 456 | 261 265 | 1 355 661 | 96 002 | 2 363 072 |

**上期**

| 项 目 | 归属于母公司所有者权益 | | | | | | 少数股东权益 | 所有者权益合计 |
| --- | --- | --- | --- | --- | --- | --- | --- | --- |
| | 股本 | 资本公积 | 其他综合收益 | 专项储备 | 盈余公积 | 未分配利润 | | |
| 一、上年期末余额 | 761 650 | 20 015 | −53 346 | 348 | 243 708 | 1 416 397 | 112 112 | 2 500 884 |
| 加：会计政策变更 | | | | | | | | |
| 前期差错更正 | | | | | | | | |
| 同一控制下企业合并 | | | | | | | | |
| 其他 | | | | | | | | |
| 二、本年初余额 | 761 650 | 20 015 | −53 346 | 348 | 243 708 | 1 416 397 | 112 112 | 2 500 884 |
| 三、本期增减变动金额（减少以"—"号填列） | | 56 280 | −46 096 | 64 | 17 557 | −38 034 | −16 572 | −26 801 |
| （一）综合收益总额 | | | −46 096 | | | 70 921 | 4 672 | 29 497 |
| （二）所有者投入或减少资本 | | 56 278 | | | | | 27 061 | 83 339 |

续表

| 项　　目 | 上期 | | | | | | | |
| --- | --- | --- | --- | --- | --- | --- | --- | --- |
| | 归属于母公司所有者权益 | | | | | | 少数股东权益 | 所有者权益合计 |
| | 股本 | 资本公积 | 其他综合收益 | 专项储备 | 盈余公积 | 未分配利润 | | |
| 1. 股东投入的普通股 | | | | | | | 27 061 | 27 061 |
| 2. 其他权益工具持有者投入资本 | | | | | | | | |
| 3. 股份支付计入所有者权益的金额 | | −11 444 | | | | | | −11 444 |
| 4. 其他 | | 67 723 | | | | | | 67 723 |
| (三) 利润分配 | | | | | 17 557 | −108 955 | −48 303 | −139 701 |
| 1. 提取盈余公积 | | | | | 17 557 | −17 557 | | |
| 2. 提取一般风险准备 | | | | | | | | |
| 3. 对所有者（或股东）的分配 | | | | | | −91 398 | −48 303 | −139 701 |
| 4. 其他 | | | | | | | | |
| (四) 所有者权益内部结转 | | | | | | | | |
| 1. 资本公积转增资本（或股本） | | | | | | | | |
| 2. 盈余公积转增资本（或股本） | | | | | | | | |
| 3. 盈余公积弥补亏损 | | | | | | | | |
| 4. 其他 | | | | | | | | |
| (五) 专项储备 | | | | 64 | | | 64 | 64 |
| 1. 本期提取 | | | | 3 446 | | | | 3 446 |
| 2. 本期使用 | | | | 3 381 | | | | 3 381 |
| (六) 其他 | | 2 | | | | | −2 | |
| 四、本期期末余额 | 761 650 | 76 295 | −99 442 | 412 | 261 265 | 1 378 363 | 95 540 | 2 474 083 |

# 本章小结

　　财务报表是指企业对外提供的反映企业某一特定日期财务状况和某一会计期间经营成果、现金流量的书面文件。一套完整的财务报表至少应当包括下列组成部分：资产负债表、利润表、所有者权益变动表、现金流量表和附注。

　　财务报告是广义而言的，泛指企业对外所提供的各项正式或非正式会计信息。财务报告不但包括财务报表，而且涵盖企业应当对外披露的各项非正式会计信息，如公司治理结构、企业应承担的社会责任、可持续发展能力等信息。以上市公司为例，年度财务报告体系一般包括 4 个方面的内容：审计报告、基本报表、报表附注和相关非财务信息。

　　了解财务报表的形成是为了更好地进行财务报表分析，财务报表分析应该从财务报表入手，先找出报表中可疑的项目，然后再通过查找账簿，甚至追查到凭证。

　　需要明确的是，各种财务报表并不是孤立存在的，它们之间存在一定的联系。进行财务报表分析时，如果不考虑财务报表之间的联系，可能造成分析的片面性，最终影响分析结果的准确性与说服力。

　　资产负债表是一种静态报表，反映了企业在某一时点的财务状况，即反映了企业在这一时点拥有或控制了多少资产，承担了多少对债权人和股东的义务。资产负债表的编制基础是权责发生制。我国企业的资产负债表按账户式编制，左右平衡，其编制原理遵循"资产＝负债＋所有者权益"这一会计最基本的等式。资产负债表的右边反映资金的来源——筹资活动，主要来自于两大渠道，分别为负债和所有者权益；左边反映资金的占用——投资活动，投资活动的结果是给企业带来了一系列的资产。资产负债表的作用在于揭示经济资源总量及其分布形态；反映企业资金来源及其构成情况；获取企业资产流动性水平信息；提供分析企业偿债能力的信息。

　　利润表是反映企业在一定会计期间的经营成果的会计报表，因此它是一种动态报表。我国企业的利润表采用多步式格式编制，其编制原理遵循另一会计等式：利润＝收入－费用。与资产负债表一样，利润表编制的基础也是权责发生制。利润表综合反映了企业各种活动，尤其是经营活动的最终成果，它反映的是企业在一定会计期间所取得的收入、所发生的成本费用及最终赚取的利润。利润表的作用在于揭示企业经营成果，反映企业盈利能力，有助于分析企业偿债能力，有助于企业进行合理经营决策，有助于考核评价经营者经营业绩。

现金流量表是指反映企业在一定会计期间的现金和现金等价物流入和流出的会计报表，以现金流量为基础体现了企业全部活动的总体状况。现金流量表反映了企业的现金流量状况，是一种动态报表，编制的基础是收付实现制，编制原理遵循以下公式：即现金流入－现金流出＝现金流量净额。我国企业的现金流量表将现金流量划分为经营活动产生的现金流量、投资活动产生的现金流量和筹资活动产生的现金流量三种类型，因此，现金流量表提供了从另外一个角度来观察企业的经营活动、筹资活动和投资活动的信息。现金流量表的作用在于提供了企业资金来源与运用的信息，提供了企业现金增减变动原因的信息，提供了分析企业总体财务状况的信息，提供了分析企业盈利质量的信息。

股东权益变动表是反映企业在一定会计期间，构成股东权益的各组成部分当期增减变动情况的报表。资产负债表只是列示了构成股东权益的各个项目的期末余额与期初余额，但并没有说明其变动的具体原因；而股东权益变动表则进一步反映了构成股东权益的各个项目当期的增减变动数额及具体原因。股东权益变动表同样是一种动态报表，同样是以权责发生制作为其编制的基础。其编制原理遵循以下基本公式：即股东权益增加－股东权益减少＝股东权益变动净额。股东权益变动表提供了一个新的角度，即从股东权益角度反映企业的经营活动、筹资活动和投资活动状况。股东权益变动表的作用在于揭示了所有者权益变动的原因，反映了股东权益内部结构的变动，提供了判断企业真实业绩的信息。

# 练 习 题

## 一、单项选择题

1. 从经济业务发生开始到最后财务报表的生成，其间第一个步骤是（　　　）。

　　A. 填制记账凭证　　　　　　　　　B. 取得原始凭证

　　C. 登记日记账、明细账和总账　　　D. 编制财务报告

2. 资产负债表与利润表的连接点是（　　　）。

　　A. 所有者权益　　　　　　　　　　B. 净利润

　　C. 偿债能力　　　　　　　　　　　D. 未分配利润

3. 将净利润调节成经营活动产生的现金流量净额，采用的方法是（　　　）。

  A. 直接法　　　　　　　　　　　　B. 间接法

  C. 调整法　　　　　　　　　　　　D. 以上都不是

4. 如果把现金流量比喻为企业的"血液"，那么经营活动产生的现金流量就反映了企业的（　　　）。

  A. 造血功能　　　　　　　　　　　B. 输血功能

  C. 放血功能　　　　　　　　　　　D. 以上都不是

5. 税后利润与股本总数的比率称为（　　　）。

  A. 市净率　　　　　　　　　　　　B. 每股收益

  C. 每股报酬率　　　　　　　　　　D. 权益比率

## 二、多项选择题

1. 财务报表附注一般应包括但不限于以下内容（　　　）。

  A. 重要会计政策和会计估计的说明　　B. 报表重要项目的说明

  C. 或有事项和承诺事项　　　　　　　D. 关联方交易信息

  E. 资产负债表日后非调整事项

2. 以上市公司为例，财务报告体系一般包括的内容有（　　　）。

  A. 审计报告　　　　　　　　　　　B. 财务报表

  C. 财务报表附注　　　　　　　　　D. 招股说明书

  E. 内部控制自我评价报告

3. 资产负债表的右边反映资金的来源——筹资活动，主要来自于（　　　）。

  A. 固定资产　　　　　　　　　　　B. 流动资产

  C. 负债　　　　　　　　　　　　　D. 所有者权益

  E. 无形资产

4. 资产负债表的主要附表有（　　　）。

  A. 资产减值准备明细表　　　　　　B. 应付职工薪酬明细表

  C. 利润分配表　　　　　　　　　　D. 所有者权益变动表

  E. 存货明细表

5. 利润表的作用为（　　　）。

  A. 揭示企业经营成果　　　　　　　B. 反映企业盈利能力

  C. 有助于分析企业偿债能力　　　　D. 有助于企业进行科学经营管理

  E. 有助于考核、评价经营者的经营业绩

## 三、判断题

1. 财务报表等同于财务报告。（　　　）

2. 财务报告是指公司对外提供的反映公司某一特定日期财务状况和某一会计期间

经营成果、现金流量的文件。（　　　）

　　3. 资产负债表是存量报表，它报告的是在某一时期的价值存量。（　　　）

　　4. 在不考虑以公允价值计量且其变动计入当期损益的金融资产的前提下，现金流量表中的现金及现金等价物净增加额等于资产负债表中货币资金期末余额与期初余额两者之间的差额。（　　　）

　　5. 股东权益变动表体现了债权人利益保护的理念，是对资产负债表中的"股东权益"项目的进一步说明。（　　　）

### 四、简答题

　　1. 财务报表体系的构成内容是什么？它们之间有怎样的联系？

　　2. 简述资产负债表的作用。

　　3. 简述现金流量表的作用。

# 第 2 章

# 财务报表分析原理

学习目标：
- 了解财务报表分析的主体、目的和应用领域；
- 掌握财务报表分析的程序；
- 应用财务报表分析的方法。

## 引 例

### 沃伦·巴菲特投资成功的投资经验

沃伦·巴菲特是一个具有传奇色彩的人物，1956 年他将 100 美元投入股市，40 年间创造了超过了 200 亿美元的财富。如果将巴菲特旗下的伯克希尔·哈撒韦公司 32 年来的逐年投资绩效与美国标准普尔 500 种股票价格指数绩效相比，可以发现巴菲特有 29 年击败指数，而只有 3 年落后于指数。更难能可贵的是，其中 5 年当美国股市陷入空头走势回落之际，巴菲特却创下逐年"永不亏损"的纪录。他不仅在投资领域成为无人能比的美国首富，而且成了美国股市权威的领袖，被美国著名的基金经理人彼得·林奇誉为"历史上最优秀的投资者"，使全球各地的众多股票投资者都热衷于巴菲特的投资方法和理念。

巴菲特投资成功的最重要经验是注重对公司的分析研究，通过阅读财务报告及大量的年刊、期刊，充分了解公司的发展前景及策略，仔细评估公司的投资价值，把握好入市时机。

由此可以看出，财务报表分析对于投资决策的重要性，当然财务报表分析的应用领域不仅仅是投资决策。本章主要介绍财务报表分析的基本程序和基本方法。

# 2.1　财务报表分析的目标

## 2.1.1　财务报表分析的主体

财务报表分析是以财务报表及其他相关资料为依据，采用一系列专门的分析技术和方法，对企业等经济组织过去和现在的财务状况、经营成果及现金流量等进行分析与评价，从而为企业的投资者、债权人、经营者及其他利益相关者的预测、决策、控制、评价和监督提供信息支撑的一门学科。财务报表分析的产生与发展是社会经济发展对财务分析信息需求与供给共同作用的结果。财务报表分析的演进是与财务分析主体的需求变化及财务报告的发展变化紧密联系在一起的。财务报表分析在不同的应用领域有不同的主体，其进行财务报表分析的目的是不同的，所关注的问题也是不同的，从而导致财务报表分析的作用也不尽相同。

财务报表分析的主体是指与企业存在一定现实或潜在利益关系的，为特定目的而对企业的财务状况、经营成果和现金流量情况等进行分析的单位、机构或个人。企业财务报表分析根据分析主体的不同可分为内部分析和外部分析。内部分析是由企业内部有关经营管理人员所进行的财务分析；外部分析是由企业投资者、债权人或其他与企业有利害关系的人及代表公众利益的社会中介服务机构等所进行的财务分析。上述机构和人员共同构成了企业财务报表分析的主体。由于不同的财务报表分析主体与企业的经济利益关系不同，在进行财务报表分析时要达到的目的也就不尽相同。

### 1. 企业投资者

企业的投资者是指为企业提供资金并承担最终风险的所有者，包括企业现实的所有者和潜在投资者，不仅包括实力雄厚、组织良好的大型投资机构，如投资银行、证券公司、基金公司等，也包括拥有有限资源、分散的个别投资者。一般而言，投资者面临着是否向企业投资、是否保留或追加其在该企业的投资的决策，为此必须要对企业的未来收益和风险水平进行分析。

从投资者的角度讲，财务分析的核心在于股票价值及其影响因素，重点关注的是企业的短期盈利能力和长期增长能力。盈利能力是评价资本保值增值水平的关键指标，增长能力则决定了资本的增值能否保持长期稳定。然而企业盈利的实现必须以良好的运营能力为基础，以充分的偿债能力为保障。因此投资者不仅要关注企业的盈利能力，企业的偿债能力及营运状况等也应该受到投资者的重视。

在我国现行的企业会计准则中，将投资者作为财务会计报告的首要使用者，凸显了投资者的地位，体现了保护投资者利益的要求。投资者队伍的日益壮大对财务报告提出了更高的要求，如果财务报表中的信息与投资者的决策无关，那么财务报表就失去了编制的意义，因此说投资者是财务报表分析的首要主体。

### 2. 企业债权人

企业债权人是指向企业提供借贷资金的金融部门、企事业单位和个人，主要包括贷款给企业的银行及非银行金融机构、企业债券持有者和融资租赁的出租方等。企业债权人一方面从经营或收益的目的出发，将资金贷给企业，另一方面又要非常小心地观察和分析该企业有无违约或清算破产的可能，防止因财务风险引发的损失。

一般而言，银行、金融机构及其他债权人不仅要求本金的及时收回，而且要得到相应的收益，而这个收益的大小又与其承担的风险程度相对应。对于短期债务的债权人，分析的重点是反映短期偿债能力的指标，如流动比率、速动比率、现金流量比率、现金到期债务比率等；对于长期债务的债权人，分析的重点应该为反映长期偿债能力的相关指标，如资产负债率、产权比率、已获利息保障倍数、债务本息保证倍数和到期债务本息偿付比率等。

因此，债权人进行财务分析的主要目的包括：考察企业的借款或其他债务是否能及时、足额收回，即分析企业的财务实力与信誉程度；权衡自身的收益状况与风险程度是否相适应，即关注企业的经营状况与盈利能力。于是，为保证债权的安全性和收益性，应将偿债能力分析与盈利能力分析相结合。

### 3. 企业经营者

企业经营者是指受委托人之托经营管理企业及其各项资产，负有受托责任的人，主要指企业的各级经营管理人员。企业资产的资金来源包括所有者（股东）投入的和从债权人处借入的，经营者需要对这些资金的保值增值履行受托责任。由于经营者是财务报表的内部使用者，所获得的信息更加全面，因此财务分析的关注点也就更加多样化。

从对企业所有者负责的角度，经营者首先应关心企业的盈利能力，这是开展经营活动的总体目标。但是，在财务分析中，经营者关心的不仅仅是盈利的结果，还有盈利的原因及形成过程，如资产结构与营运效率分析、经营风险与财务风险分析、支付能力与偿债能力分析等。

经营者进行财务分析，其目的是及时发现生产经营中存在的问题与不足，并采取有效措施解决这些问题，使企业不仅能充分利用现有资源以获利，而且使企业盈利能力保持持续稳定增长。同时根据分析的结果，对企业内部的各个部门及其员工进行业绩评价，对以后的生产经营作出预测与决策，并合理规划未来的发展战略和经营策略。

### 4. 其他财务报表分析主体

其他财务报表分析的主体或服务对象主要是指国家行政管理与监督部门、与企业经营有关的企业单位、员工与社会公众等。国家行政管理与监督部门主要是指工商、税务、财政、证券监管及审计等部门。监管者作为经济管理和经济监督的部门，其职责就是维护市场经济秩序的公正有序，确保宏观决策所依据的信息真实可靠。譬如说，通过财务报表分析，税务部门可以审查企业的纳税申报数据是否准确合理；财政部门可以审查企业的会计法规和财务制度是否规范；证券管理部门可以审查上市公司是否遵守了经济法规和市场秩序；注册会计师可以审查企业的各项会计处理是否符合会计准则，是否客观公允地反映某一特定会计期间的财务状况和经营成果。

与企业经营有关的企业单位主要是指材料供应企业、产品购买者等。这些单位或个人出于保护自身利益的需要，也非常关心往来企业的财务状况，他们进行财务分析的主要目的是搞清楚企业的信用状况。材料供应者可能希望与企业建立长期的合作关系，因此通过对企业的财务报表进行分析来了解企业的持续购买能力、支付能力和商业信用情况，从而调整其商品的营销策略和信用政策。产品购买者可能成为企业商品或劳务的重要客户。为了解企业能否长期持续经营下去以提供稳定的货源，能否长期履行产品质量的担保义务及其所提供的信用条件等信息，产品购买者往往需要对企业的盈利能力、增长能力等进行分析。

企业员工是企业管理的参与者，切身利益与企业息息相关，因此十分关注企业的经营状况和盈利状况。社会公众往往是潜在的投资者或债权人，通常也会对一些企业的盈利状况、收益分配等信息给予关注，为他们购买股票和债券提供决策的依据。

## 2.1.2  财务报表分析的目的

财务报表分析的目的受财务报表分析主体和财务报表分析服务对象的制约，不同的财务报表分析主体具有不同的财务报表分析目的，财务报表分析服务的对象不同，其所关心的问题也是不同的。各种财务报表分析主体的分析目的和财务报表分析服务对象所关心的问题，也就构成了财务报表分析的目的。财务报表分析可以帮助分析主体加深对企业的了解，降低判断的不确定性，从而增加决策的科学性。

### 1. 基于内部主体的财务报表分析目的

对于财务报表的内部分析主体而言，进行财务报表分析的目的主要是评价企业过去的经营业绩、衡量现在的财务状况、预测未来的发展趋势，包括盈利能力分析、偿债能力分析、营运能力分析等。通过财务报表分析，企业的经营者可以更有效地进行日常经营管理，保证企业正常运转；可以了解企业是否发挥了资金的最大使用效益，有无资金能力来寻求更大的发展机会；也有助于明确企业所处的发展阶段，作出是追加投资还是转产的决策；还可以进一步作出适合公司情况的筹资、融资、股利分配等决策。总之，财务报表分析是企业内部经营管理的有效工具。

### 2. 基于外部主体的财务报表分析目的

外部分析主体包括投资者、债权人、监管者及其他相关利益主体。投资者在公司中享有投资收益权和剩余财产分配权，为了保障投资收益的实现并控制投资风险，投资者进行财务分析的目的有两个方面：一方面明确是增加投资还是转让股份抽回投资，另一方面则是掌握公司的分红政策和投资收益等。债权人的主要目标是确定公司的债务偿付能力、盈利持续状况，分析债务按期足额偿还的安全性问题。监管者的目标就是约束企业的行为，使其能够合法合规经营，禁止舞弊造假等行为。其他相关利益主体的目标也都由其与企业的经济关系所决定，比如供应商需要通过财务报表分析了解企业的持续经营能力和财务实力，以保证货款的安全性。①

当然，外部主体由于处于信息劣势，所获取的信息欠缺一定的可靠性和完整性，因此通过表面化的信息去识别数字背后所反映的关于企业财务状况和经营状况的"庐山真面目"（即报表粉饰的甄别）是财务报表分析的另一目标。无论是投资者、债权人还是监管者等其他主体，所用的分析资料都是企业公开的对外报表，有的企业为了某些目的可能会操纵报表资料，这就为外部分析主体使用信息带来了障碍。因此，掌握与应用财务报表分析的程序与方法，透过表面现象看企业本质是财务报表分析的重要目标。

## 2.1.3  财务报表分析的作用

### 1. 财务报表分析可以正确评价企业的过去

正确评价过去是反映现状和预测未来的基础。财务报表中所呈现的会计信息最基本的特征是面向过去，通过选择恰当的分析方法对财务报表等会计资料进行分析，有助于评价企业过去经营期间经营管理层所取得的经营成果，揭示企业在经营管理过程中所出现的各种问题及其形成原因，从而有助于企业经营管理层采取有针对性的措施，最终实现提高经营管理水平、改进企业经营绩效的目的。当然也可以为投资者的投资决策、债权人的信贷决策提供支撑。

### 2. 财务报表分析可以全面反映企业的现状

财务报表是企业各项生产经营活动的综合反映。但财务报表的格式及提供的数据往往是根据会计的特点和管理的一般需要设计的，它不可能满足所有报表使用者的要求。因此，我们需要根据不同分析主体的分析目的，采用不同的分析手段和方法对企业的财务报表进行分析，从而了解企业的经营现状。比如通过结构分析法，可以了解企业目前的资产结构、资本结构、负债结构、股权权益结构、利润结构、收入结构、成本费用结构等信息。

### 3. 财务报表分析可以用于预测企业的未来

财务报表分析不仅可用于评价过去和反映现状，更重要的是它可以通过对过去与现状的分析与评价，判断企业的未来发展状况与趋势，从而可以在以下领域发挥作用：第一，财务预警；第二，价值评估；第三，经营者业绩评价；第四，财务决策。

---

① 张学谦，闫嘉镕. 企业财务报表分析原理与方法. 北京：清华大学出版社，2007.

# 2.2　财务报表分析的程序

## 2.2.1　财务报表分析的基本程序

**1. 哈佛分析框架的基本程序**

由于财务报表信息质量受多种因素的影响，包括经营环境、企业战略、会计环境和会计策略等，这样便导致了资本市场上信息的不对称。要想从财务报告中提取出企业内部的信息，就需要通过对企业所面临的行业环境和所采取的竞争策略的分析来加强对企业的财务报告的解读。而有效的财务分析的前提就是合理的分析程序。下面主要介绍由哈佛大学三位教授创立的融战略分析与财务分析于一体的"哈佛分析框架"。该框架的基本程序如图 2-1 所示。

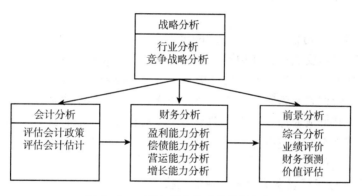

图 2-1　　财务报表的哈佛分析框架

根据哈佛分析框架，财务报表分析的基本程序可以由以下 4 个步骤构成。

（1）战略分析

战略分析的主要目的是通过对企业所处行业和所采取的竞争战略进行分析，明确企业的行业性质、行业地位和经营模式。具体包括行业分析和竞争战略分析两个方面。

（2）会计分析

会计分析的主要目的是通过对企业所采取的会计政策和会计估计的合理性进行分析，从而判断该企业财务报表反映其财务状况和经营成果的真实程度。具体包括评估会计政策和评估会计估计两个方面。

（3）财务分析

财务分析的主要目的是对企业的盈利能力、偿债能力、营运能力和增长能力等进行分析，从而评价该企业的财务状况、经营成果和现金流量等情况，具体包括盈利能力分析、偿债能力分析、营运能力分析和增长能力分析 4 个方面。

（4）前景分析

前景分析的主要目的是在上述三种分析的基础上，利用一些专门的技术和方法，同时结合财务报表分析者的主观经验，对企业的目前财务状况和经营业绩进行综合分析与评价，对其未来盈利和发展前景进行预测与评估，具体包括综合分析、业绩评价、财务预测和价值评估 4 个方面。

**2. 哈佛分析框架的逻辑思路**

哈佛分析框架具有严密的逻辑性，这主要体现在它是站在企业外部的财务分析师角度来考虑分析思路的。作为一个外部财务分析师，他需要做到以下几点：

（1）对所分析的企业进行定性了解

这是因为不同的行业，其平均盈利水平和发展前景不一样，同一行业不同的企业所采取的竞争战略也可能存在差别。如果不了解企业的行业性质和竞争战略，那么财务报表数据以及根据其财务报表计算的指标就会失去其经济意义。战略分析是会计分析和财务分析的基础和导向，只有先通过企业的战略分析，财务报表使用者才能深入了解企业的经营环境和行业背景，并进行客观、正确的会计分析与财务分析。

（2）甄别企业提供的财务报表数据的真实性

这是由于企业的管理当局出于种种动机，可能会利用会计政策和会计估计的选择空间操纵利润或者进行财务舞弊，从而导致财务报表的数据失真。在这种情况下，需要评价财务报表反映企业财务状况与经营成果的真实程度，否则会出现"输进去是垃圾，输出来也是垃圾"的后果，从而误导财务报表使用者，甚至给财务报表使用者带来损失。因此，会计分析为下一步的财务分析奠定了可靠的数据基础。

（3）分析企业财务活动的效果效率

企业财务活动的效果效率是财务报表分析的核心，因为这是财务分析师对企业未来盈利和发展前景进行合理预测与评估的根据。财务报表不仅直接反映了经营活动、投资活动和筹资活动等财务活动的结果，而且间接揭示了经营活动、投资活动和筹资活动等财务活动的效率，包括盈利能力、偿债能力、营运能力和增长能力等。对财务分析师而言，需要通过财务分析来评价企业的这 4 种能力。因此，财务报表分析是进行前景预测的依据。

（4）判断企业的未来盈利和发展前景

财务分析的目的不仅仅在于评价过去和反映现状，更重要的是通过对过去和现状的分析与评价，预测企业的未来发展趋势，评估企业的未来发展前景，为财务报表使用者作出正确决策提供参考依据。因此，财务分析师需要利用综合分析方法、业绩评价方法、财务预测方法和价值评估方法，对企业的未来财务状况、经营成果和现金流量作出预测，对企业的发展前景和投资价值作出判断。从这一角度来看，前景分析是财务报表分析的终点。

可见，战略分析、会计分析、财务分析和前景分析这4个步骤依次递进、相互支持，共同构成了财务报表分析的逻辑框架。下面分别对这四步进行进一步的解释。

## 2.2.2　战略分析

战略分析是财务报表分析的逻辑出发点和基本导向。所谓的战略分析就是通过对企业所处行业的定性分析，确定企业在行业中所处的地位和面临的竞争环境，进而掌握企业的经营风险和发展潜力，尤其是价值创造的能力。企业战略分析的关键在于企业如何根据行业分析的结果，正确选择企业的竞争策略，使企业保持持久的竞争优势和高水平盈利能力。企业战略分析一般包括行业分析和企业竞争战略分析。

### 1. 行业分析

为了了解企业的背景信息，就需要进行行业分析。行业分析的目的在于分析行业的盈利水平与盈利能力，因为不同行业的盈利能力和发展前景是不同的。行业分析主要包括行业特征分析、行业生命周期分析和行业盈利能力分析。

（1）行业特征分析

行业特征是指某行业在某一时期的基本属性，它综合反映了该行业的基本状况和发展趋势。了解行业的基本特征是全面认识企业和进行战略分析的前提。评价行业的特征，主要是评价行业的竞争特征、需求特征、技术特征、增长特征、盈利特征5个方面。

在实际应用中，行业特征分析可通过对不同的特征因素评分，并且按照重要性程度设定不同的权重，然后进行加总得到该行业的总加权数。总加权数越大，说明行业的特征越好，越具有优势。

（2）行业生命周期分析

行业生命周期主要由市场对该行业产品的需求状况所决定。行业的生命周期一般分为4个阶段：初创期、成长期、成熟期和衰退期。

① 初创期。该阶段新行业刚刚兴起，投资于这个行业的公司可能不多，对于相关产品的研发投入费用比较高，市场需求未得到开拓，从而销售收入较低，财务可能会出现亏损，在此阶段公司的经营风险比较大。

② 成长期。当新行业的产品经过宣传和试用，得到消费者认可和偏好后便开始进入成长阶段。由于市场有发展前景，厂商便会逐渐增加，产品向多样化、优质化发展。由于市场需求扩大，厂商间的竞争也日益加剧，为了保持利润空间，厂商趋于积极提高生产技术、降低成本来打败对手，以便在市场上取得一席之地。

③ 成熟期。在这个阶段，行业的发展速度保持在一个适中的水平。此阶段相对较长，经过激烈竞争，将产生少数大厂商来垄断整个行业的市场。厂商的竞争手段不再是价格战，而是转向质量的提高、服务的完善等。在这个阶段，行业的产出增长缓慢，甚至会出现下降。

④ 衰退期。由于替代品或新产品的出现，就像手机替换掉"大哥大"、传呼机等，原行业的市场需求开始下滑，当整个行业呈现出萧条的时候，厂商为了寻求利润最大化，会慢慢把资金转移到更有利可图的行业，当正常利润都无法实现的时候，该行业也便退出了市场。

对于财务报表使用者而言，需要根据相关的信息，判断所分析企业所处的行业发展阶段。

（3）行业盈利能力分析

行业盈利能力反映的是行业赚取利润的能力。进行行业盈利能力分析的目的是对企业获得正常收益的稳定性和成长性进行分析。不同行业的盈利能力存在差异，这是财务报表使用者在进行财务报表分析时不能忽视的客观事实。

**案例 2-1**

## 2015 年整个金属行业盈利情况继续转弱

钢铁行业延续微利时代。2015 年钢铁全行业平均利润率为 0.10％，而 2014 年钢铁行业平均利润率为 3.61％。从具体产品来看，2015 年利润率最高的是冷轧板，吨钢利润率为 8％，但较去年同期仍下滑了 2 个百分点。这一方面是因为原料成本较低，另一方面受冷轧深冲及汽车钢价格的带动，冷轧价格一直处于高位，所以冷轧利润率维持偏高迹象。管材类产品今年盈利情况明显改善，焊管较无缝管表现更佳。而处于亏损前三名的产品分别为钢坯、螺纹、热轧板卷，利润率分别为 －8.7％、－6.35％和－3％。因为钢坯价格的跌幅远大于原料跌幅，今年长流程钢厂盈利能力极弱。

有色金属行业盈利能力更弱。2015 年金属全行业平均利润率为 －2.82％，而2015 年钢铁行业平均利润率为 0.10％，铜、锡、铅利润率分别为 3.63％、2.25％和1.54％。电解镍吨利润从 2014 年的 14.3％下落至 －13.09％。造成如此大幅亏损的主因是严重的供需失衡。大量投机资金的涌入和社会需求的减少令镍价大幅下跌，至成本线以下才受到其基本价值的支撑而趋于稳定。

**案例2-2**

## 汽车行业利润率高，降价空间较大

有关数据显示，2015年我国全社会的平均利润率在10%至15%之间，汽车业的利润是全社会平均利润率的2倍左右，远高于3%至5%的国际行业平均利润率水平。以通用汽车公司为例，其亚太子公司（利润大部分来自中国）第三季度的利润增长至1.62亿美元，每辆汽车平均利润大约为1 200美元；而北美子公司的利润为1.28亿美元，每辆汽车的平均利润只有102美元。超高的利润率为中国汽车降价留下了巨大空间。

1982年，迈克尔·波特提出了分析行业平均盈利能力的"五大力量理论"，包括：现有企业间的竞争、新进入企业的威胁、替代产品的威胁、客户的议价能力和供应商的议价能力。也就是说，这5个因素是行业盈利能力的重要影响因素，财务报表使用者在对行业的获利能力进行分析时可以从这5个因素着手。

一般来说，现有企业间的竞争程度越高，行业的平均盈利能力越低。新进入企业的威胁越大，就会导致行业中的竞争者越多，这样就提高了同行业的竞争程度，降低了行业的平均盈利能力。当行业中存在许多替代产品或替代服务时，其竞争程度加剧，同样也会导致行业的平均盈利能力降低；如果客户的议价能力强，则会制约产品价格提高的可能性，甚至导致产品价格降低，这样就会削弱行业的平均盈利能力；如果供应商的议价能力强，则有可能提升原材料的价格，从而增加企业产品的成本，同样也会削弱行业的平均盈利能力。图2-2是行业盈利能力的影响因素。

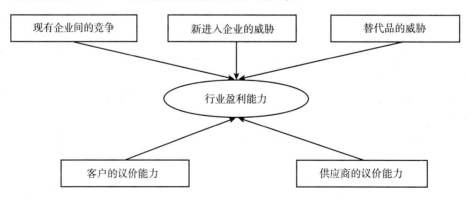

图2-2　行业盈利能力的影响因素

### 2. 企业竞争战略分析

正如我们所知道的，企业的盈利能力不仅受所处行业的影响，还与企业所选的竞争战略有关。即使是微利的行业，也会有佼佼者。竞争战略分析的关键在于根据行业分析的结果判断企业选择竞争战略的合理性。只有选择了合理的竞争战略，才有可能使企业保持竞争能力和高盈利能力。一般而言，给企业带来竞争优势的战略有两种：成本优势战略和产品差异战略。

对于需求价格弹性比较大的商品，采取成本优势战略效果将是很显著的。通过规模经济的投资，低成本模式的设计，管理费用等的降低使产品能维持低价格销售，这就是竞争中的优势。通过对市场的细分来实施产品差异战略也是一种有效的竞争战略。面对不同收入水平、不同年龄层次、不同性别的顾客，对产品的服务、外观、广告等进行差异化，以满足顾客的不同需求。当然在选择竞争战略的背后，也有许多不容忽视的问题，如企业的组织结构是否与所选择的竞争战略相适应、企业的竞争优势是否可持续等问题。

### 案例 2-3

## 三一重工与中联重科的竞争战略比较①

面对激烈的市场竞争，同行之间的明争暗斗似乎无可避免，但如三一重工和中联重科之间将竞争上升至水火不容的地步，以至于行业呼吁和政府调停依然难消恩怨的情况，却实属罕见。事实上，三一重工与中联重科的恩怨由来已久，其首次公开的正面冲突发生于 2006 年的"短信门"事件，随后的"收购战""绑架门""行贿门""资金门""裁员门"和持续发酵的"间谍门""迁都门""举报门"等一系列事件让这两家企业之间的矛盾日益激化，同时使这两家企业之间的恶性竞争持续升温。从某种程度上说，这一切恩怨源自于三一重工与中联重科在地域、行业、产品和市场等方面的高度重合（见表 2-1）。

表 2-1　三一重工与中联重科的竞争战略要素比较分析

| | 三一重工 | 中联重科 |
|---|---|---|
| 产品 | 混凝土机械、挖掘机械、履带起重机械、汽车起重机械、桩工机械、筑路机械 | 混凝土机械、工程起重机械、建筑起重机械、土方机械、筑养路机械、基础设施机械、环卫环保机械、消防装备、物料输送设备、车桥总成 |
| 服务 | 在全球 200 多个国家和地区设有分公司，各事业部在国内各省市均设有分公司，在二级城市设有办事处 | 生产制造基地分布于全球各地，在国内形成了十三大园区，在海外拥有意大利 CIFA 工业园。公司在全球 40 多个国家建有分子公司，以及营销、科研机构，为全球 6 大洲 80 多个国家的客户创造价值 |

---

① 刘芬芳. 差异化战略与企业业绩创造：从三一重工与中联重科的恩怨谈起. 财会月刊，2014（6）.

续表

| | 三一重工 | 中联重科 |
|---|---|---|
| 形象 | ① 2013 年《财富》世界 500 强未入榜；2013 年福布斯全球企业 2 000 强第 851 位；2013 年中国 500 强排行榜第 112 位；2013 年中国 500 最具价值品牌排行榜第 119 位；2013 年中国服务业 500 强排行榜第 143 位；《国际建设》杂志 2013 年度全球工程机械企业 50 强排行榜第 5 位<br>② 身陷"间谍门"等一系列与中联重科的口水战，涉嫌不正当竞争 | ① 2013 年《财富》世界 500 强未入榜；2013 年福布斯全球企业 2 000 强第 779 位；2013 年中国 500 强排行榜第 109 位；2013 年中国 500 最具价值品牌排行榜第 74 位；2013 年中国服务业 500 强排行榜第 133 位；《国际建设》杂志 2013 年度全球工程机械企业 50 强排行榜第 6 位<br>② 身陷"间谍门"等一系列与三一重工的口水战，涉嫌不正当竞争 |
| 营销 | 代理制加直销相结合模式；信用销售模式 | 以代理销售和直销为主，其中工程起重机和土方设备、挖掘机等都以代理销售为主；采用融资租赁、第三方融资租赁及分期付款等信用销售模式 |
| 市场 | 2012 年混凝土机械销售额稳居全球第一。挖掘机械市场占有率由 12% 大幅提升至 18%，稳居国内市场占有率第一。履带起重机、旋挖钻机、摊铺机等产品持续稳居国内市场占有率第一 | 2012 年，混凝土机械方面，泵车产品市场占有率已处于市场领先地位，搅拌车、车载泵、搅拌站三大产品行业市场占有率均居全国第一；起重机械方面，塔机国内市场占有率稳居行业榜首，履带吊产品实现国内销售额第一；土方机械方面，推土机国内市场占有率跃居行业第二 |
| 文化 | 先做人，后做事，品质改变世界 | 至诚无息，博厚悠远 |

所谓差异化，是指与众不同的独特性，它是在基于对顾客需求予以满足的过程中形成有别于竞争对手的独特性，进而创造竞争优势。这种差异化优势可能来源于企业产品品质、服务和形象等方面。三一重工与中联重科能成为众多工程机械行业的巨头企业，无疑具备自身的差异化特征，然而这两个企业本身却极其相似。三一重工与中联重科的恶性竞争并未为双方创造更多的机会和赢得更好的发展。因此，在应对全球经济需求不旺和国内市场需求萎缩的经济形势中，这两家企业更应立足全球市场，扬长避短，实施产品差异化战略，提升各自在产品品质、服务、价格等方面的优势，以良性竞争获取在全球竞争中的竞争优势。

竞争战略分析的方法有许多，常用的包括 SWOT 分析法、波士顿矩阵分析法等。财务报表使用者可以根据需要选择合适的方法。其中，SWOT 分析法的原理如表 2-2 所示。

表2-2　SWOT分析法原理

| 优势——Strengths<br>弱点——Weaknesses<br>机会——Opportunities<br>威胁——Threats | 优势——S<br>列出优势 | 弱点——W<br>列出弱点 |
|---|---|---|
| 机会——O<br>列出机会 | SO战略<br>发挥优势，利用机会 | WO战略<br>利用机会，克服弱点 |
| 威胁——T<br>列出威胁 | ST战略<br>利用优势，回避威胁 | WT战略<br>克服弱点，回避威胁 |

## 2.2.3　会计分析

会计分析是财务报表分析的基础。会计分析的目的在于评价企业财务报表所反映的财务状况与经营成果的真实程度。众所周知，财务报表是按照会计准则经过加工而成的信息，因此为了进行有效的报表分析，财务报表使用者首先了解会计政策、会计估计的专业知识是十分必要的。会计分析相当于给外表"华丽"但实际却存在"水分"的财务报表"挤干水分"。会计分析主要针对资产负债表、利润表和现金流量表进行。一般来说，会计分析可以分为以下4个步骤。

### 1. 阅读会计报告

会计报表作为分析的出发点，仔细阅读是必不可少的第一步。只有阅读财务报表后，才能对企业的会计政策、会计估计有所了解，对该公司的会计信息披露的完整性有初步认识，并应该着重注意企业的财务报表附注和财务情况说明书，了解企业会计政策和会计估计及其变更的情况，同时也要注意注册会计师的审计意见。

财务报表附注是财务报表不可或缺的组成部分。财务报表使用者要全面了解企业的财务状况、经营成果和现金流量，就应当详细阅读财务报表附注。财务报表附注提供了财务报表信息生成的依据，并提供无法在报表上列示的财务与非财务信息，从而使得财务报表中数据的信息更加完整。财务报表附注主要包括企业的基本情况、财务报表的编制基础、遵循企业会计准则的声明、重要会计政策和会计估计、会计政策和会计估计变更及差错更正的说明、重要报表项目及其变更的解释，以及重要事项揭示等内容。

现在不仅仅是上市公司需要注册会计师独立审计，许多非上市企业，其财务报表的真实性、准确性与完整性也需要会计师事务所作为独立方进行审计。审计后，会计师事务所要出具审计报告，提出审计意见。审计意见可划分为五种类型：无保留意见、带强调事项段的无保留意见、保留意见、否定意见和无法表示意见。第一种意见可称为标准审计意见，后四种称为非标准审计意见。这样审计报告也分为两种类型。一般而言，如果会计师事务所出具了标准意见审计报告，则说明企业财务报表的可信度有了比较大的保证；如果会计师事务所出具了非标准意见审计报告，特别是保留意见、否定意见和无法表示意见，财务报表使用者需要对企业的财务报表给予必要的怀疑。

**案例2-4**

## 对上市公司的虚假会计信息说"不"

重庆市会计师事务所对重庆渝钛白粉股份有限公司进行了1997年度的审计，于1998年3月签发了否定意见的审计报告。报告指出："1997年度应计入财务费用的借款即应付债券利息8 064万元，贵公司将其资本化计入了钛白粉工程成本；欠付中国银行重庆市分行的美元借款利息89.8万元（折人民币743万元），贵公司未计提入账，两项共影响利润8 807万元。""我们认为，由于本报告第二段所述事项的重大影响，贵公司1997年12月31日资产负债表、1997年度利润及利润分配表、财务状况变动表未能公允地反映贵公司1997年12月31日财务状况和1997年年度经营成果及资金变动情况。"

这是我国证券市场上有关上市公司的首份否定意见审计报告，渝钛白事件也可以看作是中国注册会计师成熟的标志。

**案例2-5**

## 2015年年报审计情况

2016年5月17日，中注协发布了上市公司2015年年报审计情况快报（第十五期），文中指出：2016年1月1日—4月30日，40家证券资格会计师事务所（以下简称"事务所"）共为2 842家上市公司出具了财务报表审计报告（详见表2-3）。在上述2 842份审计报告中，标准审计报告2 738份，非标准财务报表审计报告104份，占3.66%，其中带强调事项段的无保留意见审计报告82份，保留意见审计报告16份，无法表示意见的审计报告6份。

表2-3　上市公司2015年度财务报表审计报告意见汇总表

| 财务报表审计意见类型 | 沪市主板 | 深市主板 | 中小企业板 | 创业板 | 合计 |
|---|---|---|---|---|---|
| （标准）无保留意见 | 1 033 | 451 | 766 | 488 | 2 738 |
| 带强调事项段的无保留意见 | 47 | 19 | 11 | 5 | 82 |
| 保留意见 | 4 | 5 | 5 | 2 | 16 |
| 否定意见 | 0 | 0 | 0 | 0 | 0 |
| 无法表示意见 | 1 | 3 | 0 | 2 | 6 |
| 非标准审计意见小计 | 52 | 27 | 16 | 9 | 104 |
| 合计 | 1 085 | 478 | 782 | 497 | 2 842 |
| 非标准审计意见比例 | 4.79% | 5.65% | 2.05% | 1.81% | 3.66% |

## 2. 评估会计策略

在评估会计策略（包括会计政策和会计估计）中，首先需要了解企业的关键会计政策是什么，所采取的关键会计政策是刚性的还是弹性的。如果企业选择具有较大弹性的会计政策，财务报表使用者需要予以重点关注，并且对企业采用此项会计政策的目的进行深入分析。会计政策的选择及其变更可能会对财务报表产生重大影响，企业选择会计政策必然是考虑有利于自身的因素，因此可能利用会计政策的弹性来隐瞒真实的财务状况和经营成果。对此，财务报表使用者需要分析企业所选择的会计政策是否合理，是否与行业惯例一致，是否有利用会计政策操纵利润的嫌疑。

## 3. 分析财务报表变动

财务报表使用者需要了解企业提供的财务报表有哪些项目出现了变动，显著的变动往往意味着不正常的原因。因此，财务报表使用者应利用水平分析法、垂直分析法、趋势分析法等专门方法，对财务报表项目的变动额度、变动幅度和变动趋势等进行分析，寻找出显著的变动，并结合第一步，同时利用会计报表附注，判断企业对项目的显著变动是否具有充分的、合理的解释，从而排除正常变动，锁定异常变动。实践证明，不具有合理解释的异常变动项目往往存在财务舞弊的嫌疑。面对出现的潜在危险信号，财务报表使用者需要进一步搜集相关信息，寻找异常变动的真正原因，获取证实财务舞弊的直接证据。

## 4. 调整财务报表数据

如果通过以上步骤和方法确实发现了公司的财务舞弊现象，财务报表使用者就需要利用财务报表以及其他相关资料，对财务报表相关项目的数据进行调整，以恢复该项目的本来面目。调整财务报表存在水分的项目数据，有许多方法，如虚拟资产剔除法、异常利润剔除法、关联交易分析法等。

虚拟资产剔除法就是将财务报表中那些故意隐藏费用的"虚拟资产"项目剔除出去。众所周知，资产的本质就在于预期能给企业带来经济利益；而"虚拟资产"指的是已经发生的费用或损失，但由于企业缺乏承受能力而暂时挂账为资产的项目，如待摊费用、递延资产、待处理流动资产损失和待处理固定资产损失等。在财务报表中这类资产经常被作为隐藏公司费用的"黑洞"或调节利润的"蓄水池"。一些企业往往通过不及时确认、少摊销或不摊销已经发生的费用和损失等手段，来达到减少费用、虚增利润的目的。倘若如此，财务报表使用者需要将这些虚拟资产从财务报表中剔除出去。

异常利润剔除法就是将财务报表中那些导致利润虚增的非正常利润项目剔除出去。众所周知，判断一个企业的真实盈利能力应该主要依据该企业正常经营活动所产生的利润；而异常利润指的是企业通过债务重组、股权转让、出售长期资产、非货币性交易等异常事项产生的利润。由于这种利润具有偶然性或意外性，所以在判断公司盈利能力时应予以剔除。更为糟糕的是，有些企业打着债务重组、股权转让、出售长期资产、非货币性交易等业务的"旗号"，行财务舞弊之实。因此，面对这些现象，财务报表使用者需要将这些异常利润从财务报表中剔除出去。

关联交易分析法就是对财务报表中那些具有操纵利润事实的关联交易相关项目进行调整。关联交易是企业关联方之间进行的交易，关联交易并非为法律所禁止，但有些企业违背关联交易原则，通过操纵关联交易定价，从而达到调节利润的目的。因此，如果一个企业在某一个会计期间的收入或利润主要来自于关联企业的贡献，那么财务报表使用者需要注意分析关联交易的定价政策是否合理；如果存在不合理的证据，那么应对这一关联交易相关的项目进行调整。

## 2.2.4　财务分析

财务分析是财务报表分析的最主要部分，是"重头戏"。财务分析的主要内容是分析企业的盈利能力、偿债能力、营运能力和增长能力。[①] 财务分析的基本方法是比率分析法、因素分析法，其中比率分析法又是其中最重要的方法。关于财务分析基本方法的原理将在后续章节中介绍。

## 2.2.5　前景分析

财务报表使用者进行分析的目的不仅仅在于了解企业的过去和评估企业的现状，更重要的是要预测企业未来的发展前景，以此来进行自己的投资、信贷等各种决策。也就是说，在经过战略分析、会计分析和财务分析之后，还需要进行恰当的前景分析，以实现财务报表的"决策有用性"。综合分析、业绩评价、财务预测和价值评估是前景分析的主要内容，也是进行前景分析的重要工具。

财务预测是指基于各种合理的基本假设，根据预期条件和各种可能影响未来经营活动、投资活动和筹资活动的重要事项，作出最恰当的预估结果，并将预期的财务状况、经营成果和现金流量变动等信息，编制成预计资产负债表、预计利润表和预计现金流量表。其中，对销售收入的预测是财务预测的重要起点。

价值评估是采用专门的方法，遵循特定的程序，对企业整体价值（总资产价值）、所有者权益价值（净资产价值）或部分股权价值进行分析、估算并得出最终结论的过程。企业价值评估一般包括成本途径、市场途径和收益途径三种类型，其中较为常用的方法有现金流量折现法、EVA法、市盈率法等。

---

① 与财务分析对应的内容可详见教材第6、7、8、9章。

# 2.3　财务报表分析方法

## 2.3.1　水平分析法

### 1. 水平分析法的定义

水平分析法，也称横向比较法，是指将反映企业报告期财务状况、经营成果和现金流量的信息与反映企业前期或历史某一时期财务状况、经营成果和现金流量的信息进行对比，研究企业财务状况、经营成果和现金流量某一方面变动情况的一种财务分析方法。例如，可以将资产负债表中的应收账款期末余额与期初余额进行比较分析，也可以将利润表中的营业收入本年数与上年数进行比较分析。当然，水平分析法所进行的对比，不是仅仅针对单一项目进行比较分析，而是对某一财务报表，如资产负债表、利润表进行全面、综合的对比分析。因此，通常也将水平分析法称为会计报表分析方法。

### 2. 水平分析法的原理

水平分析法的基本原理是将报表资料中不同时期的同项数据进行对比，对比的方式主要有绝对数和相对数两种，即分别计算变动额和变动率，其计算公式如下。

$$变动额＝报表某项目分析期金额-报表同项目基期金额$$

$$变动率＝\frac{变动额}{报表某项目基期金额}×100\%$$

### 3. 水平分析法的应用

变动额衡量的是企业财务报表某一项目的变动额度，反映了该项目的变动规模；变动率衡量的是企业财务报表某一项目的变动幅度，反映了该项目的变动程度。因此，运用水平分析法，可以了解项目增减变动额度和变动幅度情况，从而发现可疑点。一般而言，变动额度多少为异常应视企业资产基础或收入基础确定，变动幅度如果超过 10％则应视为异常，当然还必须结合项目的性质。需要提出的是，在应用水平分析法的过程中应将两种对比方式结合运用，仅用变动量或仅用变动率都可能得出片面的，甚至是错误的结论。

**案例 2-6**

### 紫鑫药业炮制惊天骗局[①]

2010 年，吉林紫鑫药业股份有限公司（以下简称紫鑫药业）因涉足人参业务创

---

① 资料来源：改编自徐锐，翟敏，宋元东，等．自导自演上下游客户 紫鑫药业炮制惊天骗局．中国证券网，2011－08－16。

造了惊人的业绩。2010年实现营业收入6.4亿元，同比增长151％，实现净利润1.73亿元，同比大增184％。2011年上半年，紫鑫药业"再接再厉"，实现营业收入3.7亿元，净利润1.11亿元，同比增长226％和325％。与业绩遥相呼应的是其股价一路飙升。从2010年下半年开始，一年多时间暴涨了300％，上演了一轮波澜壮阔的大牛行情。期间，公司成功高价增发，再融资10亿元。据紫鑫药业2010年年报，公司营业收入前五名客户分别为四川平大生物制品有限责任公司、亳州千草药业饮品厂、吉林正德药业有限公司、通化立发人参贸易有限公司、通化文博人参贸易有限公司。这五家公司合计为紫鑫药业带来了2.3亿元的收入，占比达到36％。而对比2009年年报，紫鑫药业前五名客户累计采购金额不足2 700万元，占当年营业收入的10％。

　　2011年，创下"神话"业绩的紫鑫药业被质疑伪造上下游客户，虚构人参相关交易，前五大营业客户均是"影子公司"，最终被证监会立案稽查。紫鑫药业造假问题被发现，一个明显的信号就是收入的异常增长。当出现异常信号之后，需要做的就是对其合理性展开调查。分析收入的结构并与上期比较很快就会暴露出可能存在的问题。

## 2.3.2　垂直分析法

### 1. 垂直分析法的定义

　　垂直分析法，也叫结构分析法、纵向分析法，也属于比较分析法的一种类型。与水平分析法不同，垂直分析法的基本点不是将企业报告期的分析数据直接与基期进行对比，以求出增减变动量和增减变动率，而是通过计算财务报表中各项目占总体的比重或结构，反映财务报表中各项目的相对重要性及财务报表的总体结构关系。垂直分析法可分别应用于资产负债表、利润表、现金流量表等财务报表。财务报表经过垂直分析法处理后，通常称为同度量报表、总体结构报表、共同比报表等。

### 2. 垂直分析法的原理

　　垂直分析法的一般步骤如下。

　　① 确定报表中各项目占总额的比重或百分比。其计算公式如下。

$$某项目的比重 = \frac{某项目金额}{各项目总金额} \times 100\%$$

　　② 通过各项目的比重，分析各项目在企业经营中的重要性。一般而言，项目比重越大，说明其重要程度越高，对总体的影响越大。

　　③ 将分析期各项目的比重与前期同项目比重对比，研究各项目的比重变动情况。

也可将本企业报告期某项目比重与同行业企业的可比项目比重进行对比，从而确定差异。

### 3. 垂直分析法的应用

应用垂直分析法，需要注意以下问题。

（1）总体基础的唯一性

财务报表分析中，总是将财务报表中某一关键项目当作一个整体，然后再把构成这一整体的部分与之进行对比。因此总体基础的选择需要事先明确。一般来说，如果对资产负债表进行垂直分析，则选择资产总额作为总体基础；如果对利润表进行垂直分析，则选择营业收入；如果对现金流量表进行垂直分析，则分别选择现金流入总额和现金流出总额作为总体基础。除此以外，财务报表使用者还可以根据需要，进一步确定不同的总体基础，如流动资产总额（进行流动资产结构分析）、存货总额（进行存货结构分析）、流动负债总额（进行流动负债结构分析）等。

（2）分析角度的多维性

即使对于同一种总体基础，财务报表使用者也可以从不同维度进行分析，从而满足不同的分析目的。例如，对于资产结构分析，既可以从流动资产与非流动资产比例角度分析，也可以从有形资产与无形资产角度分析；对于应收账款结构分析，既可以进行账龄结构分析，也可以进行客户结构分析；对于负债结构，不仅可以进行负债期限结构分析，还可以进行负债方式结构分析、负债成本结构分析；对于营业收入结构，既可以分析营业收入来源的业务结构，也可以分析营业收入来源的地区结构。总之，财务报表使用者可以具体情况具体分析，在实际分析中根据不同的需要灵活地选择分析角度，而不能局限于单一角度的分析。

（3）项目数据的可比性

在进行同一企业前后期或不同企业同一期的结构对比时，应尽量保持结构比重计算口径的一致性。因为如果同一企业前后期或不同企业同一期对于同一个项目采取不同的会计政策和会计估计，会直接导致数据的不可比。例如，固定资产折旧方法包括平均年限法、双倍余额递减法、年数总和法等，对于同一类型的固定资产采用不同的折旧方法会导致企业固定资产价值大小不同，从而使计算出来的结构比重不可比。再如，存货计价存在加权平均法、先进先出法等多种方法可供选择，两个企业或同一企业不同时期，即使实际情况完全相同，也会因为采用不同的计价方法，对期末存货、企业利润等产生重大影响。如果面临这样的情形，财务报表使用者需要进行调整。

---

**案例 2-7**

## 华域汽车净利润逾六成源于投资收益

华域汽车 2010 年年报显示，公司当年实现营业利润 49.42 亿元，其中归属于上市公司股东的净利润达 25.13 亿元。值得注意的是，其投资收益为 15.62 万元，也就是说，公司净利润中 62.16％都要拜投资收益所赐。公司 15.62 亿元的投资收益构成如表 2-4 所示。

表 2-4　投资收益结构分析

| 项　目 | 金额/万元 | 占总额的比重/％ |
|---|---|---|
| 处置交易性金融资产取得的投资收益 | 39.52 | 0.03 |
| 持有可供出售金融资产期间取得的投资收益 | 1 123.55 | 0.72 |
| 处置可供出售金融资产产生的投资收益 | 165.50 | 0.11 |
| 委托贷款投资收益 | 596.44 | 0.38 |
| 银行理财产品收益 | 712.89 | 0.46 |
| 对联营企业和合营企业的投资收益 | 153 300.00 | 98.30 |

由表 2-4 可知，对联营企业和合营企业的投资所取得的收益才是大头。值得一提的是，华域汽车持有其他上市公司股权、参股金融企业股权的项目可谓林林总总。公司披露的年报显示，其持有新宙邦、中国化学、世纪鼎利等 30 家上市公司的股票。此外，在金融类企业中，华域汽车还分别持有兴业证券、民生银行 2.84％、0.89％的股权。

投资收益在净利润中的占比居高不下与公司特殊的经营结构不无关联。由于其在与多家外资企业合作中并不能掌控绝对话语权，因而为公司净利润立下汗马功劳的多家联营、合营公司，只能以投资收益的方式反映在利润报表中，却难以进一步改善公司资产负债率、现金流量等指标。

**案例 2-8**

# 四川长虹应收账款结构分析

2004 年年末，四川长虹电器股份有限公司发布了一个惊人的消息：长虹的美国进口商 Apex 公司拖欠的应收账款高达 4.675 亿美元，而可能收回的资金约为 1.5 亿美元，加之其他原因，预计 2004 年度会出现巨大亏损。下面对长虹 2001—2003 年的应收账款作详细的分析，如表 2-5 所示。

表 2-5　四川长虹应收账款分析表

| 项　目 | 2003 年 | 2002 年 | 2001 年 |
|---|---|---|---|
| 应收账款净额/万元 | 498 513.35 | 422 020.90 | 288 070.76 |
| 应收账款增长率/％ | 18.13 | 46.50 | 58.15 |

续表

| 项　目 | 2003 年 | 2002 年 | 2001 年 |
|---|---|---|---|
| 资产总计/万元 | 2 140 020.27 | 1 867 036.72 | 1 763 751.17 |
| 应收账款占资产的比重/% | 23.29 | 22.60 | 16.33 |
| 主营业务收入/万元 | 1 413 319.55 | 1 258 518.47 | 951 461.85 |
| 应收账款占主营业务收入的比重/% | 35.27 | 33.53 | 30.28 |

　　从表 2-5 中可以看出，四川长虹 2001—2003 年虽然应收账款净额增长率在逐年下降，但其规模却在不断上涨，而且在总资产规模不断扩大的情况下，应收账款占资产的比重仍然在逐年增大，可见公司应收账款的增长速度超过了总资产的增长速度，这是一个相当危险的信号。从另一个角度观察，四川长虹在主营业务收入逐年增长的情况下，其应收账款占主营业务收入的比重也呈逐年增大的趋势，表明公司的应收账款增长速度超过了主营业务收入的增长速度，这说明公司的收入质量并不高，应该引起投资者的高度重视。总之，当销售收入和净利润的增长主要来自于单一或极少数客户时，尤其应当关注应收账款的回收情况，审慎评估这些客户的信用风险。

## 2.3.3　趋势分析法

### 1. 趋势分析法的定义

　　趋势分析法是根据企业连续若干会计期间（至少三期）的分析资料，运用指数或动态比率的计算，比较和研究不同会计期间相关项目的变动情况和发展趋势的一种财务分析方法，也叫动态分析法。趋势分析法既可用于对财务报表的整体分析，即研究一定时期财务报表所有项目的变动趋势，也可对某些主要指标的发展趋势进行重点分析。

> **名人名言**
>
> 　　我们不可以单凭一年的数字评价公司业绩。为了更清楚地了解公司业绩的发展历程和趋势，以及发现我们认为需要解释和调查的比率变动，应该分析公司 3 年的数字。当然，5 年的数字更好。
>
> ——［英］鲍勃·沃斯

### 2. 趋势分析法的原理

　　趋势分析法的一般步骤如下。

　　① 计算趋势比率或指数。趋势指数的计算通常有两种方法：一是定基指数，二是环比指数。定基指数就是各个时期的指数都是以某一固定时期为基期来计算的，环比指

数则是各个时期的指数以前一期为基期来计算的。趋势分析法通常采用定基指数。两种指数的计算公式分别如下。

$$定基指数 = \frac{某一分析期某指标数据}{固定基期某指标数据} \times 100\%$$

$$环比指数 = \frac{某一分析期某指标数据}{前期某指标数据} \times 100\%$$

② 根据指数计算结果，评价与判断企业该指标的变动趋势及其合理性。

③ 预测未来的发展趋势。根据企业分析期该项目的变动情况，研究其变动趋势或总结其变动规律，从而可以预测企业该项目的未来发展情况。

### 3. 趋势分析法的应用

应用趋势分析法，需要注意以下几点。

① 比较的指标。既可以直接针对财务报表的项目，也可以针对财务指标，如净资产收益率、流动比率、资产负债率等，还可以针对结构比重。

② 比较的形式。除了计算定基指数或环比指数以外，财务报表使用者还可以不加以处理，直接采用趋势分析图的形式进行比较分析，这样更加直观。

③ 比较的基础。财务报表使用者需要注意，当某项目基期为零或为负数时就不能计算趋势指数，因为这样比较会失去实际意义，此时可以采用趋势分析图的形式。

④ 对于计算趋势指数的财务报表数据，财务报表使用者同样要注意比较前后期会计政策、会计估计的一致性，如果会计政策、会计估计不一致，那么趋势指数也会失去比较的实际意义。

⑤ 对于分析结果，财务报表使用者需要注意排除偶然性或意外性因素的影响。对于健康发展的企业，其发展规律通常应该是稳步上升或下降的趋势（视分析项目不同而定），但有可能由于一些偶然性或意外性的因素，在某一分析期出现背离整个发展趋势的情形，此时财务报表使用者应该深入分析其是否受一些偶然性或意外性因素的影响，从而对企业该项目的真实发展趋势作出合理判断。

案例2-9

## 中联重科资产营运效率分析

中联重科股份有限公司创立于1992年，主要从事工程机械、环境产业、农业机械等高新技术装备的研发制造。其工程机械、环卫机械均位居国内第一，农业机械位居国内前三。中联重科先后实现深、港两地上市，成为业内首家A＋H股上市公司，注册资本达77.06亿元。目前，公司积极推进战略转型，打造集工程机械、环境产业、农业机械和金融服务为一体的高端装备制造企业。

### 1. 总资产周转率

总资产周转率反映的是总资产的营运能力，用于分析企业全部资产的使用效率。从图 2-3 中可以看出，中联重工总资产周转率近几年持续下降。影响总资产周转率的因素主要是各项资产的比例和各项资产的营运能力，所占比重大的资产的营运能力强弱将在一定程度上决定总资产营运能力的强弱。由图 2-3 可见，中联重科近三年总资产周转率不断下降，下面进行具体分析。

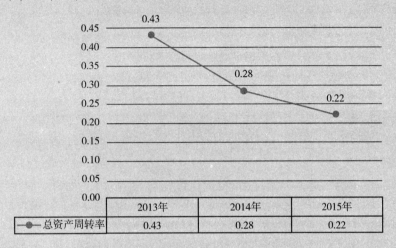

| | 2013年 | 2014年 | 2015年 |
|---|---|---|---|
| 总资产周转率 | 0.43 | 0.28 | 0.22 |

图 2-3　中联重科总资产周转率变动

首先来看中联重科 2013—2015 年的资产结构（见图 2-4），很明显中联重科总资产中绝大部分属于流动资产，且这三年流动资产所占比重逐年增加，这样的资产结构注定了流动资产周转率对总资产周转率的影响相当大。

图 2-4　中联重科 2013—2015 资产结构

### 2. 流动资产周转率

由图2-5可知,中联重科的流动资产周转率逐年下降,这也是中联重科总资产周转率下降的主要原因。流动资产周转速度慢,就需要补充流动资产参与周转,形成资金浪费,从而降低企业盈利能力。

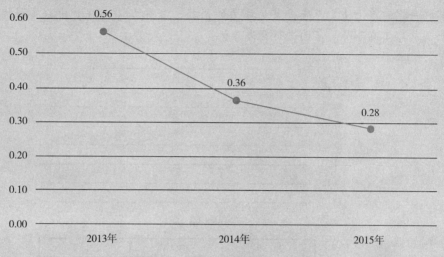

图2-5　中联重科流动资产周转率变动

对企业流动资产周转率影响最大的因素是企业存货周转率和应收账款周转率,因为存货和应收账款是占据企业大量资金的两项流动资产,所以很有必要对中联重科的存货和应收账款进行分析,从而解释中联重科流动资产周转率下降的原因。

从图2-6中可以看出,中联重科流动资产有以下几大特征。

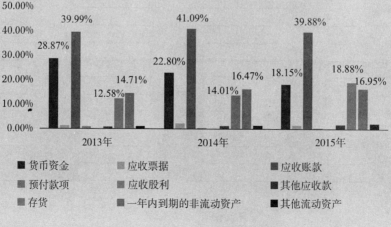

图2-6　中联重科2013—2015年流动资产结构

① 应收账款比重大。这说明中联重科存在较大的信用风险。

② 货币资金量很足。这充分说明了中联重科对现金流的重视程度，充足的现金流可以让公司在确保经营稳健性和安全性的同时，为随时可能萌发的市场机会蓄积力量。

③ 存货量比较大。存货量过大会影响公司存货的周转率，不利于公司整体资金的周转和变现，从而影响公司的盈利能力和支付能力。

### 3. 存货周转率

从图2-7可以看出，中联重科近三年来存货周转率仍呈下降趋势，但不能仅以此判断中联重科的存货管理能力较差。近几年，中国工程机械行业遭遇"新常态"，工程机械企业不可避免地遭遇了低位运行。在产能严重过剩的同时那些不满足新阶段排放标准的原有设备又需要尽快退出市场，从而导致了存货大量积压。存货占流动资产比例太大也反映出中联重科对存货的管理需要改善。

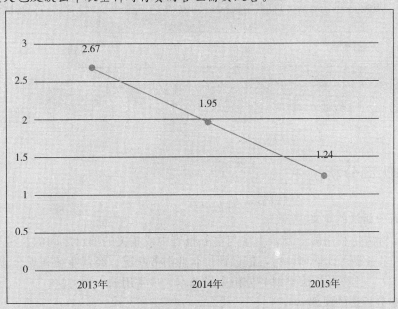

图2-7　中联重科存货周转率变动

### 4. 应收账款周转率

从图2-8可以很清楚地看出，中联重科近几年的应收账款速度比较慢。由此看来，一方面，中联重科应加强对应收账款的管理，以防企业过多的资金被占用，减少发生坏账损失的风险，降低应收账款的持有成本；另一方面，应收账款周转天数过长也说明公司催收账款不力，使资产形成了呆账甚至坏账，降低了资产的流动性，这对公司正常的生产经营是很不利的。

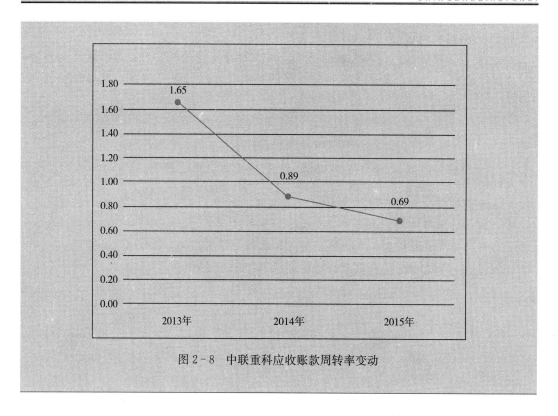

图 2 - 8　中联重科应收账款周转率变动

## 2.3.4　比率分析法

### 1. 比率分析法的定义

比率分析法是利用两个或若干个与财务报表中或相关的项目之间的某种关联关系，运用相对数来考察、计量和评价，借以评价企业财务状况、经营业绩和现金流量的一种财务分析方法。比率分析法是财务分析中最基本、最常用的一种方法。

### 2. 比率分析法的原理

比率常用的具体表现形式包括：百分率，如净资产收益率10％；比值，如流动比率为 2∶1；分数，如负债为总资产的 1/2。

财务比率按照反映的内容可以分为：盈利能力比率、营运能力比率、偿债能力比率、增长能力比率。2006 年国务院国有资产监督委员会颁布的企业综合绩效评价指标体系，就是将财务绩效定量评价指标划分为这四种类型（只是有些类型的叫法有所区别而已），具体见表 2 - 6。

表2-6 企业综合绩效评价指标体系

| 评价指标类别 | 财务绩效定量评价指标 | |
| --- | --- | --- |
| | 基本指标 | 修正指标 |
| 一、盈利能力状况 | 净资产收益率<br>总资产报酬率 | 销售（营业）利润率<br>盈余现金保障倍数<br>成本费用利润率<br>资本收益率 |
| 二、资产质量状况 | 总资产周转率<br>应收账款周转率 | 不良资产比率<br>流动资产周转率<br>资产现金回收率 |
| 三、债务风险状况 | 资产负债率<br>已获利息倍数 | 速动比率<br>现金流动负债比率<br>带息负债比率<br>或有负债比率 |
| 四、经营增长状况 | 销售（营业）增长率<br>资本保值增值率 | 销售（营业）利润增长率<br>总资产增长率<br>技术投入比率 |

## 从"生"到"死"：财务指标决定一切

毫不夸张地说，上市公司从"生"（上市）到"死"（摘牌退市），财务指标的变化是上市公司变化的最直观反映。正因为财务指标如此重要，所以一些上市公司总是出于各种目的想方设法操纵利润、粉饰报表。从最初的"原野事件""琼民源事件"，到"东方锅炉事件""大庆联谊事件"，再到"蓝田股份事件""银广夏事件"，无不令人触目惊心。对于财务报表使用者而言，了解一些有关上市公司管理的规定有助于更好地对上市公司财务报表进行分析。

上市：上市即首次公开募股（initial public offerings，IPO），指企业通过证券交易所首次公开向投资者增发股票，以期募集用于企业发展资金的过程。中国公司可以选择在上海或者深圳证券交易所上市，根据《公司法》《证券法》和中国证监会2006年公布的《首次公开发行股票并上市管理办法》的相关规定，股份有限公司申请其股票上市，必须符合与财务相关的条件是：最近3个会计年度净利润均为正数且累计超过人民币3 000万元，净利润以扣除非经常性损益前后较低者为计算依据；最近3个会计年度经营活动产生的现金流量净额累计超过人民币5 000万元，或者最近3个会计年度营业收入累计超过人民币3亿元；发行前股本总额不少于人民币3 000万元；最近一期期末无形资产（扣除土地使用权、水面养殖权和采矿权等后）占净资产的比例不高于20%；最近一期期末不存在未弥补亏损。

公司除了选择上市之外还可以选择在新三板挂牌。挂牌之后可实施定向增发股份，提高公司信用等级，帮助企业更快融资。在准入条件上，新三板挂牌不设财务门槛，申请挂牌的公司可以尚未盈利，只要业务明确，具有持续经营能力即可。

配股：根据《证券法》《公司法》和中国证监会于2006年公布的《上市公司证券发行管理办法》的相关规定，上市公司向原股东配售股份（以下简称配股）应符合的财务条件为：最近3个会计年度连续盈利，扣除非经常性损益后的净利润与扣除前的净利润相比，以低者作为加权平均净资产收益率的计算依据；最近3年及最近一期财务报表未被注册会计师出具保留意见、否定意见或无法表示意见的审计报告；资产质量良好，不良资产不足以对公司财务状况造成重大不利影响；最近3年资产减值准备计提充分合理，不存在操纵经营业绩的情形；最近3年以现金或股票方式累计分配的利润不少于最近3年年均可分配利润的20%。

增发：根据《证券法》《公司法》和中国证监会于2006年公布的《上市公司证券发行管理办法》的相关规定，上市公司向不特定对象公开募集股份（以下简称增发），除应当符合上述配股的条件外，还应当符合以下与财务相关的条件：最近3个会计年度加权平均净资产收益率平均不低于6%，扣除非经常性损益后的净利润与扣除前的净利润相比，以低者作为加权平均净资产收益率的计算依据；除金融类企业外，最近一期期末不存在持有金额较大的以公允价值计量且其变动计入当期损益的金融资产和可供出售的金融资产、借予他人款项、委托理财等财务性投资的情形。

发行可转换债券：根据《证券法》《公司法》和中国证监会于2006年公布的《上市公司证券发行管理办法》的相关规定，上市公司公开发行可转换债券，除了应当符合增发股票的一般条件之外，还应当符合以下条件：最近3个会计年度加权平均净资产收益率平均不低于6%，扣除非经常性损益后的净利润与扣除前的净利润相比，以低者作为平均净资产收益率的计算依据；本次发行后累计公司债券余额不超过最近一期期末净资产额的40%；最近3个会计年度实现的年均可分配利润不少于公司债券一年的利息。

特别处理：根据证券交易所上市规则的规定及证监会1998年3月发布的《关于上市公司状况异常期间的股票特别处理方式的通知》，上市公司连续两年亏损或者净资产低于面值的，需进行特别处理，对股票交易进行限制，报价日涨跌幅限制为5%，以提请市场投资者注意风险，称为"特别处理"（special treatment，"ST"）。2003年5月12日起，深沪交易所在有退市风险的ST股票前加注"＊"，以"＊ST"为标志，对有退市风险的股票进行提示。

上市交易暂停：根据《证券法》的规定，上市公司在财务方面具有下列情形之一的，由证券交易所决定暂停其股票上市交易：公司股本总额、股权分布等发生变化不再具备上市条件；公司不按规定公开其财务状况，或者对财务会计报告作虚假记载，可能误导投资者；公司最近3年连续亏损。

上市交易终止：根据《证券法》的规定，上市公司在财务方面具有下列情形之一的，由证券交易所决定终止其股票上市交易：公司股本总额、股权分布等发生变化不再具备上市条件，在规定的期限内仍不能达到上市条件；公司不按规定公开其财务状况，或者对财务会计报告作虚假记载，且拒绝纠正；公司最近3年连续亏损，在其后一个年度内未能恢复盈利。

### 3. 比率分析法的应用

在计算出财务比率之后，财务报表使用者还需要选择财务分析标准，对所计算的财务比率进行分析，否则财务比率就只有单纯的字面定义，而缺乏经济含义。财务分析标准的意义就在于它为财务比率的应用提供了参照物。对于外部财务报表使用者而言，常用的财务分析标准包括以下三种类型。

（1）经验标准

经验标准是在财务比率分析中经常采用的一种标准。所谓经验标准，是指这个标准的形成来源于大量的实践经验，并经过大量实践的检验。例如，流动比率的经验标准为200％；速动比率的经验标准是100％；资产负债率应该介于30％～70％等。其实，这些经验标准都属于经验之谈，并没有充分的科学依据。因此，财务报表使用者不能把这种经验标准当作是一种绝对标准，认为不论什么公司、什么行业、什么时间、什么环境都是适用的。实际上，经验标准只是对一般情况而言的，并不是适用于一切领域或一切情况的绝对标准。财务报表使用者只能利用经验标准作出初步的判断，要下准确的结论，还得结合实际情况做进一步深入分析。例如，假设一个企业的流动比率大于200％，但在流动资产结构中存在大量应收账款和许多积压存货；而另一企业的流动比率虽然低于200％，但货币资金在流动资产中占较大比重，应收账款、存货所占比重较低，这时就不能根据经验标准认为前一企业的短期偿债能力就一定好于后一企业。总之，在应用经验标准时应该具体情况具体分析，而不能生搬硬套。

（2）历史标准

历史标准是指以企业过去某一会计期间的实际业绩为标准。这种标准对于评价企业自身财务状况、经营业绩和资金情况是否改善是非常有益的。历史标准可选择企业历史最高水平，也可选择企业正常经营条件下的业绩水平。另外，在财务分析中，经常将本年的财务状况与上年进行对比，此时企业上年的业绩水平实际上也可看作是历史标准。应用历史标准的优点主要是可靠性比较高，能反映企业曾经达到的水平。但历史标准也有其不足，这主要是仅仅运用历史标准可能引起企业"故步自封"或者"夜郎自大"，既有可能脱离企业战略要求，丧失挑战性，又可能造成企业落后于同行业的竞争对手。因此，财务报表使用者除了应用历史标准外，还可以应用其他财务分析标准。

（3）行业标准

行业标准是财务分析中广泛采用的标准，它是按行业制定的，反映了行业财务状况和经营状况的基本水平。当然，也可选择同行业某一先进企业的业绩水平作为行业标准。企业在财务分析中运用行业标准，可说明企业在行业中所处的地位与水平。应当指出的是，运用行业标准有三个限制条件。

① 同行业内的两个企业并不一定是可比的。例如，同是石油行业的两个企业，一个可能从市场购买原油生产石油产品；另一个则是融开采、生产、提炼及销售石油产品为一体，这两个公司的经营就是不可比的。

② 一些大的企业往往跨行业经营，企业的不同经营业务可能有着不同的盈利水平和风险程度，这时用行业统一标准进行评价显然是不合适的。解决这一问题的方法是将企业经营的不同业务的资产、收入、费用、利润等分项报告。

③ 应用行业标准还受不同企业采用的不同会计政策、会计估计的限制，同行业企业如果采用不同的会计政策、会计估计方法，也会影响评价的准确性。例如，由于存货发出的计价方法不同，不仅可能影响存货的价值，而且可能影响成本、利润的水平。因此，在采用行业标准时，也要注意这些限制。

利用行业标准还存在一个问题，就是如何获得行业标准。这常常成为大多数财务报表使用者的难题。我们认为，财务报表使用者可以考虑以下两条途径。其一，自行计算。财务报表使用者可以采用算术平均法、综合报表法和中位数法选择若干同行业上市公司的同一比率计算出标准比率，这个标准比率即可成为行业标准。其二，外部获取。根据多年的管理咨询经验，可以通过一些方式获得行业历史数据，如财政部、国资委每年重新修订并公开出版的企业综合绩效评价标准值手册；上市公司公开披露的数据（一些媒体和管理咨询公司经常出台各种上市公司经营业绩排行榜）；行业协会的统计数据（有许多行业协会经常对本行业的企业经营业绩进行统计分析）；官方统计数据（如国家统计局、各种正式出版的统计年鉴）；通过供应商和客户了解同行业企业的一些指标；通过中介机构购买行业数据。

可见，各种财务分析评价标准都有其优点与不足，在财务分析中不应孤立地选用某一种标准，而应综合应用各种标准，从不同角度对企业财务状况、经营成果和现金流量进行评价，这样才有利于得出正确结论。

## 案例 2-10

### 中联重科盈利能力分析

盈利能力是指公司在一定时期内赚取利润的能力。利润是企业内外有关各方都关心的中心问题：利润是投资者取得投资收益、债权人收取本息的资金来源，是经营者经营业绩和管理效能的集中表现，也是职工工资、奖金、福利不断提高的重要保障。因此，企业盈利能力通常被认为是企业最重要的经营业绩衡量标准。

对企业盈利能力的分析，常用的有四个主要指标，分别是净资产收益率、总资产净利率、营业收入净利率和每股收益，它们从净资产、总资产、营业收入净利润和普通股股数的视角考察了企业赚取利润的能力。

　　从图 2-9 及图 2-10 可以看出，中联重科在 2013—2015 年净资产收益率持续下降。原因在于机械制造业属于典型的周期性行业，其效益与国内或国际经济波动相关性较强。近几年机械制造业遭遇经济新常态，导致市场普遍降温，净利润大幅下降，综合各个因素，使得机械制造行业各公司的经营业绩出现普遍下滑。

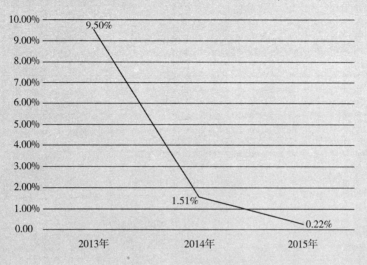

图 2-9　中联重科 2013—2015 年净资产收益率变动

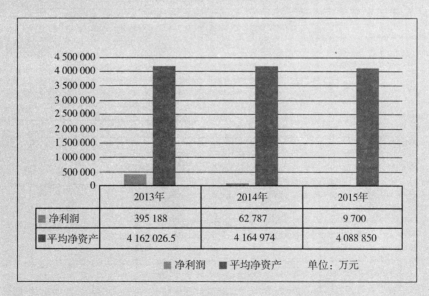

| | 2013年 | 2014年 | 2015年 |
|---|---|---|---|
| 净利润 | 395 188 | 62 787 | 9 700 |
| 平均净资产 | 4 162 026.5 | 4 164 974 | 4 088 850 |

■净利润　■平均净资产　　单位：万元

图 2-10　中联重科净利润与平均净资产变动

　　从图 2-11 和图 2-12 可以看出，净利润与营业收入在 2013—2015 年均呈下降趋势，这主要是由于我国经济增速较低，工程机械行业市场产能过剩、需求不振、竞争加剧等使得行业销售增速整体下降。由于营业收入净利率是由净利润和营业收入共同决定的，下面对影响净利润和营业收入的因素作进一步分析，以得出一个更全面的结论。

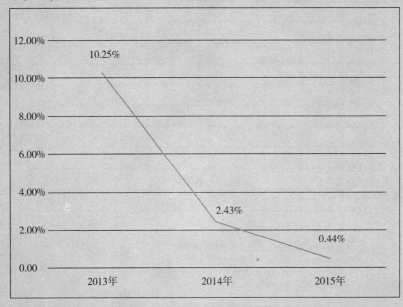

图 2-11　中联重科营业收入净利率变动

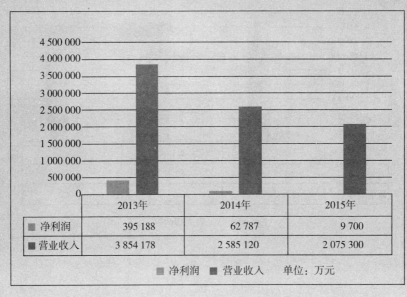

| | 2013年 | 2014年 | 2015年 |
|---|---|---|---|
| ■ 净利润 | 395 188 | 62 787 | 9 700 |
| ■ 营业收入 | 3 854 178 | 2 585 120 | 2 075 300 |

■ 净利润　■ 营业收入　单位：万元

图 2-12　中联重科净利润与营业收入变动

　　结合利润表，主营业务收入、营业外收入、投资收益这三项对于净利润的贡献都是正的，而从表2-7中可以发现，中联重科的主营业务收入持续减少，投资收益在2014年有一定幅度下降后在2015年迅速上升，且幅度远高于其增长，而营业外收入从2013年一直呈现上升趋势。

表2-7　中联重科2013—2015年各项收入

单位：万元

| | 2013 年 | 2014 年 | 2015 年 |
|---|---|---|---|
| 主营业务收入 | 3 854 178 | 2 585 120 | 2 075 335 |
| 投资收益 | 4 105 | 1 084 | 8 338 |
| 营业外收入 | 24 554 | 41 404 | 72 099 |

　　每股收益反映的是普通股的获利水平，综合反映公司的获利能力。从图2-13中不难看出，中联重科的每股收益直线下降，也进一步表明了其近几年盈利能力较差。与净利润相比，将每股收益作为公司成长的首要指标更为科学，这是因为如果上市公司通过增发、配股等方式筹集了大量资金，净利润可能增长了一些，但由于股本的扩大，每股收益反倒有可能降低。用每股收益作为考核指标可以有效地避免这种情况的出现。

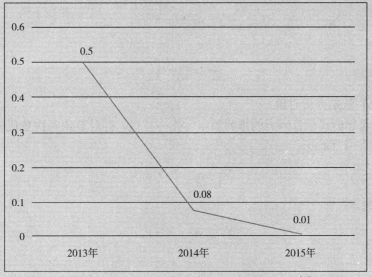

单位：元/股

图2-13　中联重科每股收益变动

## 2.3.5　因素分析法

**1. 因素分析法的定义**

因素分析法是依据财务指标与其影响因素之间的关系，按照一定的程序方法分析各因素对财务指标差异影响程度的一种技术方法。因素分析法主要用来确定财务指标前、后期发生变动或产生差异的主要原因。

**2. 因素分析法的原理**

因素分析法按分析特点的不同，可以分为连环替代法和差额计算法两种。其中最常用的就是连环替代法，其基本程序如下。

① 确定财务指标与其影响因素之间的关系，建立因素分析式。

$$Y = a \cdot b \cdot c$$

② 根据财务指标的分析期数值与基期数值列出两个因素分析式，确定分析对象。

基期值为

$$Y_0 = a_0 \cdot b_0 \cdot c_0$$

分析期值为

$$Y_1 = a_1 \cdot b_1 \cdot c_1$$

差异值为

$$\Delta Y = Y_1 - Y_0$$

其中，$\Delta Y$ 就是分析对象。

③ 按因素分析式中各因素的排列顺序，逐一替代，并计算出每次替代的结果。

替代因素一，即

$$Y_2 = a_1 \cdot b_0 \cdot c_0$$

替代因素二，即

$$Y_3 = a_1 \cdot b_1 \cdot c_0$$

替代因素三，即

$$Y_1 = a_1 \cdot b_1 \cdot c_1$$

④ 比较各因素的替代结果，确定各因素对财务指标的影响程度。

因素一对财务指标的影响程度，即

$$\Delta a = Y_2 - Y_0$$

因素二对财务指标的影响程度，即

$$\Delta b = Y_3 - Y_2$$

因素三对财务指标的影响程度，即

$$\Delta c = Y_1 - Y_3$$

⑤ 检验分析结果。将各因素变动影响程度相加，检验是否等于分析对象，即

$$\Delta Y = \Delta a + \Delta b + \Delta c$$

差额计算法是连环替代法的一种简化形式，其因素分析的原理与连环替代法是相同的，区别在于分析程序上。差额计算法可直接利用各影响因素的实际数与基期数的差额，在其他因素不变的特定条件下，计算各因素对分析指标的影响程度，即差额计算法是将连环替代法的步骤③和④合二为一。需要注意的是，并非所有连环替代法都可按差额计算法的方式进行简化。尤其是在因素关系式存在加或减的情况下，在运用差额计算法的时候，一定要注意先将关系式拆分成独立项，然后再分析。

### 3. 因素分析法的应用

在应用因素分析法的过程中，财务报表使用者需要注意以下几个问题（张先治，1995）。

（1）因素分解的相关性

所谓因素分解的相关性，是指分析指标与其影响因素之间必须真正相关，即有实际经济意义，各影响因素的变动确实能说明分析指标差异产生的原因。这就是说，经济意义上的因素分解与数学上的因素分解不同，不是在数学算式上相等就行，而要看经济意义。例如，将影响材料费用的因素分解为下面两个等式从数学上都是成立的：

$$材料费用 = 产品产量 \times 单位产品材料费用$$
$$材料费用 = 工人人数 \times 每人消耗材料费用$$

但是从经济意义上说，只有前一个因素分解式是正确的，后一因素分解式在经济上没有任何意义。因为工人人数和每人消耗材料费用到底是增加有利还是减少有利无法从这个等式说清楚。当然，有经济意义的因素分解式并不是唯一的，一个经济指标从不同角度看，可分解为不同的有经济意义的因素分解式。这就需要在因素分解时，根据分析的目的和要求，确定合适的因素分解式，找出分析指标变动的真正原因。

（2）分析前提的假定性

所谓分析前提的假定性，是指分析某一因素对经济指标差异的影响时，必须假定其他因素不变，否则就不能分清各单一因素对分析对象的影响程度。但是实际上，有些因素对经济指标的影响是共同作用的结果，如果共同影响的因素越多，那么这种假定的准

确性就越差，分析结果的准确性也就会降低。因此，在因素分解时，并非分解的因素越多越好，而应根据实际情况具体问题具体分析，尽量减少对相互影响较大的因素再分解，使之与分析前提的假设基本相符；否则，因素分解过细，从表面看有利于分清原因和责任，但是在共同影响因素较多时反而影响了分析结果的正确性。

（3）因素替代的顺序性

前面谈到因素分解不仅要因素确定准确，而且因素排列顺序也不能交换，这里特别要强调的是不存在乘法交换律问题。因为分析前提假定性的原因，按不同顺序计算的结果是不同的。那么，如何确定正确的替代顺序呢？这是一个在理论上和实践中都没有很好解决的问题。传统的方法是依据数量指标在前、质量指标在后的原则进行排列；现在也有人提出依据重要性原则排列，即主要的影响因素排在前面，次要因素排在后面。但是无论何种排列方法，都缺少坚实的理论基础。正因为如此，许多人对连环替代法提出异议，并试图加以改善，但至今仍无公认的好的解决方法。一般来说，替代顺序在前的因素对经济指标影响的程度不受其他因素影响或影响较小，排列在后的因素中含有其他因素共同作用的成分。从这个角度看，为分清责任，将对分析指标影响较大的并能明确责任的因素放在前面可能要好一些。

（4）顺序替代的连环性

连环性是指在确定各因素变动对分析对象影响时，都是将某因素替代后的结果与该因素替代前的结果对比，一环套一环。这样既能保证各因素对分析对象影响结果的可分性，又便于检验分析结果的准确性。因为只有连环替代并确定各因素影响额，才能保证各因素对经济指标的影响之和与分析对象相等。

【例2-1】某企业2015年和2016年有关材料费用、产品产量、单位产品耗用材料和材料单价资料如表2-8所示。试分析各因素变动对材料费用的影响程度。

表2-8　材料费用明细表

| 指　　标 | 2015 年 | 2016 年 |
| --- | --- | --- |
| 材料费用/万元 | 4 000 | 4 620 |
| 产量/万件 | 100 | 110 |
| 单位产品耗用材料/千克 | 8 | 7 |
| 材料单价/元 | 5 | 6 |

① 建立因素分析式。

　　材料费用＝产量×单位产品材料费用＝产量×单位产品耗用材料×材料单价

② 确定分析对象。

基期材料费用＝基期产量×基期单位产品耗用材料×基期材料单价

　　　　　　　＝100×8×5＝4 000（万元）

实际材料费用＝实际产量×实际单位产品耗用材料×实际材料单价

　　　　　　　＝110×7×6＝4 620（万元）

分析对象＝实际材料费用－基期材料费用＝4 620－4 000＝620（万元）

③ 连环顺序替代。

基期指标体系：100×8×5＝4 000 （万元）

替代第一因素：110×8×5＝4 400 （万元）

替代第二因素：110×7×5＝3 850 （万元）

替代第三因素：110×7×6＝4 620 （万元）

④ 确定替代结果。

产量影响：（110－100）×8×5＝4 400－4 000＝400 （万元）

单位产品耗用材料影响：110×（7－8）×5＝3 850－4 400＝－550 （万元）

材料单价影响：110×7×（6－5）＝4 620－3 850＝770 （万元）

⑤ 检验分析结果。

汇总各影响因素＝产量影响＋单位产品耗用材料影响＋材料单价影响

　　　　　　　＝400＋（－550）＋770＝620 （万元）

## 2.3.6　综合分析法

**1. 综合分析法的定义**

　　企业的各项财务活动、各张财务报表、各项财务指标是相互联系的，并且相互影响，这就需要财务报表使用者将企业财务活动看作是一个大系统，将不同财务报表和不同财务指标结合起来，对系统中相互依存、相互作用的各种因素进行综合分析。这样，才有利于财务报表使用者全方位地了解所分析企业的财务状况、经营成果和现金流量，并借以对所分析企业整体做出系统的、全面的评价。单独分析任何一项或一类财务指标，都难以全面评价所分析企业的财务状况和经营成果。

**2. 综合分析法的原理**

　　应用比较广泛的综合分析法有沃尔评分法、杜邦财务分析体系、帕利普财务分析体系等，在此主要介绍杜邦财务分析体系。杜邦财务分析体系是利用各个主要财务比率指标之间的内在联系，建立财务分析指标体系，综合分析企业的财务状况的方法。由于该分析方法是由杜邦公司的财务主管布朗发明，并由杜邦公司最初采用，所以称之为杜邦财务分析体系。它的特点是：将若干反映企业盈利能力、偿债能力和营运能力的比率按其内在联系有机结合起来，形成一个完整的指标体系，并最终通过净资产收益率这一核心指标来综合反映，具体如图 2-14 所示。

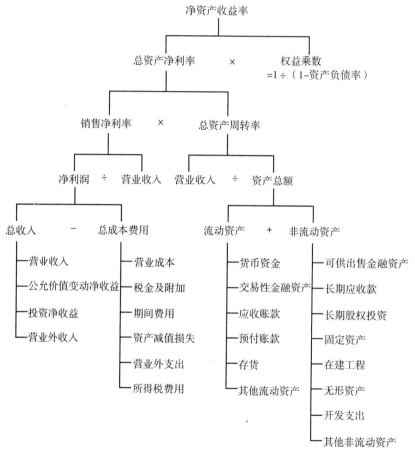

图 2-14 　杜邦财务分析体系

### 3. 综合分析法的应用

通过杜邦财务分析体系，一方面可从销售规模、成本费用、资产营运、资本结构方面分析净资产收益率增减变动的原因；另一方面可协调企业经营政策和财务政策之间的关系，促使净资产收益率达到最大化，实现股东价值最大化目标。这种方法简单实用，因而为众多跨国公司广泛采用。但是随着经济的发展和社会的进步，杜邦财务分析体系也日益暴露了一些局限性，如只包括了财务方面的信息未反映非财务信息，未考虑股利政策的影响无法体现可持续增长的理念等。正因为如此，人们不断对杜邦财务分析体系的改进与完善提出了许多建议，如哈佛大学商学院教授帕利普等就提出了以可持续增长率为核心指标的综合财务分析体系。

# 本章小结

　　企业财务报表分析根据分析主体的不同，可分为内部分析和外部分析。内部分析是由企业内部有关经营管理人员所进行的财务分析；外部分析是由企业投资者、债权人或其他与企业有利害关系的人，以及代表公众利益的社会中介服务机构等所进行的财务分析。上述机构和人员共同构成了企业财务报表分析的主体，由于与企业的经济利益关系不同，在进行财务报表分析时，要达到的目的也就不尽相同。

　　财务报表分析的作用主要体现在以下3个方面：正确评价企业过去；全面反映企业现状；可用于预测企业未来。

　　有效的财务分析前提是合理的分析程序。本章主要介绍了战略分析与财务报表分析融于一体的"哈佛分析框架"。根据哈佛分析框架，财务报表分析的基本程序可以由以下4个步骤构成。

　　① 战略分析。战略分析是财务报表分析的逻辑出发点和基本导向。所谓战略分析，就是通过对企业所处行业的定性分析，确定企业在行业中所处的地位和面临的竞争环境，进而掌握企业的经营风险和发展潜力，尤其是价值创造的能力。企业战略分析的关键在于企业如何根据行业分析的结果，正确选择企业的竞争策略，使企业保持持久竞争优势和高水平盈利能力。企业战略分析一般包括行业分析和企业竞争战略分析。

　　② 会计分析。会计分析是财务报表分析的基础。会计分析的目的在于评价企业会计所反映的财务状况与经营成果的真实程度，具体包括评估会计政策和评估会计估计两个方面。众所周知，财务报表是按照会计准则经过加工而成的信息，因此为了进行有效的报表分析，财务报表使用者首先应了解会计政策、会计估计的专业知识。会计分析相当于给表面"华丽"而实质存在"水分"的财务报表"挤干水分"。会计分析主要针对资产负债表、利润表和现金流量表进行。一般来说，会计分析可以分为以下4个步骤：阅读会计报告；评估会计策略；分析财务报表变动；调整财务报表数据。分析财务报表变动的方法主要是水平分析法、垂直分析法和趋势分析法。

　　③ 财务分析。财务分析是财务报表分析的最主要部分，是"重头戏"。财务

分析的主要目的是对企业的盈利能力、偿债能力、营运能力和增长能力等方面进行分析，从而评价该企业的财务状况、经营成果和现金流量等情况，具体包括盈利能力分析、偿债能力分析、营运能力分析和增长能力分析4个方面。财务分析的基本方法是比率分析法、因素分析法，其中比率分析法又是其中最重要的方法。

④ 前景分析。在经过战略分析、会计分析和财务分析之后，还需要进行恰当的前景分析，以实现财务报表的"决策有用性"目标。前景分析的主要目的是在上述三种分析的基础上，利用一些专门的技术和方法，同时结合财务报表分析者的主观经验，对企业的目前财务状况和经营业绩进行综合分析与评价，对其未来盈利和发展前景进行预测与评估。前景分析具体包括综合分析、业绩评价、财务预测和价值评估4个方面。综合分析、业绩评价、财务预测和价值评估所利用的方法也是进行前景分析的重要工具。

# 练 习 题

## 一、单项选择题

1. 以下企业利益相关者，属于内部分析主体的是（　　）。

A. 企业的供应商　　　　　　　　　B. 证券管理部门

C. 企业管理层　　　　　　　　　　D. 潜在投资者

2. 短期债权人在进行企业财务分析时，最为关心的是（　　）。

A. 企业获利能力　　　　　　　　　B. 企业支付能力

C. 企业社会贡献能力　　　　　　　D. 企业资产营运能力

3. 财务报表分析包括4个步骤，行业分析属于的分析步骤是（　　）。

A. 战略分析　　　　　　　　　　　B. 会计分析

C. 财务分析　　　　　　　　　　　D. 前景分析

4. 根据企业连续若干会计期间（至少三期）的分析资料，运用指数或动态比率的计算，比较与研究不同会计期间相关项目的变动情况和发展趋势的一种财务分析方法是（　　）。

A. 水平分析法　　　　　　　　　　B. 垂直分析法

C. 趋势分析法　　　　　　　　　　D. 因素分析法

5. 杜邦财务分析体系的核心指标是（　　）。

A. 权益乘数　　　　　　　　　　　　B. 总资产净利率

C. 销售净利率　　　　　　　　　　　D. 净资产收益率

## 二、多项选择题

1. 下列属于财务报表分析主体的有（　　　）。

A. 企业债权人　　　　　　　　　　　B. 企业投资者

C. 企业管理者　　　　　　　　　　　D. 国家税务部门

E. 企业职工

2. 投资者进行财务分析的重点在于（　　　）。

A. 企业的声誉　　　　　　　　　　　B. 短期盈利能力

C. 企业违约的风险　　　　　　　　　D. 长期增长能力

E. 偿债能力

3. 财务报表分析的作用包括（　　　）。

A. 评价企业过去　　　　　　　　　　B. 全面反映企业现状

C. 预测企业未来　　　　　　　　　　D. 为企业保留历史档案资料

E. 获得银行贷款

4. 财务报表的哈佛分析框架的基本步骤包括（　　　）。

A. 战略分析　　　　　　　　　　　　B. 会计分析

C. 财务分析　　　　　　　　　　　　D. 前景分析

E. 行业分析

5. 因素分析法应用时应该注意的问题有（　　　）。

A. 因素分解的相关性　　　　　　　　B. 分析前提的假定性

C. 因素替代的顺序性　　　　　　　　D. 顺序替代的连环性

E. 基础数据的准确性

## 三、判断题

1. 短期债权人最为关心的是企业的保值增值能力。（　　　）

2. 财务报表分析的主体不包括企业的员工。（　　　）

3. 财务报表分析只能评价过去，不能预测未来。（　　　）

4. 差额计算法是连环替代法的一种简化形式。（　　　）

5. 比率分析法是财务分析中最基本、最常用的一种方法。（　　　）

## 四、简答题

1. 简述财务报表分析的应用领域。

2. 为什么说财务分析具有评估企业未来的作用？

3. 简述哈佛分析框架的基本程序。

4. 财务报表分析的方法有哪些？

**五、计算题**

1. 南京某企业连续两年的利润简表如表 2-9 所示。试利用水平分析法对其进行分析。

**表 2-9　某企业两年的利润表**

单位：万元

| 项　目 | 2015 年 | 2016 年 |
|---|---|---|
| 营业收入 | 1 000 | 1 100 |
| 营业成本 | 600 | 700 |
| 毛利 | 400 | 400 |
| 营业费用 | 100 | 150 |
| 管理费用 | 150 | 160 |
| 利息费用 | 10 | 10 |
| 所得税 | 46.2 | 26.4 |
| 净利润 | 93.8 | 53.6 |

2. 某企业 2016 年 6 月 30 日资产负债表（简表）如表 2-10 所示。试对资产负债表进行垂直分析与评价。

**表 2-10　资产负债表**

单位：万元

| 资　产 | | 负债与所有者权益 | |
|---|---|---|---|
| 项　目 | 金　额 | 项　目 | 金　额 |
| 流动资产 | 201 970 | 流动负债 | 97 925 |
| 其中：速动资产 | 68 700 | 长期负债 | 80 000 |
| 固定资产净值 | 237 000 | 负债合计 | 177 925 |
| 无形资产 | 138 955 | 所有者权益 | 400 000 |
| 总　计 | 577 925 | 总　计 | 577 925 |

3. ABC 公司 2015 年的销售额为 62 500 万元，比上年提高 28%，有关的财务比率如表 2-11 所示。

**表 2-11　财务比率**

| 财务比率 | 2015 年同业比较 | 2014 年本公司 | 2015 年本公司 |
|---|---|---|---|
| 应收账款回收期/天 | 35 | 36 | 36 |
| 存货周转期 | 2.5 | 2.59 | 2.11 |

| 财务比率 | 2015年同业比较 | 2014年本公司 | 2015年本公司 |
|---|---|---|---|
| 销售毛利率 | 38% | 40% | 40% |
| 销售营业利润率（息税前） | 10% | 9.6% | 10.63% |
| 销售利息率 | 3.73% | 2.4% | 3.82% |
| 销售净利率 | 6.27% | 7.2% | 6.81% |
| 总资产周转率 | 1.14 | 1.11 | 1.07 |
| 固定资产周转率 | 1.4 | 2.02 | 1.82 |
| 资产负债率 | 58% | 50% | 61.3% |
| 已获利息倍数 | 2.68 | 4 | 2.78 |

备注：该公司正处于免税期。

（1）运用杜邦财务分析体系，比较2015年公司与同业平均的净资产收益率，定性分析其产生差异的原因。

（2）运用杜邦财务分析体系，比较该公司2015年与2014年的净资产收益率，用因素分析法分析其变化的原因。

## 六、综合分析题

运用垂直分析法、趋势分析法、比率分析法等对下面的案例进行分析。

2002年10月，锦州港A（600190）、锦港B（900952）涉嫌巨额财务造假被媒体揭发，锦州港之后两次公布造假事实，涉嫌虚增利润56 818万元。一直为其出具标准无保留意见的毕马威因此也非常难堪。

根据表2-12，运用本章学过的财务报表分析方法对锦州港的财务数据进行分析，并对其财务状况给予评价。

**表2-12  锦州港上市前后业绩指标**

单位：万元

| | 2002年（上） | 2001年 | 2000年 | 1999年 | 1998年 | 1997年 | 1996年 |
|---|---|---|---|---|---|---|---|
| 主营收入 | 15 914 | 28 653 | 30 412 | 31 610 | 26 020 | 25 242 | 18 567 |
| 主营利润 | 7 543 | 12 669 | 16 627 | 20 569 | 16 511 | 18 110 | 13 253 |
| 净利润 | 3 297 | 4 817 | 9 083 | 14 726 | 11 607 | 16 952 | 11 502 |
| 股东权益 | 143 899 | 140 603 | 135 786 | 133 013 | 94 887 | 65 761 | 62 608 |
| 净资产收益率 | 2.29% | 3.43% | 6.69% | 11.07% | 12.23% | 25.78% | 18.37% |
| 吞吐量/万吨 | 692.6 | 1 110.2 | 1 005.6 | 735.6 | 574.5 | 503.6 | 438 |

# 第 3 章

# 资产负债表分析

学习目标：
- 了解资产负债表分析的内涵与意义；
- 掌握资产负债表水平分析、垂直分析和趋势分析的基本原理；
- 掌握资产负债表项目分析的基本方法；
- 了解资产负债表操纵的常见手法。

## 引 例

### 金亚科技九大财务指标造假

2016 年 1 月 18 日，在停牌 7 个多月之后，被监管层立案调查的金亚科技（300028）终于拿出了一份令投资者吃惊的自查报告。在这份报告中，公司在多项重要的财务数据中出现了重大差错。粗略计算，金亚科技自查报告披露的 2014 年度货币资金、应收账款、其他应收款、其他非流动资产、未分配利润、净利润等会计科目合计调整金额接近 12 亿元。调整幅度最大的是其他非流动资产，调减 3.1 亿元，调整幅度高达 99.84%。

在涉及对一家企业进行财务评价的 9 项指数中，金亚科技有 8 项都是调减的，其中只有调减营业成本一项显示其做高成本，摊薄利润。此外，只有其他应收款是调增的。这意味着，8 项财务差错的指向都非常明确，就是让业绩看起来更好，让风险看起来更小。

我们不禁要问，一张资产负债表可以容下这么多错？那么我们能不能在上市公司业绩变脸之前，看穿"资产的迷雾"，避免或减少投资者的损失呢？为此，本章主要介绍资产负债表分析的基本原理。

# 3.1  资产负债表分析概述

## 3.1.1  资产负债表分析的内涵

资产负债表是反映企业某一特定日期的财务状况的会计报表。通过资产负债表可以使报表使用者全面了解企业资产、负债及所有者权益状况。资产负债表可以看成是某一特定日期会计人员对企业财务状况所拍的一个快照，仿佛企业在那一瞬间是静止的。它是报表使用者了解、分析企业财务状况的重要信息来源。

企业对外披露的财务数据与企业的原始经济业务数据是有区别的，是对原始经济业务进行会计确认和计量的结果的报告。在会计确认和计量的过程中，会计人员运用职业判断对会计政策和方法进行选择。财务分析人员需要对会计人员职业判断的合理性进行评估，也就是要评价企业会计政策和方法的选用是否恰当。

管理层有可能在非正当利益的驱使下，出于业绩考核、获取信贷资金、发行股票、上市资格维护和政治目的等动机，而有意粉饰财务报表，使会计报表信息失真。在这种情况下使用虚假信息进行财务分析，进而指导财务决策，那么财务决策的结果将是灾难性的。

财务报表信息是财务效率分析的主要信息资料和重要依据。为了确保财务效率分析的有效性，有必要在财务效率分析之前对财务报表信息的质量进行一次"评估"。本章要讲解的资产负债表分析就属于这样一种"评估"。

## 3.1.2  资产负债表分析的意义

资产负债表分析在于了解企业对财务状况的反映程度及所提供会计信息的质量，据此对企业资产和权益的变动情况及企业财务状况做出恰当的评价。

（1）揭示资产负债表中相关资产、负债及权益项目的内涵

资产负债表上的数据是企业相关经营活动的直接结果，但这种结果是通过企业会计依据相关的会计政策，按照具体的会计处理方法进行会计处理后编制出来的。因此，企业采用何种会计政策及使用何种会计处理方法，必然会对资产负债表的数据产生影响。因此，要解读资产负债表中相关项目的真正内涵，必须了解企业所依据的会计政策和采用的会计方法。

（2）了解企业财务状况的变动情况和变动原因

企业在经营过程中，资产规模及结构会不断发生变动，与之相适应的资金来源也会

发生变动，资产负债表只是静态地反映变动的后果。而企业的资产、负债及所有者权益在企业经营一段时期后发生了什么样的变动，以及变动的原因是什么，需要通过资产负债表分析才能知道，并在此基础上对其变动状况的原因做出合理的解释。

（3）评价企业会计对企业经营状况的反映程度

资产负债表是否充分反映了企业经营状况，其信息的真实性如何，资产负债表本身不能说明这个问题。企业若存在粉饰财务报表的动机，可能会歪曲或隐瞒重要的会计信息。因此，若报表使用者对资产负债表的信息拿来就用，而不对其信息质量进行会计分析，则不能对企业的真实财务状况进行解读。只有通过资产负债表分析，才能对其信息反映的真实程度做出评价。

（4）修正资产负债表的数据

资产负债表是进行财务分析的重要基础资料，即使企业不是出于某种目的而故意进行调整，资产负债表的数据也可能无法完全真实、准确地反映其经营成果。会计政策的选择与变更、会计估计的选择与变更等企业经营以外的因素也对资产负债表数据有一定的影响。资产负债表分析就是要揭示资产负债表数据所体现的财务状况与真实财务状况之间的差异，进而对差异进行调整，修正会计数据，为进一步利用资产负债表的信息打下基础。

## 3.1.3　资产负债表分析的步骤

资产负债表分析一般可以遵循以下基本步骤进行。

（1）了解企业的经济环境和业务特征

了解企业的经济业务环境及经济业务特征，可以较好地了解这种业务类型适合采用何种会计处理方法，企业是否采用了最为恰当的方法。譬如，企业的资产减值损失计提是否合理？企业的正常坏账比率是多少？企业计提的坏账准备与正常的坏账比率是否存在矛盾？应计折旧资产的有效使用期限是多长？采用的折旧方法是否与事实情况相匹配？等等。

（2）确认企业关键会计政策并分析会计政策弹性

企业战略的执行、风险的规避都要通过特定的经济行为去实现，这些经济行为会通过特定会计政策反映在企业的财务报告中。因此，报表分析人员首先要对反映公司所在行业特征的会计政策和反映企业风险管理的会计政策进行确认和评估。由于不同的会计政策对资产负债表信息的影响不同，所以了解企业的关键会计政策非常重要。

企业会计准则的颁布和执行是为了增强财务信息的可比性、可信度，减少对财务数据的操纵，使其更客观、准确。但经济业务是复杂多变的，企业会计准则的一致性越强，管理者在会计政策决策中按照事物的本质反映真实业务的灵活性越差，有时甚至可能会造成会计信息的失真。因此，企业会计准则在制定过程中，对涉及重大判断的业务，需要给管理人员留有较多的空间。一般而言，企业采用的会计政策可能是保守的、自由的或中立的，它会影响企业当期和未来的收益水平。企业对一贯会计政策的背离可能是会计操纵，财务分析人员一般会对会计政策偏离行业标准的企业加以注意，也会对会计政策与过去期间不同的企业加以注意。企业会计政策的灵活性主要体现在会计政策选择的行业、地区差异、会计估计的不确定性及会计披露时间的选择等方面。分析企业会计政策的灵活性，对企业会计信息质量的分析是十分重要的。

（3）进行资产负债表的比较分析

资产负债表比较分析主要包括资产负债表水平分析、资产负债表垂直分析和资产负债表趋势分析。

资产负债表水平分析，即是通过对企业各项资产、负债和所有者权益的横向比较分析，揭示企业经营导致的财务状况变动，并分析其变动的原因。

资产负债表垂直分析，即是将资产负债表各项目与总资产或总权益进行对比，分析企业的资产构成、负债构成和所有者权益构成，揭示资产结构和资本结构的合理程度。

资产负债表趋势分析，即是将资产负债表各项目连续几年或几个时期的数据进行对比，以分析各有关项目的变动情况和趋势。

（4）进行资产负债表项目分析

资产负债表项目分析，即在全面分析的基础上，对资产负债表的资产各项目进行深入分析，包括会计政策、会计估计等变动对相关项目的影响，项目发生变动的可能原因，项目被人为操纵的可能性分析等。

由于资产负债表项目较多，在稍后的分析中，我们将分别按照资产项目分析、负债项目分析和所有者权益项目分析来进行。

# 3.2　资产负债表比较分析

## 3.2.1　资产负债表水平分析

资产负债表水平分析的目的之一是从总体上概括了解资产、负债和所有者权益金额变动情况，揭示资产、负债和所有者权益变动幅度，分析其变动产生的原因。

资产负债表水平分析的依据是资产负债表，通过采用水平分析法，将资产负债表的实际数与选定的标准进行比较，编制出资产负债表水平分析表，在此基础上进行水平分析。

【例 3-1】（资产负债表水平分析）根据表 1-2 及相关资料，对 SYZG 公司资产负债表进行水平分析。

### 1. 编制资产负债表水平分析表

根据表 1-2，编制 SYZG 公司资产负债表水平分析表如表 3-1 所示。

表 3-1　SYZG 公司资产负债表水平分析表

单位：万元

| 项　目 | 期末余额 | 期初余额 | 变动额 | 变动率/% | 对总资产影响/% |
|---|---|---|---|---|---|
| 流动资产： | | | | | |
| 　货币资金 | 684 088 | 604 927 | 79 161 | 13.09 | 1.26 |
| 　以公允价值计量且其变动计入当期损益的金融资产 | 3 116 | 3 578 | −462 | −12.91 | −0.01 |
| 　衍生金融资产 | 33 443 | 1 991 | 31 452 | 1 579.71 | 0.50 |
| 　应收票据净额 | 54 732 | 121 498 | −66 766 | −54.95 | −1.06 |
| 　应收账款净额 | 2 096 139 | 1 985 131 | 111 008 | 5.59 | 1.76 |
| 　预付款项净额 | 25 039 | 28 838 | −3 799 | −13.17 | −0.06 |
| 　应收利息净额 | 99 | 28 | 71 | 253.57 | 0.00 |
| 　其他应收款净额 | 225 971 | 240 529 | −14 558 | −6.05 | −0.23 |
| 　存货净额 | 552 085 | 726 915 | −174 830 | −24.05 | −2.77 |
| 　一年内到期的非流动资产 | 18 228 | 8 794 | 9 434 | 107.28 | 0.15 |
| 　其他流动资产 | 39 943 | 89 007 | −49 064 | −55.12 | −0.78 |
| 　流动资产合计 | 3 732 883 | 3 811 236 | −78 353 | −2.06 | −1.24 |
| 非流动资产： | | | | | |
| 　可供出售金融资产净额 | 39 605 | 51 975 | −12 370 | −23.80 | −0.20 |
| 　长期应收款净额 | 26 217 | 36 416 | −10 199 | −28.01 | −0.16 |
| 　长期股权投资净额 | 102 553 | 101 724 | 830 | 0.82 | 0.01 |
| 　固定资产净额 | 1 522 594 | 1 608 232 | −85 638 | −5.32 | −1.36 |
| 　在建工程净额 | 98 308 | 128 173 | −29 864 | −23.30 | −0.47 |
| 　工程物资 | 11 098 | 21 040 | −9 942 | −47.25 | −0.16 |
| 　无形资产净额 | 443 624 | 452 577 | −8 954 | −1.98 | −0.14 |
| 　开发支出 | 42 665 | 34 055 | 8 610 | 25.28 | 0.14 |
| 　商誉净额 | 3 513 | 3 693 | −180 | −4.88 | 0.00 |
| 　长期待摊费用 | 1 462 | 1 496 | −34 | −2.27 | 0.00 |
| 　递延所得税资产 | 90 114 | 43 491 | 46 623 | 107.20 | 0.74 |
| 　其他非流动资产 | 8 138 | 6 837 | 1 301 | 19.03 | 0.02 |

| 项　目 | 期末余额 | 期初余额 | 变动额 | 变动率/% | 对总资产影响/% |
|---|---|---|---|---|---|
| 非流动资产合计 | 2 389 891 | 2 489 709 | −99 818 | −4.01 | −1.58 |
| 资产总计 | 6 122 774 | 6 300 945 | −178 171 | −2.83 | −2.83 |
| 负债与所有者权益 | | | | | |
| 流动负债： | | | | | |
| 短期借款 | 1 157 052 | 460 192 | 696 860 | 151.43 | 11.06 |
| 以公允价值计量且其变动计入当期损益的金融负债 | | 0 | | | |
| 衍生金融负债 | 10 685 | 12 588 | −1 903 | −15.12 | −0.03 |
| 应付票据 | 258 654 | 305 373 | −46 720 | −15.30 | −0.74 |
| 应付账款 | 364 212 | 448 794 | −84 582 | −18.85 | −1.34 |
| 预收款项 | 89 251 | 164 359 | −75 108 | −45.70 | −1.19 |
| 应付职工薪酬 | 29 283 | 29 727 | −444 | −1.49 | −0.01 |
| 应交税费 | 17 814 | 20 498 | −2 684 | −13.10 | −0.04 |
| 应付利息 | 4 470 | 3 885 | 585 | 15.05 | 0.01 |
| 应付股利 | 10 953 | 10 844 | 110 | 1.01 | 0.00 |
| 其他应付款 | 216 569 | 241 914 | −25 345 | −10.48 | −0.40 |
| 一年内到期的非流动负债 | 621 457 | 386 789 | 234 667 | 60.67 | 3.72 |
| 流动负债合计 | 2 780 400 | 2 084 963 | 695 438 | 33.35 | 11.04 |
| 非流动负债： | | | | | |
| 长期借款 | 870 218 | 1 613 159 | −742 941 | −46.06 | −11.79 |
| 应付债券 | 49 696 | 49 513 | 183 | 0.37 | 0.00 |
| 长期应付款 | 4 984 | 6 857 | −1 873 | −27.32 | −0.03 |
| 长期应付职工薪酬 | 7 416 | 9 006 | −1 590 | −17.65 | −0.03 |
| 预计负债 | 10 864 | 21 629 | −10 765 | −49.77 | −0.17 |
| 递延收益 | 11 353 | 10 408 | 945 | 9.08 | 0.01 |
| 递延所得税负债 | 24 771 | 29 342 | −4 571 | −15.58 | −0.07 |
| 其他非流动负债 | | 1 985 | −1 985 | −100.00 | −0.03 |
| 非流动负债合计 | 979 302 | 1 741 899 | −762 597 | −43.78 | −12.10 |
| 负债合计 | 3 759 702 | 3 826 862 | −67 160 | −1.75 | −1.07 |
| 所有者权益： | | | | | |
| 股本 | 761 650 | 761 650 | | 0.00 | 0.00 |
| 资本公积 | 76 295 | 76 295 | | 0.00 | 0.00 |
| 其他综合收益 | −188 257 | −99 442 | −88 815 | 89.31 | −1.41 |

续表

| 项　目 | 期末余额 | 期初余额 | 变动额 | 变动率/% | 对总资产影响/% |
|---|---|---|---|---|---|
| 专项储备 | 456 | 413 | 43 | 10.41 | 0.00 |
| 盈余公积 | 261 265 | 261 265 | | 0.00 | 0.00 |
| 未分配利润 | 1 355 662 | 1 378 362 | −22 701 | −1.65 | −0.36 |
| 归属于母公司所有者权益合计 | 2 267 071 | 2 378 543 | −111 472 | −4.69 | −1.77 |
| 少数股东权益 | 96 001 | 95 540 | 461 | 0.48 | 0.01 |
| 所有者权益合计 | 2 363 072 | 2 474 083 | −111 011 | −4.49 | −1.76 |
| 负债与所有者权益总计 | 6 122 774 | 6 300 945 | −178 171 | −2.83 | −2.83 |

### 2. 资产负债表规模变动情况的分析评价

通过水平分析可以看出，SYZG 公司总资产本期减少 17.82 亿元，下降幅度为 2.83%，说明该公司本年资产规模有较小幅度的下降。进一步分析可以发现以下事实。

① 本年度流动资产减少了 7.84 亿元，下降幅度为 2.06%，使总资产规模下降了 1.24%。如果仅就这一变化来看，该公司资产的流动性有所减弱。其中货币资金增加了 7.92 亿元，增幅为 13.09%，这种变化对增强企业的偿债能力、满足资金流动性需要是有利的。对于货币资金的变化，还应结合该公司现金流量，从资金利用效果方面进行分析，以做出是否合适的评价。本年度应收票据减少了 6.68 亿元，降幅为 54.95%，应收账款增加了 11.10 亿元，增幅为 5.59%。应收票据、应收账款的变化应结合该公司的销售规模变动、信用政策和收账政策进行评价。本年度存货减少了 17.48 亿元，降幅为 24.05%，应结合主营业务成本的增减变动及销售规模变动等进行进一步分析。本年度流动资产减少主要由以上四个项目的增减变动所致，其余项目虽有所变动，但影响较小。

② 本年度非流动资产减少了 9.98 亿元，降幅为 4.01%，使总资产下降了 1.58%。其中固定资产净额下降了 8.56 亿元，降幅为 5.32%，使总资产规模减少了 1.36%，是非流动资产中对总资产变动影响最大的项目。固定资产规模体现了一个企业的生产能力，但仅仅根据固定资产净值的变动不能得出企业生产能力上升还是下降的结论。固定资产净值反映了企业占用的固定资产项目上的资金，既受到固定资产原值变动的影响，也受到固定资产折旧的影响。非流动资产其他项目虽然也有大幅变动（如工程物资减少了 47.25%），但对总资产的影响较小，分析时可不作为重点。

③ 本年度负债减少了 6.72 亿元，下降幅度为 1.75%，使总资产减少了 1.07%。其中非流动负债减少了 76.26 亿元，下降幅度为 43.78%，主要是长期借款的大幅减少引起的；流动负债增长了 69.54 亿元，增幅达到 33.35%，主要表现为短期借款、一年内到期的非流动负债的大幅度增长。此外，该公司应付账款、预收款项的大幅度减少也是值得关注的。

④ 本年度所有者权益减少了 11.10 亿元，降幅为 4.49%，使总资产减少了

－1.76％。其中，归属于母公司的股东权益减少了 11.15 亿元，降幅为 4.69％。具体表现为其他综合收益减少了 8.88 亿元，下降幅度为 89.31％。

## 3.2.2 资产负债表垂直分析

资产负债表垂直分析，又称为资产负债表结构分析，反映资产负债表各项目间的相互关系及各项目所占的比重。资产负债表垂直分析是通过计算资产负债表中各项目占总资产或权益总额的比重，分析、评价企业资产结构和权益结构变动的合理程度。具体讲就是：分析、评价企业资产结构的变动情况及变动的合理性；分析、评价企业资本结构的变动情况及变动的合理性。

【例 3 - 2】（资产负债表垂直分析）根据表 1 - 2 及相关资料，对 SYZG 公司资产负债表进行垂直分析。

### 1. 编制资产负债表垂直分析表

根据表 1 - 2 编制 SYZG 公司资产负债表垂直分析表如表 3 - 2 所示。

**表 3 - 2　SYZG 公司资产负债表垂直分析表**

单位：万元

| 项　　目 | 期末余额 | 期初余额 | 期末结构/％ | 期初结构/％ | 变动情况/％ |
|---|---|---|---|---|---|
| 流动资产： | | | | | |
| 货币资金 | 684 088 | 604 927 | 11.17 | 9.60 | 1.57 |
| 以公允价值计量且其变动计入当期损益的金融资产 | 3 116 | 3 578 | 0.05 | 0.06 | －0.01 |
| 衍生金融资产 | 33 443 | 1 991 | 0.55 | 0.03 | 0.52 |
| 应收票据净额 | 54 732 | 121 498 | 0.89 | 1.93 | －1.04 |
| 应收账款净额 | 2 096 139 | 1 985 131 | 34.24 | 31.51 | 2.73 |
| 预付款项净额 | 25 039 | 28 838 | 0.41 | 0.46 | －0.05 |
| 应收利息净额 | 99 | 28 | 0.00 | 0.00 | 0.00 |
| 其他应收款净额 | 225 971 | 240 529 | 3.69 | 3.82 | －0.13 |
| 存货净额 | 552 085 | 726 915 | 9.02 | 11.54 | －2.52 |
| 一年内到期的非流动资产 | 18 228 | 8 794 | 0.30 | 0.14 | 0.16 |
| 其他流动资产 | 39 943 | 89 007 | 0.65 | 1.41 | －0.76 |
| 流动资产合计 | 3 732 883 | 3 811 236 | 60.97 | 60.49 | 0.48 |
| 非流动资产： | | | | | |
| 可供出售金融资产净额 | 39 605 | 51 975 | 0.65 | 0.82 | －0.18 |
| 长期应收款净额 | 26 217 | 36 416 | 0.43 | 0.58 | －0.15 |
| 长期股权投资净额 | 102 553 | 101 724 | 1.67 | 1.61 | 0.06 |
| 固定资产净额 | 1 522 594 | 1 608 232 | 24.87 | 25.52 | －0.66 |
| 在建工程净额 | 98 308 | 128 173 | 1.61 | 2.03 | －0.43 |

续表

| 项　目 | 期末余额 | 期初余额 | 期末结构/% | 期初结构/% | 变动情况/% |
|---|---|---|---|---|---|
| 工程物资 | 11 098 | 21 040 | 0.18 | 0.33 | −0.15 |
| 无形资产净额 | 443 624 | 452 577 | 7.25 | 7.18 | 0.06 |
| 开发支出 | 42 665 | 34 055 | 0.70 | 0.54 | 0.16 |
| 商誉净额 | 3 513 | 3 693 | 0.06 | 0.06 | 0.00 |
| 长期待摊费用 | 1 462 | 1 496 | 0.02 | 0.02 | 0.00 |
| 递延所得税资产 | 90 114 | 43 491 | 1.47 | 0.69 | 0.78 |
| 其他非流动资产 | 8 138 | 6 837 | 0.13 | 0.11 | 0.02 |
| 非流动资产合计 | 2 389 891 | 2 489 709 | 39.03 | 39.51 | −0.48 |
| 资产总计 | 6 122 774 | 6 300 945 | 100.00 | 100.00 | 0.00 |
| 负债与所有者权益 | | | | | |
| 流动负债： | | | | | |
| 短期借款 | 1 157 052 | 460 192 | 18.90 | 7.30 | 11.59 |
| 衍生金融负债 | 10 685 | 12 588 | 0.17 | 0.20 | −0.03 |
| 应付票据 | 258 654 | 305 373 | 4.22 | 4.85 | −0.62 |
| 应付账款 | 364 212 | 448 794 | 5.95 | 7.12 | −1.17 |
| 预收款项 | 89 251 | 164 359 | 1.46 | 2.61 | −1.15 |
| 应付职工薪酬 | 29 283 | 29 727 | 0.48 | 0.47 | 0.01 |
| 应交税费 | 17 814 | 20 498 | 0.29 | 0.33 | −0.03 |
| 应付利息 | 4 470 | 3 885 | 0.07 | 0.06 | 0.01 |
| 应付股利 | 10 953 | 10 844 | 0.18 | 0.17 | 0.01 |
| 其他应付款 | 216 569 | 241 914 | 3.54 | 3.84 | −0.30 |
| 一年内到期的非流动负债 | 621 457 | 386 789 | 10.15 | 6.14 | 4.01 |
| 流动负债合计 | 2 780 400 | 2 084 963 | 45.41 | 33.09 | 12.32 |
| 非流动负债： | | | | | |
| 长期借款 | 870 218 | 1 613 159 | 14.21 | 25.60 | −11.39 |
| 应付债券 | 49 696 | 49 513 | 0.81 | 0.79 | 0.03 |
| 长期应付款 | 4 984 | 6 857 | 0.08 | 0.11 | −0.03 |
| 长期应付职工薪酬 | 7 416 | 9 006 | 0.12 | 0.14 | −0.02 |
| 预计负债 | 10 864 | 21 629 | 0.18 | 0.34 | −0.17 |
| 递延收益 | 11 353 | 10 408 | 0.19 | 0.17 | 0.02 |
| 递延所得税负债 | 24 771 | 29 342 | 0.40 | 0.47 | −0.06 |
| 其他非流动负债 | | 1 985 | 0.00 | 0.03 | −0.03 |

| 项　目 | 期末余额 | 期初余额 | 期末结构/% | 期初结构/% | 变动情况/% |
|---|---|---|---|---|---|
| 非流动负债合计 | 979 302 | 1 741 899 | 15.99 | 27.65 | −11.65 |
| 负债合计 | 3 759 702 | 3 826 862 | 61.41 | 60.73 | 0.67 |
| 所有者权益： | | | | | |
| 股本 | 761 650 | 761 650 | 12.44 | 12.09 | 0.35 |
| 资本公积 | 76 295 | 76 295 | 1.25 | 1.21 | 0.04 |
| 其他综合收益 | −188 257 | −99 442 | −3.07 | −1.58 | −1.50 |
| 专项储备 | 456 | 413 | 0.01 | 0.01 | 0.00 |
| 盈余公积 | 261 265 | 261 265 | 4.27 | 4.15 | 0.12 |
| 未分配利润 | 1 355 662 | 1 378 362 | 22.14 | 21.88 | 0.27 |
| 归属于母公司所有者权益合计 | 2 267 071 | 2 378 543 | 37.03 | 37.75 | −0.72 |
| 少数股东权益 | 96 001 | 95 540 | 1.57 | 1.52 | 0.05 |
| 所有者权益合计 | 2 363 072 | 2 474 083 | 38.59 | 39.27 | −0.67 |
| 负债与所有者权益总计 | 6 122 774 | 6 300 945 | 100.00 | 100.00 | 0.00 |

### 2. 资产结构的分析评价

从静态方面分析，就一般意义而言，流动资产变现能力强，其资产风险较小；而非流动资产变现能力较差，其资产风险较大。所以，流动资产比重较大时，企业资产的流动性强而风险小；非流动资产比重较大时，企业资产流动性较差，不利于企业灵活调度资金，风险较大。SYZG公司本期流动资产比重高达60.97%，非流动资产比重仅为39.03%。根据该公司的资产结构，可以认为该公司资产的流动性较强，资产风险较小。

从动态方面分析，SYZG公司流动资产比重上升了0.48%，非流动资产比重下降了0.48%，结合各资产项目的结构变动情况看，变动幅度不是很大，说明该公司的资产结构相对比较稳定。

针对以上分析，财务分析人员可以从以下角度对资产结构进行具体分析。

（1）经营资产与非经营资产的比例关系

企业占有的资产是企业进行经营活动的物质基础，但并不是所有的资产都是用于企业自身经营的。其中有些资产被其他企业所运用，如一些债权类资产和投资类资产；有些资产已转化为今后的费用，如长期待摊费用、开发支出和递延所得税资产等。这些资产尽管是企业的资产，但已无助于企业自身经营。如果这些非经营资产所占比重过大，企业的经营能力就会远远小于企业总资产所表现出来的经营能力。当企业资产规模扩大时，从表面上看，似乎是企业经营能力增强了，但如果仅仅是非经营资产比重上升，经营资产比重反而下降了，是不能真正增强企业的经营能力的。表3-3是SYZG公司经营资产与非经营资产结构分析表。

### 表3-3 SYZG公司经营资产与非经营资产结构分析表

单位：万元

| 项　目 | 期末余额 | 期初余额 | 期末结构/% | 期初结构/% | 变动情况/% |
|---|---|---|---|---|---|
| 经营资产： | | | | | |
| 货币资金 | 684 088 | 604 927 | 11.17 | 9.6 | 1.57 |
| 预付款项 | 25 039 | 28 838 | 0.41 | 0.46 | −0.05 |
| 应收利息 | 99 | 28 | 0 | 0 | 0.00 |
| 存货 | 552 085 | 726 915 | 9.02 | 11.54 | −2.52 |
| 固定资产 | 1 522 594 | 1 608 232 | 24.87 | 25.52 | −0.65 |
| 在建工程 | 98 308 | 128 173 | 1.61 | 2.03 | −0.42 |
| 无形资产 | 443 624 | 452 577 | 7.25 | 7.18 | 0.07 |
| 经营资产合计 | 3 325 837 | 3 549 690 | 54.33 | 56.33 | −2.00 |
| 非经营资产： | | | | | |
| 以公允价值计量且其变动计入当期损益的金融资产 | 3 116 | 3 578 | 0.05 | 0.06 | −0.01 |
| 衍生金融资产 | 33 443 | 1 991 | 0.55 | 0.03 | 0.51 |
| 应收票据 | 54 732 | 121 498 | 0.89 | 1.93 | −1.04 |
| 应收账款 | 2 096 139 | 1 985 131 | 34.24 | 31.51 | 2.73 |
| 其他应收款 | 225 971 | 240 529 | 3.69 | 3.82 | −0.13 |
| 其他流动资产 | 39 943 | 89 007 | 0.65 | 1.41 | −0.76 |
| 一年内到期的非流动资产 | 18 228 | 8 794 | 0.30 | 0.14 | 0.16 |
| 可供出售金融资产净额 | 39 605 | 51 975 | 0.65 | 0.82 | −0.17 |
| 长期应收款净额 | 26 217 | 36 416 | 0.43 | 0.58 | −0.15 |
| 长期股权投资 | 102 553 | 101 724 | 1.67 | 1.61 | 0.06 |
| 工程物资 | 11 098 | 21 040 | 0.18 | 0.33 | −0.15 |
| 开发支出 | 42 665 | 34 055 | 0.70 | 0.54 | 0.16 |
| 商誉净额 | 3 513 | 3 693 | 0.06 | 0.06 | 0.00 |
| 长期待摊费用 | 1 462 | 1 496 | 0.02 | 0.02 | 0.00 |
| 递延所得税资产 | 90 114 | 43 491 | 1.47 | 0.69 | 0.78 |
| 其他非流动资产 | 8 138 | 6 837 | 0.13 | 0.11 | 0.02 |
| 非经营资产合计 | 2 796 937 | 2 751 255 | 45.68 | 43.66 | 2.02 |

　　根据表3-3可以看出，本年度SYZG公司的经营资产有所减少，比重降低2%，非经营资产有所增加，比重提升2%，表明该公司的实际经营能力有所下降。

（2）固定资产与流动资产的比例关系

在企业资产结构体系中，固定资产与流动资产之间的结构比例是最重要的内容。固定资产与流动资产之间的结构比例通常称为固流结构。在企业经营规模一定的条件下，如果固定资产存量过大，则会使正常的生产能力不能充分发挥，造成固定资产的部分闲置或生产能力利用不足；如果流动资产存量过大，则又会造成流动资产闲置，影响企业的盈利能力。无论以上哪种情况出现，最终都会影响企业资产的利用效果。

对一个企业而言，主要有以下3种固流结构策略可供选择。

① 适中的固流结构策略。采取这种策略，通常使固定资产存量与流动资产存量的比例保持平均水平。在该种情况下，企业的盈利水平一般，风险程度一般。

② 保守的固流结构策略。采取这种策略，流动资产比例较高，由于流动资产增加，提高了企业资产的流动性，因此降低了企业的风险，但同时也会降低企业的盈利水平。

③ 冒险的固流结构策略。采取这种策略，流动资产比例较低，资产的流动性较低。虽然因为固定资产占用量增加而相应提高了企业的盈利水平，但同时也给企业带来了较大的风险。

企业具体采用哪种结构应结合盈利水平与风险、行业特点、企业经营规模等各方面因素综合考虑。

根据资产负债表垂直分析表可以知道，SYZG公司本年度流动资产比重为60.97%，固定资产比重为24.87%，固流比例大致为1：2.45；上年度流动资产比重为60.49%，固定资产比重为25.52%，固流比例大致为1：2.37。说明该公司近两年采用保守型的固流结构政策，企业风险较低。

（3）流动资产的内部结构

流动资产的内部结构是指组成流动资产的各个项目占流动资产的比重。分析流动资产的内部结构，可以了解流动资产的分布情况、配置情况、资产的流动性及支付能力。表3-4为SYZG公司流动资产内部结构分析表。

表3-4　SYZG公司流动资产内部结构分析表

| 项目 | 金额/万元 | | 结构/% | | |
| --- | --- | --- | --- | --- | --- |
| | 本年 | 上年 | 本年 | 上年 | 差异 |
| 货币资产 | 684 088 | 604 927 | 18.33 | 15.87 | 2.46 |
| 投资资产 | 3 116 | 3 578 | 0.08 | 0.09 | −0.01 |
| 债权资产 | 2 493 594 | 2 475 816 | 66.80 | 64.96 | 1.84 |
| 存货资产 | 552 085 | 726 915 | 14.79 | 19.07 | −4.28 |
| 合　　计 | 3 732 883 | 3 811 236 | 100.00 | 100.00 | 0 |

从表3-4中可以看出，货币资产的比重上升，SYZG公司的即期支付能力有所增强；投资资产所占比重较低，且基本保持稳定；债权资产比重本来就较高，本年度又有一定幅度上升；存货资产比重下降，应当与固定资产变动情况联系起来进行分析。企业流动资产结构变动是否合理没有一个统一的绝对判断标准，通过前后两期的对比，只能

说明流动资产结构的变动情况，而不能说明这种变动是否合理。如本例，货币资产比重上升了 2.46%，只能说明企业的即期支付能力增强了，但这种变化是使流动资产结构更加趋于合理还是更不合理，以上分析不能说明这一点。为此，企业应首先选择一个标准，然后将流动资产结构的变动情况与选定的标准进行比较，以反映流动资产结构变动的合理性。一般来说，选择同行业的平均水平或财务计划中确定的目标为标准还是比较合适的。企业财务计划中确定的目标是根据企业整体经营目标并结合企业的具体情况制定的，因此也可以作为评价标准。

### 3. 负债结构分析

（1）负债期限结构分析评价

负债按期限长短分为流动负债和非流动负债。负债的期限结构可以用流动负债比率和非流动负债比率来表示。表 3-5 是 SYZG 公司负债期限结构分析表。

表 3-5　SYZG 公司负债期限结构分析表

| 项目 | 金额/万元 | | 结构/% | | |
|---|---|---|---|---|---|
| | 本年 | 上年 | 本年 | 上年 | 差异 |
| 流动负债 | 2 780 400 | 2 084 963 | 73.95 | 54.48 | 19.47 |
| 非流动负债 | 979 302 | 1 741 899 | 26.05 | 45.52 | −19.47 |
| 负债合计 | 3 759 702 | 3 826 862 | 100 | 100 | 0 |

由表 3-5 可以看出，SYZG 公司流动负债的比重较高，而且本年度比率大幅度上升，高达 73.95%，表明该公司在使用负债资金时以短期资金为主。由于流动负债对企业资金流动性要求较高，因此该公司所奉行的负债筹资政策虽然会增加公司的偿债压力，承担较大的财务风险，但同时也有利于降低公司的负债成本。

（2）负债成本结构分析评价

各种负债，由于其来源渠道和取得方式不同，成本也有较大差异。有些负债，如应付账款等，基本属于无成本负债。有些负债，如短期借款，则属于低成本负债。长期借款、应付债券等则属于高成本负债。合理利用无成本负债是降低企业负债资金成本的重要途径之一。表 3-6 是 SYZG 公司负债成本结构分析表。

表 3-6　SYZG 公司负债成本结构分析表

| 项目 | 金额/万元 | | 结构/% | | |
|---|---|---|---|---|---|
| | 本年 | 上年 | 本年 | 上年 | 差异 |
| 无成本负债 | 1 667 065 | 1 684 597 | 44.34 | 44.02 | 0.32 |
| 低成本负债 | 1 172 723 | 479 638 | 31.19 | 12.53 | 18.66 |
| 高成本负债 | 919 914 | 1 662 627 | 24.47 | 43.45 | −18.98 |
| 负债合计 | 3 759 702 | 3 826 862 | 100 | 100 | 0 |

从表 3-6 中可以看出，SYZG 公司本年全部负债中，无成本负债比重为 44.34%，与上年相比基本持平，低成本负债提高至 31.19%，高成本负债降低至 24.47%，其结果有可能使企业整体负债成本下降，利息负担减轻。

（3）负债方式结构分析评价

负债按其取得方式的不同可以分为银行信用、商业信用、应交款项和其他负债。表 3-7 是 SYZG 公司负债方式结构分析表。

表 3-7　SYZG 公司负债方式结构分析表

| 项目 | 金额/万元 | | 结构/% | | |
| --- | --- | --- | --- | --- | --- |
| | 本年 | 上年 | 本年 | 上年 | 差异 |
| 银行信用 | 2 027 270 | 2 073 351 | 53.92 | 54.18 | −0.26 |
| 商业信用 | 712 117 | 918 526 | 18.94 | 24.00 | −5.06 |
| 应交款项 | 62 520 | 64 954 | 1.66 | 1.70 | −0.04 |
| 其他负债 | 957 795 | 770 031 | 25.48 | 20.12 | 5.36 |
| 负债合计 | 3 759 702 | 3 826 862 | 100 | 100 | 0 |

表 3-7 说明，SYZG 公司银行信用始终是负债资金的最主要来源。银行信贷资金的风险要高于其他负债方式所筹资金的风险，本年度银行信用资金有所减少，其风险也会相应有所下降。同时商业信用筹资的比重从去年的 24% 下降到本年的 18.94%，商业信用与银行信用合计所占比重超过 70%。负债方式结构的这种变化还将对该公司的负债成本产生影响。

**4. 资本结构分析**

根据表 3-2，从静态方面看，该公司 2015 年所有者权益比重为 38.59%，负债比重为 61.41%，资产负债率相对较高，财务风险相对较大。这样的财务结构是否合适，仅凭以上分析难以做出判断，要结合行业特点、企业的盈利能力，通过资本结构优化分析才能予以说明。

从动态方面看，2015 年所有者权益比重、负债比重与上年基本相当，表明该公司资本结构还是比较稳定的，财务实力与上年持平。

## 3.2.3　资产负债表趋势分析

资产负债表趋势分析，反映资产负债表各项目对于基期的变动情况。资产负债表趋势分析是将连续数期资产负债表中各项目选用某一年为基期进行比较，分析、评价企业资产和权益对于基期变动的程度。

【例 3-3】（资产负债表趋势分析）根据表 1-2 及相关资料，对 SYZG 公司资产负债表进行趋势分析。

### 1. 编制资产负债表趋势分析表

根据表1-2，编制SYZG公司资产负债表趋势分析表如表3-8所示。

表3-8　SYZG公司资产负债表趋势分析表

单位：%

| 项　目 | 2015年 | 2014年 | 2013年 | 2012年 |
|---|---|---|---|---|
| 货币资金 | 71.03 | 62.81 | 66.25 | 100 |
| 应收票据 | 32.07 | 71.19 | 62.45 | 100 |
| 应收账款 | 139.98 | 132.57 | 125.06 | 100 |
| 预付款项 | 25.11 | 28.92 | 56.82 | 100 |
| 其他应收款 | 168.67 | 179.53 | 129.42 | 100 |
| 存货 | 52.52 | 69.16 | 89.59 | 100 |
| 流动资产合计 | 93.60 | 95.56 | 97.46 | 100 |
| 长期股权投资 | 330.38 | 327.71 | 120.97 | 100 |
| 固定资产 | 102.07 | 107.81 | 108.52 | 100 |
| 资产总计 | 94.98 | 97.75 | 99.08 | 100 |
| 短期借款 | 204.48 | 81.33 | 42.83 | 100 |
| 应付票据 | 158.80 | 187.49 | 118.51 | 100 |
| 应付账款 | 86.88 | 107.06 | 148.32 | 100 |
| 预收款项 | 47.32 | 87.15 | 55.08 | 100 |
| 其他应付款 | 33.30 | 37.20 | 59.86 | 100 |
| 流动负债合计 | 122.52 | 91.88 | 79.11 | 100 |
| 长期借款 | 55.46 | 102.80 | 124.99 | 100 |
| 负债合计 | 94.35 | 96.04 | 97.52 | 100 |
| 股东权益合计 | 96.01 | 100.52 | 101.61 | 100 |
| 负债和股东权益总计 | 94.98 | 97.75 | 99.08 | 100 |

### 2. 资产负债表趋势变动情况的分析评价

从整体上来看，SYZG公司各个项目都有较大幅度的变动。总资产规模不断缩小，可见该公司近几年发展不太乐观。流动资产规模逐年下降，而流动负债呈现先下降后上升的趋势，可见其短期偿债能力有所下降。在流动资产中，货币资金呈现先下降后上升的趋势，由2012年的96.31亿元降到2015年的68.41亿元，只有基期的71.03%，这主要是由于该公司销售规模缩小，盈利能力下降，营业收入大幅减少；应收账款出现了大幅度的增长，同时应注意该公司的收账政策及应收账款的账龄问题；应收票据波动较大，主要是因为公司收到的票据出现波动及票据背书的影响；存货呈现下降的趋势，主要是因为公司加强了存货管理，减少了采购支出。在流动负债中，短期借款2013年大幅度下降，主要是公司优化了融资结构，减少了短期借款比重；其后逐年大幅上升，主要是公司在应对短期运营资金需求及调整借款币种结构的过程中增加了短期借款；应付票据、应付账款、预收账款均呈现波动趋势，其他应付款逐年下降，说明这几年公司的发展状况不太稳定。

值得注意的是，SYZG 公司主要从事工程机械的研发、制造、销售和服务。工程机械行业是中国机械工业的重要产业之一，其产品市场需求受国家固定资产和基础设施建设投资规模的影响较大，下游客户主要为基础设施、房地产等投资密集型行业，这些行业与宏观经济周期息息相关。2008 年，为了缓解全球金融危机的冲击，我国出台了"四万亿"经济刺激政策，并陆续推出多个区域经济振兴计划，保证社会固定资产投资的持续增长，从而带动了工程机械行业的高速发展。2012 年，由于全球经济复苏乏力，再加上我国对房地产行业的持续调控，国内经济增速和固定资产投资增速均呈现放缓趋势，上游工程机械行业受到较大冲击。2015 年，在国内外经济复苏推动力不足的形势下，受固定资产投资特别是房地产投资持续放缓的影响，工程机械行业的市场需求依然较为低迷，行业整体盈利水平低于预期。

# 3.3　资产项目分析

资产是指企业过去的交易或事项形成的，由企业拥有或控制的，预期会给企业带来经济利益的资源。按资产的变现力水平不同，可以将其划分为流动资产与非流动资产。为了更加深刻地揭示资产项目分析的原理，下文主要以真实企业为例来说明问题。

## 3.3.1　流动资产项目分析

流动资产是指可以在一年或超过一年的一个营业周期内变现、出售或耗用的资产。在资产负债表中，流动资产项目包括货币资金、以公允价值计量且其变动计入当期损益的金融资产、衍生金融资产、应收票据、应收账款、预付款项、其他应收款、存货、一年内到期的非流动资产等。

### 1. 货币资金分析

货币资金是指企业在生产经营过程中处于货币状态的那部分资产，包括库存现金、银行存款和其他货币资金。货币资金列于流动资产项目的第一项，流动性最强。它本身就是现金，无须变现，可以用它直接偿还到期债务或支付投资者利润。

企业为了满足交易性、投机性及预防性的需要，持有一定量的货币资金。从财务管理角度来看，过低的货币资金持有量会影响企业的正常经营活动及短期偿债能力；过高的货币资金持有量会降低资金的收益性，增加持有的机会成本，表明企业的货币资金管理不善。同时国家对货币资金的管理和支付范围作了严格的规定，企业内部良好的货币资金内控制度对于保护资产安全完整、防止违法犯罪具有重要意义。

（1）货币资金的规模分析

影响企业货币资金规模的因素主要有以下几点。

① 企业资产规模、业务收支规模。一般来说，企业货币资金的规模与资产规模、业务收支规模相匹配。资产总额越大，相应的货币资金规模也越大；业务收支越频繁，货币资金需要量越大，处于货币形态的资产也越多。

② 行业特点。不同的行业有不同的业务特点，因而其合理的货币资金结构也不相同。例如，零售业与工业企业在相同的资产规模下，其货币资金的规模可能相差很大。

③ 企业筹资能力。一般来说，若企业的筹资能力强，能较迅速地筹集到所需的资金，则没有必要持有大量的资金，企业的货币资金规模会较小；反之，若企业的筹资能力较差，在短期内很难筹集到所需金额，则需要持有一定规模的货币资金作保证。

④ 企业对货币资金的运用能力。货币资金是收益性较低的资产，若企业持有较大规模的货币资金，为企业带来的收益很小。若企业运用货币资金的能力较强，将货币资金用于投资活动，则会给企业带来较高的收益，因此企业便没有必要持有较大规模的货币资金。

⑤ 货币资金的用途是否被限定。如果有部分的货币资金用途被限定或被冻结，再加上企业日常的周转资金，那么货币资金规模必然加大。

⑥ 人为操纵的影响。如果货币资金规模异常，而又无法找到合理的原因，那么分析人员就应注意，该项目是否可能被人为操纵。

（2）货币资金变动原因分析

对货币资金进行会计分析，还要特别关注货币资金规模的变动，应结合现金流量表的内容分析货币资金规模变动的合理性及现金的来源与去向。货币资金发生增减变动，可能基于以下原因。

① 销售规模的变动。企业销售规模发生变动，在信用政策未发生较大变化的条件下，货币资金规模也会发生变动，两者之间具有一定的相关性。

② 信用政策的变动。企业货币资金规模也与企业采用的信用政策相关。如果企业采用严格的信用政策，提高现销比例，可能会导致货币资金规模提高；反之，若企业采用宽松的信用政策，则可能导致货币资金规模降低。

③ 为大笔现金支出做准备。企业准备派发现金股利、偿还将要到期的巨额银行借款或集中购货等，这都会增加企业的货币资金规模。但是这种需要是暂时的，货币资金规模会随着企业现金的支出而降低。

④ 筹集资金尚未使用。企业通过发行新股、债券和银行借款而筹得大量资金，但由于时间关系还没来得及运用或暂时没有合适的投资机会进行投资。

### 2. 以公允价值计量且其变动计入当期损益的金融资产

以公允价值计量且其变动计入当期损益的金融资产分为两类：一类是交易性金融资产；另一类是直接指定为以公允价值计量且其变动计入当期损益的金融资产。

该项金融资产属于变现能力较强的资产，对该项目进行分析，也应当重点关注其规模的变动。由于股票等金融工具的公允价值来自于股票市场的收盘价，所以在分析时还应关注相关市场信息。对该项金融资产进行分析还应关注以下要点。

（1）风险性分析

由于企业在经营活动中无法做到现金收入和现金支出的完全同步，所以企业必须持有一定量的现金。鉴于银行利率低，持有大量现金将会降低资产的收益率，大多数企业都会选择将一部分现金投入证券市场，希望能够在保持较高资产流动性的同时尽可能提高资产收益率。实际上无风险套利机会非常罕见。企业进行金融资产投资的同时，必然要承担一定的风险，因此其金融资产投资活动必须谨慎，投资规模也应合理控制。

（2）调节货币资金分析

从财务管理角度讲，企业持有大量货币资金是不符合现金管理要求的，所以有的企业为避免巨额的货币资金会引起分析人员的关注，就想办法压缩过高货币资金余额。例如，为了保持流动性，且不引起分析人员的注意，企业便将资产负债表中货币资金项目的一部分放到交易性金融资产项目中列示。

（3）持有的目的性分析

由于该项金融资产具有变现速度快、持有时间短、盈亏浮动性强的特点，因此该项目在报表中的表现具有金额经常波动、投资收益与亏损易变等特点。如果报表中该项金融资产金额跨年度持久不变，投资收益稳定，则企业有可能故意将长期投资的一部分人为地划为该项金融资产，以改善资产流动性状况。

### 3. 应收账款分析

应收账款是指企业因销售商品、提供劳务等应向购货单位或接受劳务单位收取的款项。尽管企业都倾向于现金销售，但应收账款几乎是无法避免的。应收账款对于企业的价值在于支撑销售规模的扩大。对应收账款的分析可以从以下几方面进行。

（1）应收账款规模合理性分析

判断应收账款规模的合理性，首先应结合企业所处行业进行分析。例如，商品零售业一般多采用现销方式，故其应收账款较少。而大部分工业企业一般采取赊销方式，从而形成较多的商业债权，应收账款数额较大。其次，企业应收账款规模还与生产经营规模和信用政策有直接联系。生产经营规模大，相应应收账款的规模也较大；而生产规模较小的企业，其应收账款的规模一般来说也较小。从企业采用信用政策来看，若采用相对宽松的信用政策，销售量增加，应收账款的数额也增大；反之，则会减少应收账款。最后，巨额的应收账款也有可能是因为应收账款质量不高，存在长期挂账且难于收回的账款，或因客户发生财务困难，暂时难以偿还所欠货款。

回顾一下 2004 年《财富》500 强公司，我们能发现这一事实：前 100 强中 75% 的公司，其应收账款都位于该公司有形资产的三甲之列。令人奇怪的是，除非出现严重问题，这数百万美元（有时是数十亿美元）资产的管理极少受到高层管理者的关注。

——美国资深财务咨询专家约翰·G. 赛莱克

一般可以通过对比分析，来发现应收账款规模的异常。

① 对比前后几个会计年度的应收账款及坏账准备的有关信息，查看是否有重大波动，这可以从应收账款的总量及应收账款分别占营业收入及资产总额的比例来分析。

② 与同行业的其他企业进行对比。这种分析一般是比率分析，因为同行业内的企业商业模式大体相同，一般而言，应收账款的比例及坏账损失率也应具有一定的可比性、当然这种分析也可以跨年度进行，即对比分析两家或多家企业多年的情况，从横截面上分析、判断应收账款质量的好坏。

③ 应收账款与现金流量、营业收入进行对比分析，也即对应收账款的来龙去脉进行分析。应收账款的产生源于营业收入的增长，若二者的增长比例相差过多，则应当提高警惕，分析其原因。一般而言，应收账款的回收（减少）伴随着货币资金的相应增加。因此，应收账款的增减变动应该与营业收入，以及现金流量表中销售商品、提供劳务收到的现金有一个大概的数量钩稽关系，若三者之间严重脱节，则应追查原因，以便作出更为全面的分析与评价。

【例 3-4】根据相关资料，对 SYZG 公司应收账款变动情况进行分析。

受宏观经济增速回落、固定资产投资特别是房地产投资持续放缓的影响，SYZG 公司近三年营业收入不断下滑。但由表 3-9 可知，应收账款却不断增加，应收账款占总资产的比重、应收账款占营业收入的比重均呈逐年上升趋势，尽管 SYZG 公司从 2013 年开始加大了回款力度，但过高的应收账款仍会给企业带来极大的不确定性。

表 3-9　SYZG 公司应收账款概况

| 项　目 | 2013 年 | 2014 年 | 2015 年 |
| --- | --- | --- | --- |
| 应收账款增长率/% | 24.67 | 6.42 | 5.59 |
| 营业收入增长率/% | −20.29 | −18.65 | −23.05 |
| 应收账款占总资产的比重/% | 29.32 | 31.51 | 34.24 |
| 应收账款占营业收入的比重/% | 50.13 | 65.46 | 89.71 |

（2）应收账款规模变动原因分析

企业销售产品是形成应收账款的直接原因，在其他条件不变时，应收账款会随着销售规模的增加而同步增加。如果企业的应收账款增长率超过营业收入、流动资产和速动资产等项目的增长率，就可以初步判断其应收账款存在不合理增长的倾向。从经营角度讲，应收账款的变动可能出于以下原因。

① 企业销售规模变动导致应收账款变动。

② 企业信用政策改变。

③ 企业收账政策有所变化。

④ 空挂应收账款，虚构销售收入。

⑤ 关联方占用。

⑥ 巨额冲销。

**案例 3-1**

### 海联讯虚构收回应收账款

为解决公司应收账款余额过大的问题，海联讯通过股东垫资或向他人借款方式，在季末、年末等会计期末冲减应收账款，并在下一会计期初冲回。2009 年 12 月 31 日，海联讯通过他人转入资金 1 429 万元冲减应收账款，后于 2010 年 1 月 4 日全额退款并转回应收账款；2010 年 9 月和 12 月，海联讯通过股东垫资转入资金 2 566 万元冲减应收账款；2010 年 12 月，海联讯通过他人转入资金 8 754 万元冲减应收账款，后于 2011 年 1 月 4 日将他人资金 8 754 万元全额退款并转回应收账款；2011 年 6 月 30 日，海联讯通过他人转入资金 8 890 万元冲减应收账款，后于 2011 年 7 月 1 日全额退款并转回应收账款。截至 2009 年 12 月 31 日、2010 年 12 月 31 日、2011 年 6 月 30 日，海联讯分别虚构收回应收账款 1 429 万元、11 320 万元、11 456 万元。

（3）应收账款账龄分析

应收账款账龄分析是对现有债权按欠账期的长短进行分类，进而对不同账龄的债权进行质量分析。一般而言，未过信用期或已过信用期但拖欠期较短的债权发生坏账的可能性较小，而拖欠时间越久的债权发生坏账的可能性越大。

一般来说，1 年以内的应收账款在企业信用期限范围内；1～2 年的应收账款有一定逾期，但仍属正常；3 年的应收账款风险较大；而 3 年以上的因经营活动形成的应收账款已经与企业的信用状态无关，其可回收性极小，可能的解决方法只能是债务重组。企业一般会在财务报表附注中提供应收账款的账龄信息，可以借此分析应收账款的质量。

【例 3-5】根据相关资料（表 3-10），对 SYZG 公司应收账款账龄情况进行分析。

表 3 - 10　SYZG 公司应收账款账龄比重分析

单位:%

| 账　龄 | 2013 年 | 2014 年 | 2015 年 |
|---|---|---|---|
| 1 年以内 | 86.02 | 76.75 | 65.64 |
| 1 至 2 年 | 6.01 | 15.31 | 20.73 |
| 2 至 3 年 | 3.95 | 3.95 | 8.09 |
| 3 至 4 年 | 2.22 | 1.81 | 2.61 |
| 4 至 5 年 | 0.84 | 1.09 | 1.34 |
| 5 年以上 | 0.96 | 1.09 | 1.59 |
| 合　计 | 100 | 100 | 100 |

由表 3 - 10 可知，SYZG 公司应收账款账龄主要都在 1 年以内，坏账风险较小。

（4）应收账款的债务人分析

应收账款的债务人分析是利用债务人的信息来判断公司应收账款的可回收性。一般来说，与企业业务关系稳定、经营效益好、信誉度高的债务人，其偿还应收账款的可能性较高；反之，则应收账款回收的可能性较低。债务人分析具体包括以下几项。

①债务人的区域性分析。由于区域经济发展水平、法制环境及特定的经济状况等条件的差异，导致不同地区的企业其信用状况会不同。

②债务人的财务实力分析。评价债务人的财务实力，需要对债务人的财务状况进行了解。简单的方法是查阅债务人单位的资本实力和交易记录，用这种方法可以识别一些皮包公司或者虚构的公司。

③债务人的集中度分析。对于应收账款，存在集中度风险，即由于某一个主要债务人支付困难而导致较大比例的债权面临回收风险。

④债务人的关联性分析。从债权人与债务人的关联状况来看，可以把债务人分为关联方债务人和非关联方债务人。由于关联方彼此之间在债权债务方面的操纵色彩较强，因此对关联方债务人对上市公司债务的偿还状况应给予足够的重视。利用关联方交易进行利润操纵是一些企业常用的手法。如果一个企业应收账款中关联方应收账款的金额增长异常或所占比例过大，应视为企业利用关联方交易进行利润调节的信号。

【例 3 - 6】根据相关资料（表 3 - 11），对 SYZG 公司 2015 年应收账款债务人结构进行分析。

表 3-11　　SYZG 公司应收账款账龄债务人结构

| 单位名称 | 与本公司关系 | 金额/万元 | 年限 | 占应收账款总额的比重/% |
|---|---|---|---|---|
| 客户 A | 客户 | 98 713 | 1～2 年以内 | 4.33 |
| 客户 B | 客户 | 50 565 | 1 年以内 | 2.22 |
| 客户 C | 客户 | 44 990 | 1 年以内 | 1.97 |
| 客户 D | 客户 | 39 613 | 1 年以内 | 1.74 |
| 客户 E | 客户 | 34 565 | 1 年以内 | 1.52 |
| 合　计 | | 268 446 | | 11.78 |

由表 3-11 可见，从 SYZG 公司应收账款金额前五名情况来看，前五名合计占应收账款的比例为 11.78%，应收账款相对分散，可以在一定程度上规避集中度风险。值得注意的是，排名首位的客户 A 所占比重略大，且账龄较长，需结合其他资料作进一步分析。

（5）坏账准备计提的合理性分析

根据会计稳健性原则，企业的应收账款应当计提一定比例的坏账准备。按照我国企业会计准则的规定，企业应当根据自己的实际情况，自行确定坏账准备的计提方法和计提比例。由于坏账准备的计提具有一定的任意性，所以财务分析人员应格外关注企业关于坏账准备方面的信息披露，尤其关注坏账准备的计提比例。若坏账准备的计提比例过低，则有潜在亏损挂账之嫌；若计提比例过高，则可能有人为加大企业费用、调节当期利润的企图。对于坏账准备的分析，应结合企业具体的会计政策来进行。

【例 3-7】SYZG 公司 2012 年 10 月发布公告称，结合目前行业内应收账款坏账准备计提比例及公司的实际情况，公司决定自 2012 年 7 月 1 日起对应收款项（应收账款及其他应收款）坏账计提比例进行变更，详见表 3-12。

表 3-12　　SYZG 公司变更前后坏账准备计提比例对比

| 账　　龄 | 变更前计提比例 | 变更后计提比例 |
|---|---|---|
| 未到合同收款日应收账款 | 2% | 1% |
| 1 年以内（含 1 年） | 5% | 1% |
| 1 至 2 年 | 10% | 6% |
| 2 至 3 年 | 20% | 15% |
| 3 至 4 年 | 50% | 40% |
| 4 至 5 年 | 50% | 70% |
| 5 年以上 | 50% | 100% |

    SYZG 公司会计估计变更大幅降低了短期坏账的计提比例，提高了长期坏账计提比例。由此导致公司 2012 下半年净利润增加超过 4 亿元，占公司本年度归属于上市公司股东净利润的 7.23％；2013 年合计少计提应收账款超过 6 亿元，占全年应收账款的 3.45％。

**案例 3 - 2**

### "淮矿物流"少提坏账虚增利润

    2012 年，皖江物流子公司淮矿现代物流有限责任公司（以下简称"淮矿物流"）在对湖北华中有色金属有限公司、武汉中西部钢铁交易有限公司、上海福鹏投资控股有限公司和福鹏控股（北京）有限公司（以下统称"福鹏系公司"）债权计提坏账准备时，通过调增应收票据（商业承兑汇票）、调减应收账款的方式来减少坏账准备计提，增加利润，由此导致皖江物流 2012 年年报多计利润 2.53 亿元。

#### 4. 其他应收款分析

    其他应收款是指企业除应收票据、应收账款和预付账款外的其他应收、暂付的款项。其他应收款属于企业主营业务以外的债权，如应收的各项赔款、罚款、存储的保证金，应向职工个人收取的垫付款项等。其他应收款主要有以下分析要点。

    （1）利润调节分析

    一些公司常常把其他应收款作为企业调整成本费用和利润的手段，把一些应计入当期费用的支出或应计入其他项目的内容放在其他应收款中，从而高估利润或隐藏亏损。

    （2）关联方占用分析

    一些公司的"其他应收款"期末余额巨大，也有可能是资金被关联方占用或被管理层挪用而形成的，如拆借给母公司的资金等。另外，相当多的托管收益、资产置换收益等没有现金到账，以及上市公司的大额资金被关联公司无偿占用，即使有偿，收益也是挂账。大量的关联方其他应收款不能收回，一方面形成了企业的不良资产，另一方面还虚增了企业的其他业务收入。

    （3）抽逃税金或其他违规行为分析

    个别企业利用所谓的职业判断，将正常的赊销收入中应计入应收账款的业务，计入其他应收款，以此"合理避税"。此外，也有可能隐含企业的违规行为，如非法拆借资金、给个人的销售回扣、抽逃注册资金等。

    由报表附注可知，SYZG 公司本期其他应收款变动主要系应收其他单位往来款变动所致。

**案例 3-3**

## 金亚科技调整其他应收款

金亚科技自查报告显示，更正前，金亚科技 2014 年其他应收款为 1 752.84 万元，更正后暴增至 2.53 亿元，调增 2.35 亿元。而这笔应收款，有专业人士表示，很可能是被金亚科技大股东给占用了。因为此前该公司因为存在大股东占用上市公司资金的情况，造成账实不符，已经被监管层立案调查，其占用的数据与上述暴增的其他应收款金额基本相当。

### 5. 存货分析

存货是指企业在日常经营活动中持有以备出售的产成品或商品、处在生产过程中的在产品、在生产过程或提供劳务过程中耗用的材料和物料等。存货总是处于不断地销售、重置或耗用中，它通常在一年以内或是一个经营周期内被销售或者耗用，因而具有较强的变现能力，所以将其划分为流动资产。但是，存货的变现能力相对于货币资金、应收账款等流动资产而言又稍低一些。

存货之所以重要，主要有以下两个方面的原因：第一，存货是企业的一项重要资产，在流动资产甚至总资产中占有很大的比重，因此在会计期末应以正确的金额将其列示于资产负债表中；第二，存货的计价直接影响销货成本的确定，从而影响当期的损益。因此企业要加强对存货的管理与控制，且要对其进行正确的确认与计量。[①]

（1）存货真实性分析

存货是企业重要的实物资产，资产负债表上列示的存货应与库存的实物相符，待售商品应是完好无损，产成品的质量应符合相应的产品质量要求，库存的原材料应属于生产所需等。对这一项目进行分析，应结合资产负债表附注给出的存货结构及种类的详细信息。同时，存货的真实性分析应结合企业的内部控制制度分析来进行。企业存货的质量，不仅取决于存货的账面数字，还与企业存货的管理制度密切相关。由于存货种类多、数量大，如果没有完善的管理制度控制，极易流失。

（2）存货的结构分析

存货主要由材料存货、在产品存货和产成品存货构成。存货结构是指各类存货在存货总额中的比重。各类存货在企业再生产过程中的作用是不同的。其中材料类存货是维持再生产活动的必要物质基础，但属于生产的潜在因素，所以应把它限制在能够保证再生产正常进行的最低水平上。产成品存货是存在于流通领域的存货，它不是保证再生产

---

① 陆正飞.财务报表分析.北京：中信出版社，2006.

过程持续进行的必要条件，因此必须压缩到最低限度。而在产品存货是保证生产过程持续进行的存货，企业的生产规模和生产周期决定了在产品存货的存量。企业在正常的经营条件下，在产品存货应保持一个稳定的比例。

一个企业在正常情况下，其存货结构应保持相对稳定，分析时应特别注意对变动较大的项目进行重点分析。任何存货比重的剧烈变动，都表明企业在生产经营过程中有异常情况发生，因此应深入分析其原因，以便最终能够判断存货结构的合理性。

（3）存货的计价

资产负债表中，各种存货是以实际成本反映的，但在日常会计核算中，由于同类存货的进价成本不一定相同，因此在计算耗用成本或销售成本时，就要采用一定的计价方法进行核算。存货发出采用不同的计价方法，对企业的财务状况、盈亏情况会产生不同的影响，主要表现在以下4个方面。

① 期末存货如果计价过低，当期的收益可能因此而相应减少。

② 期末存货如果计价过高，当期的收益可能因此而相应增加。

③ 期初存货如果计价过低，当期的收益可能因此而相应增加。

④ 期初存货如果计价过高，当期的收益可能因此而相应减少。

在实际工作中，一些企业往往利用不同的存货计价方法来实现其操纵利润的目的。例如，当物价持续上涨时，将存货的计价方法由加权平均法改为先进先出法，以提高期末存货成本，从而达到增加本期利润的目的。因此，企业当期的存货计价方法发生变更时，要注意分析变更的真正原因及其对当期利润的影响。

（4）存货跌价准备分析

在一般情况下，企业应当按照每个存货项目的成本与可变现净值逐一进行比较，取其低者计量存货，并且将成本高于可变现净值的差额作为计提的存货跌价准备。

要确定存货的可变现净值需要进行估计，但是不同的人估计的结果是不一样的，而这些结果又会直接影响到企业期末存货的计价和本期损益的确定，因而对企业具有重要的财务影响。因而财务报表分析者要特别注意存货的期末计价及存货跌价准备的提取情况，分析其对企业的财务影响。一般而言，计提存货跌价准备会产生如下几方面的影响。

① 由于存货跌价准备是作为存货的减项出现的，因而计提存货跌价准备会减少存货资产的价值。

② 增加本期的管理费用，从而减少当期利润。

③ 由于计提准备后的存货账面价值较低，以后期间存货耗用或者销售时，所结转的成本也较低，从而产生较高的利润，即对未来会计期间的利润产生积极的影响。

任何事物都有两面性，会计准则也不例外。会计准则要求期末存货按照成本与市价孰低法计价是一柄双刃剑：一方面，它有利于促使企业按照稳健性的要求提供更为可靠的财务报表，避免虚增资产、利润和所有者权益；另一方面，也给企业调节利润提供了一种较为便利的工具，尤其是当企业有特殊动机的时候，如上市公司需要扭亏为盈，或者需要"脱帽"，或者公司有融资需求的时候，更容易利用计提准备进行利润操纵。[①]

【例3-8】根据有关资料（表3-13），对SYZG公司2015年存货项目进行分析。

表3-13　SYZG存货构成分析

单位：万元

| 项　目 | 2013年 | 2014年 | 2015年 |
|---|---|---|---|
| 存货增长率/% | −10.41 | −22.81 | −24.05 |
| 营业成本增加率/% | −13.80 | −18.20 | −21.94 |
| 存货占总资产的比重/% | 14.74 | 11.54 | 9.02 |

一方面，受宏观经济增速回落、固定资产投资特别是房地产投资持续放缓的影响，工程机械产品需求不振，SYZG公司近三年营业收入下降较大，营业成本业随之下降。另一方面，公司强化存货管理，控制存货风险，存货占总资产的比重不断下降，资产流动性有所提升。

SYZG公司存货主要包括原材料、在产品及自制半成品、产成品等（见表3-14）。存货在取得时按计划成本计价，对原材料的计划成本与实际成本之间的差异，通过成本差异科目核算，并按期结转发出存货应负担的成本差异，将计划成本调整为实际成本。在资产负债表日，存货按照成本与可变现净值孰低计量。当其可变现净值低于成本时，提取存货跌价准备（见表1-3）。计提存货跌价准备后，如果以前减记存货价值的影响因素已经消失，导致存货的可变现净值高于其账面价值的，在原已计提的存货跌价准备金额内予以转回，转回的金额计入当期损益。

表3-14　2015年度SYZG公司存货构成分析

单位：万元

| 项　目 | 期末数 | | 期初数 | |
|---|---|---|---|---|
| | 账面价值 | 跌价准备 | 账面价值 | 跌价准备 |
| 原材料 | 215 032 | 12 118 | 257 982 | 13 767 |
| 在产品 | 119 587 | 563 | 111 607 | 666 |
| 库存商品 | 217 466 | 7 015 | 357 326 | 11 115 |
| 合　计 | 552 085 | 19 696 | 726 915 | 25 548 |

①　陆正飞．财务报表分析．北京：中信出版社，2006.

案例 3 - 4

## "上海燃料"少转成本虚增存货

2008 年至 2011 年期间，上海物贸全资子公司上海燃料有限公司（以下简称"上海燃料"）通过调节暂估存货数量金额、延后结转库存商品数量金额、未及时对价格波动较大的存货进行减值测试并计提存货跌价准备等多种方式少结转成本、虚增年末库存，导致"上海燃料"2008 年至 2011 年年报中资产和利润总额虚增，成本虚减，公司财务信息存在虚假记载。经核实，2008 年至 2011 年，公司年度报告虚增资产分别为 32 757 527.73 元、148 419 905.81 元、55 313 207.20 元、30 307 583.67 元，虚减营业成本分别为 32 757 527.73 元、148 419 905.81 元、55 313 207.20 元、30 307 583.67元，虚增利润总额分别为 32 757 527.73 元、148 419 905.81 元、55 313 207.20元、30 307 583.67 元。

## 3.3.2 非流动资产项目分析

### 1. 可供出售金融资产分析

可供出售金融资产，是指初始确认时即被认定为可供出售的非衍生金融资产，以及除下列各类资产以外的金融资产：

① 贷款和应收款项；

② 持有至到期投资；

③ 以公允价值计量且其变动计入当期损益的金融资产。

可供出售金融资产的会计处理与以公允价值计量且其变动计入当期损益的金融资产的会计处理有类似之处，但也有不同。具体而言：初始确认时，都应按公允价值计量，但对于可供出售的金融资产，相关交易费用应计入初始入账金额；资产负债表日，都应按公允价值计量，但对于可供出售金融资产，公允价值变动不是计入当期损益，而是计入所有者权益。

对可供出售金融资产的会计分析，应关注其会计处理的正确性，以及其变动规模的大小及合理性。

### 2. 长期股权投资分析

（1）长期股权投资持有目的分析

一般来说，企业进行长期股权投资的目的有以下几个。

① 出于企业战略性考虑。企业的对外长期投资，可能会出于某些战略性考虑，如

通过对竞争对手实施兼并而消除竞争、通过对自己的重要原材料供应商的投资而使自己的原材料供应得到保证等。

② 通过多元化经营而降低经营风险、稳定经营收益。按照财务管理理论，企业的投资方向越是多样化，企业的经营风险越小，企业获取稳定收益的可能性越大。因此，一些企业还是出于多元化经营的考虑，扩大其对外投资规模，投资方向也日益多样化。

③ 为将来某些特定目的积累资金。例如，在西方国家，企业为将来归还长期债券而建立的偿债基金，在偿债基金专户存款用于清偿债务前，企业往往将其投资于有价证券或其他资产以获取收益。

④ 粉饰财务状况。某些企业的对外投资，纯粹是为了粉饰其财务状况的外在表现。

（2）长期股权投资年度内重大变化分析

长期股权投资年度内的重大变化不外乎以下 3 种情况。

① 收回或者转让某些长期股权投资。收回或者转让某些长期股权投资将会导致长期股权投资减少。企业进行上述操作的目的有可能是：试图优化企业的投资结构从而进行投资结构调整；为了变现资产弥补资金需要而出售长期股权投资；按照协议或合同规定而收回投资。

② 增加新的长期股权投资。企业增加新的长期股权投资的目的有可能是：第一，企业根据其战略规划，采取扩张型投资策略，扩大对外投资规模；第二，为了实现业绩的增长而进行的投资组合调整；第三，为了盘活资产存量而进行资产重组活动，以提高资产的利用效率；第四，操纵利润。例如，甲企业想要人为提高业绩，就可以收购一家具有一定收益水平的公司，假如目标公司净资产价值 3 000 万元，甲企业可以以 5 000 万元的价格收购其全部股权，并与目标公司原有股东私下约定，2 000 万元溢价以销售收入的形式返还甲企业。当年目标公司作为甲企业的子公司要并入合并报表，子公司的收入和利润都体现到合并报表上，这样甲企业的利润和规模就都有了。一些企业收购子公司的根本目的就是粉饰业绩，并通过子公司将投资变身为营业收入。

③ 因权益法确认投资收益而导致长期股权投资增加。因权益法确认投资收益而导致长期股权投资增加，一般应该认为这种增加是一种"泡沫"资产的增加，对企业难以产生实质性贡献。

（3）长期股权投资收益确认方法分析

长期股权投资的核算方法有权益法和成本法，这两种方法各有利弊。会计准则对于成本法与权益法的应用做出了明确的规定，但企业出于调节利润的考虑，往往会在成本法还是权益法的选择上做文章。典型的做法是：对于盈利的被投资企业，采用权益法核算，而对于亏损的被投资企业，采用成本法核算。

（4）长期股权投资减值准备分析

按照会计准则，计提长期股权投资减值准备应分为以下两种情况。

① 按照成本法核算的、在活跃市场中没有报价、公允价值不能可靠计量的长期股权投资，在发生减值后，应当将该项投资的账面价值与按照类似金融资产当时市场收益率对未来现金流量折现确定的现值之间的差额，确认为减值损失，计入当期损益；计提的减值损失，不得转回。

② 其他长期股权投资项目，当该项投资的可收回金额低于其账面价值时，应当将其账面价值减记至可回收金额，减记的金额确认为资产减值损失，计入当期损益，同时计提相应的资产减值准备；资产减值损失一经确认，在以后会计期间不得转回。

### 3. 固定资产

固定资产是指寿命超过一个会计年度，为生产商品、提供劳务、出租或经营管理而持有的有形资产。固定资产是企业维持持续经营所必需的投资，主要特点是：长期拥有并在生产经营过程中发挥作用；投资数额较大，风险也大；反映企业生产的技术水平、工艺水平；对企业的经济效益和财务状况影响巨大；变现能力差。

（1）固定资产的规模分析

解读固定资产，首先应对其总额进行数量判断，即将固定资产与资产总额进行比较。这种分析应当结合行业、企业生产经营规模及企业生命周期来进行。

（2）固定资产的结构分析

合理配置固定资产，既可以在不增加固定资金占用量的同时提高企业生产能力，又可以使固定资产得到充分利用。固定资产按经济用途使用情况，可分为生产用固定资产、非生产用固定资产、未使用和不需用固定资产等。在各类固定资产中，生产用固定资产，特别是其中的生产设备，同企业生产经营直接相关，在全部资产中占较大比重。非生产用固定资产是指职工宿舍、食堂、俱乐部等非生产单位使用的房屋和设备。非生产用固定资产应在发展生产的基础上，根据实际需要适当增加，但增长速度不应超过生产用固定资产的增长速度，它的比重降低应当认为是正常现象。一般而言，生产用固定资产所占比重越大，说明企业固定资产的质量越高。未使用和不需用的固定资产对固定资金的有效利用是不利的，应该查明原因，采取措施，积极处理，压缩到最低限度。例如，未来得及安装的资产或某项资产正在进行检修等，这虽属正常原因，但也应加强管理，尽可能缩短安装和检修时间，使固定资产尽早投入到生产运营中去。

（3）固定资产折旧计提分析

采用合理的固定资产折旧方法计提固定资产折旧额，对于加强企业经济核算，正确计算产品成本和企业盈利，对于足额补偿固定资产损耗，保证固定资产再生的顺利进行均有重要意义。同时，采用不同的折旧方法，对企业的利润及纳税会产生不同的影响。

在进行固定资产折旧分析时，财务分析人员应该注意以下几个方面的问题。

① 分析企业固定资产折旧方法的合理性。企业选择折旧方法应从企业实际情况出发，但是在实际中企业往往利用折旧方法的选择，来达到调整固定资产净值和利润的

目的。

② 观察企业的固定资产折旧方法是否前后一致。因为折旧方法一经确定，除非企业的经营环境发生变化，一般不得随意变更。企业变更固定资产折旧方法，可能隐藏一些不可告人的动机。

③ 分析企业对固定资产净残值及使用年限的估计是否符合国家有关规定，是否符合企业的实际情况。在实际中，一些采用直线法折旧的企业在固定资产没有减少的情况下，通过延长折旧年限，使得折旧费用大量减少，转眼之间就"扭亏为盈"。对于这样的会计失真现象，财务分析人员在分析时应持谨慎态度，并利用相关信息进行调整。

（4）固定资产减值分析

固定资产减值需要专业性很强的职业判断。分析者分析企业的固定资产减值问题时，要注意：企业对固定资产的使用目的绝不是将其出售"收回"，而是在长期使用过程中逐渐收回。因此，必须考虑固定资产在企业被利用的状态如何，如果固定资产能够按照既定的用途被企业所利用，即使其市场价格已经低于账面价值，也不能认为企业的固定资产质量低劣。会计准则规定固定资产的资产减值损失不得转回，这在一定程度上避免了上市公司利用资产减值操纵利润。同时，企业会计准则对可收回金额作了明确的解释：可收回金额是指公允价值减去处置费用后的净额与未来现金流量现值孰高；公允价值，综合考虑销售协议价格、市场价格、比较价格；未来现金流量现值，综合考虑未来现金流量、使用寿命、折现率等；把资产可回收金额与资产账面价值进行比较；确认资产减值损失的同时计提资产减值准备，减值资产的折旧和摊销在未来进行调整。

【例 3-9】根据相关资料（表 3-15），对 SYZG 公司 2015 年度固定资产原值情况进行分析。

表 3-15　SYZG 公司固定资产原值变动情况

单位：万元

| 项目 | 房屋及建筑物 | 机器设备 | 运输工具 | 经营租赁租出设备 | 办公设备及其他 | 合计 |
|---|---|---|---|---|---|---|
| 期初余额 | 1 160 553 | 854 851 | 37 069 | 37 225 | 138 363 | 2 228 061 |
| 本期增加 | 33 782 | 60 399 | 1 147 | 18 783 | 6 675 | 120 786 |
| 本期减少 | 15 189 | 22 243 | 3 459 | 23 776 | 22 742 | 87 409 |
| 期末余额 | 1 179 146 | 893 007 | 34 757 | 32 232 | 122 296 | 2 261 438 |

由表 3-15 可知，SYZG 公司 2015 年固定资产原值有所增加，进一步分析可知，房屋及建筑物、机器设备有所增长，这有助于提高公司的生产能力。

**案例 3-5**

## CC 股份有限公司的固定资产分析

一般来说，固定资产的价值较高，交易或变动的金额都很大，由于基数大，变动比率往往不突出，所以给利润操纵提供了天然的掩护。但再狡猾的狐狸也会露尾巴，请看下面的案例。

2000 年，CC 股份有限公司通过公开发行股票成功募集 7.17 亿元资金。据 2000 年财务报表显示，当年用于固定资产投资达 4.38 亿元，并在报表附注中披露："期末固定资产比期初增加 5.35 倍，其原因主要为本年购买大量专用设备"。图 3-1 是 CC 股份有限公司固定资产的趋势分析图。

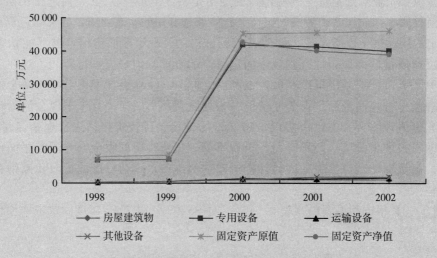

图 3-1　CC 股份有限公司固定资产趋势分析图

通过数据对比可以看到，2000 年 CC 股份有限公司固定资产净增加 3.68 亿元，其中专用设备增加 3.47 亿元。从图 3-1 中可以看出，专用设备、固定资产净值、固定资产原值三条线非常接近，专用设备占固定资产的 80% 以上，这样的比例是否合理，要结合同行业其他企业情况来说明。表 3-16 是 CC 股份有限公司的固定资产分析表。

表 3-16　CC 股份有限公司固定资产分析表

单位：亿元

| | 电子设备占固定资产比例 | 固定资产 | 资产总额 | 固定资产占总资产比例 | 收入 | 固定资产周转率 |
|---|---|---|---|---|---|---|
| CC 股份有限公司 | 83.73% | 4.62 | 13.65 | 33.85% | 6.2 | 1.34 |

续表

| | 电子设备占固定资产比例 | 固定资产 | 资产总额 | 固定资产占总资产比例 | 收入 | 固定资产周转率 |
|---|---|---|---|---|---|---|
| 同行1 | 20% | 3.8 | 24.57 | 15.47% | 17.6 | 4.63 |
| 同行2 | 33% | 5.1 | 18.19 | 28.04% | 7.8 | 1.53 |
| 同行3 | 29% | 1.8 | 8.59 | 20.95% | 4.2 | 2.33 |
| 同行4 | 0 | 0.14 | 1.63 | 8.59% | 3.3 | 23.57 |
| 同行5 | 50% | 0.3 | 7.25 | 4.14% | 4.6 | 15.33 |
| 同行6 | 58% | 1 | 11.68 | 8.56% | 3.3 | 3.30 |
| 同行7 | 54% | 0.52 | 3.47 | 14.99% | 3.3 | 6.35 |

通过同行业对比可以看出，CC股份有限公司无论是电子设备占固定资产比例还是固定资产占总资产比例与同行业其他企业相比都属于奇高，而固定资产周转率却非常低，这让我们不得不怀疑其中有猫腻。

### 4. 无形资产

无形资产，是指企业拥有或者控制的没有实物形态的可辨认非货币性资产。无形资产是市场经济高度发达的产物，看似无形，却能给企业的生存和发展带来巨大影响。无形资产与有形资产最大的差别在于：有形资产比较容易找到相同、相近或相似的参照物，可以通过成本途径或市场途径对其价值作出相对准确的评估；而大多数的无形资产往往不容易找到参照物，只能对其价值作出模糊的评估。无形资产价值难以准确确定，导致一些企业的控制人利用无形资产掏空企业资产。例如，通化金马编造的以3.18亿元天价购入奇圣胶囊的故事，到头来是"竹篮打水一场空"。很多上市公司在上市当年，持有的大多都是一些优质的实物资产，而后往往发生与控股股东进行资产置换的业务或是控股股东以持有的无形资产偿还其对上市公司的欠款的情形。在这些事项中，控股股东高估无形资产价值，"偷梁换柱"在所难免。

（1）无形资产的规模分析

解读无形资产，首先应对其总额进行数量判断，即将无形资产与资产总额进行比较。进行比较时应当结合行业、企业生产经营规模及企业生产经营生命周期。随着知识经济的到来，以电子信息技术为代表的高科技行业迅速崛起，企业的无形资产占资产总额的比重，传统行业（如商品流通企业、工业企业）较低，一般在10%以下，而高新技术企业较高，为30%左右。

（2）无形资产的确认分析

与有形资产相比，无形资产能够给企业带来未来经济利益的大小具有不确定性。这些无形资产的经济价值在很大程度上受企业的外部因素影响，预期的获利能力不能准确地加以确定。无形资产的取得成本不能代表其经济价值，一项取得成本很高的无形资产可能给企业带来较小的经济利益，而取得成本较低的无形资产则可能给企业带来较大的利益。对此，需要关注报表附注，分析无形资产的确认是否符合《企业会计准则——无形资产》规定的确认条件。

在资产负债表上作为无形资产列示的主要是企业从外部取得的无形资产。如果企业出现无形资产的不正常增加，则应关注是否是企业为了减少研究和开发支出对利润表的冲击而进行的一种处理。

（3）无形资产的类别比重分析

无形资产分为可辨认无形资产和不可辨认无形资产。可辨认无形资产包括专利权、非专利技术、商标权、著作权、土地使用权、特许权、电子计算机软件、网址和域名等；不可辨认无形资产是指商誉。一般而言，专利权、商标权、著作权、土地使用权、特许权等无形资产价值质量较高，且易于鉴定。如果企业的无形资产以非专利技术、商誉为主，则容易产生资产的"泡沫"。

【例3-10】根据相关资料（表3-17），对SYZG公司2015年度无形资产原值情况进行分析。

**表3-17　SYZG公司无形资产原值情况**

单位：万元

| 项　目 | 土地使用权 | 专营权 | 软件 | 专有技术 | 商标权 | 其他 | 合计 |
|---|---|---|---|---|---|---|---|
| 期初余额 | 263 391 | 14 418 | 33 965 | 127 098 | 101 030 | 4 316 | 544 218 |
| 本期增加 | 6 343 | | 2 054 | 27 815 | | | 36 212 |
| 本期减少 | 8 013 | 697 | 7 632 | 6 933 | 4 883 | 921 | 29 079 |
| 期末余额 | 261 721 | 13 721 | 28 387 | 147 980 | 96 147 | 3 395 | 551 351 |

由表3-17可知，SYZG公司2015年无形资产原值有所增加，主要表现在专有技术的增加。进一步分析可知，主要是公司内部研发确认为无形资产。2015年年末通过公司内部研发形成的无形资产占无形资产余额的比例为12.74%。

（4）表外无形资产分析

研究和开发支出的会计处理，并不能影响自创无形资产的成功与否。长期以来，企业已经自主研发成功的无形资产难以在资产负债表上出现，只能"游离"在资产负债表外。因此，历史较为悠久且重视研究和开发的企业，有可能存在多项已经成功并且能为企业未来的发展做出积极贡献的无形资产。此外，作为无形资产重要组成部分的人力资源和品牌资源，也不在资产负债表上体现。

（5）无形资产的减值准备

无形资产是一种技术含量很高的特殊资源，它的价值确认存在着高风险。风险是未来预期结果的不确定性程度，表现为高估无形资产的"泡沫"现象。当今世界新技术层出不穷，伴随新旧技术的更换，原有落伍的无形资产必然引发价值的贬损。企业会计制度规定，企业应定期对无形资产的账面价值进行检查，至少每年年末检查一次。其中，"定期"通常指每隔一年、半年或季度，具体由企业根据不同的要求来选择，但是任何企业至少应于每年年末对无形资产的账面价值进行检查。如果发现下述一种或数种情况，应对无形资产的可回收金额进行估计，并将该无形资产的账面价值超过可回收金额的部分确认为减值准备。

① 该无形资产已被其他技术所代替，使其为企业创造经济利益的能力受到重大不利影响。

② 该无形资产的市价在当期大幅下跌，在剩余摊销年限内预期不会恢复。

③ 其他足以证明该无形资产的账面价值已超过可回收金额的情况。

在这里，"可回收金额"是指以下两项金额中较大者：无形资产的销售净价，即该无形资产的销售价格减去因出售该无形资产所发生的律师费和其他相关税费后的余额；预期从无形资产的持续使用和使用年限结束时的处置中产生的预计未来现金流量的现值。

对此应于会计期末，分析资产减值准备明细表中无形资产的减值情况，并关注报表附注中有关无形资产的会计政策。

# 3.4  负债及所有者权益项目分析

## 3.4.1  负债项目分析

我国《企业会计准则——基本准则》在借鉴国际会计准则的基础上，将负债定义为："负债是指企业过去的交易或事项形成的、预期会导致经济利益流出企业的现时义务"。

现代市场经济是以信用为基本特征的经济形式，如果借款企业发生变现资产不足以偿付到期债务的问题，其偿债信誉会受到怀疑，该企业也就很难再从金融机构取得贷款，或从供货商处取得赊购优惠，从而大大影响其筹资能力，进而影响企业正常的生产经营活动。因此，偿债能力成为衡量企业财务实力的重要指标，用以揭示企业的财务风险情况。

### 1. 短期借款分析

短期借款是指企业向银行或其他金融机构借入的期限在一年以内的各种借款。企业借入短期借款的目的，一般是维持正常的生产经营活动。具有一定数量的短期借款，表明企业拥有较好的商业信用，获得了金融机构的有力支持。

对短期借款规模的分析，主要注意以下两点。

（1）与流动资产的规模相适应

从财务角度考察，短期借款筹资快捷，弹性较大。任何一个企业，在生产经营中都会发生或多或少的短期借款。但短期借款的目的就是维持企业正常的生产经营活动，因此短期借款应该尽量与当期流动资产相适应。一般而言，短期借款应当以流动资产的数额为上限。

（2）短期借款规模的变动

短期借款数量的多少往往取决于企业生产经营和业务活动对流动资金的需要量、现有流动资金的沉淀和短缺情况等。短期借款发生变化，其原因不外乎两个：生产经营的需要、企业负债筹资政策的变动。具体来说可能是以下几个方面的原因。

① 流动资产资金需要，特别是临时性占用流动资产需要发生变化。当季节性或临时性需要产生时，企业就可能通过举借短期借款来满足其资金需要；当这种季节性或临时性需要消除时，企业就会偿还这部分短期借款，从而造成短期借款的变动。

② 节约利息支出。一般来讲，短期借款的利率低于长期借款和长期债券的利率，举借短期借款相对于长期借款来说，可以减少利息支出。

③ 调整负债结构和财务风险。企业增加短期借款，可以相对减少对长期负债的需求，使企业负债结构发生变化。相对于长期负债而言，短期借款具有风险大、利率低的特点，负债结构变化将会引起负债成本和财务风险发生相应的变化。

④ 增加企业资金弹性。短期借款可以随借随还，有利于企业对资金存量进行调整。

由报表附注可知，SYZG 公司 2015 年短期借款变动主要系在调整借款币种结构过程中增加了短期借款。

**2. 应付账款分析**

应付账款是指企业因赊购材料、商品或接受劳务供应等而应付给供应单位的款项。应付账款是企业在采购业务中较普遍的一项流动负债，它是一种商业信用行为。与应付票据相比，它是以企业的商业信用作为保证的。

分析应付账款的规模时应注意以下问题。

（1）应付账款的质量界定

判断企业应付账款的质量应与存货相联系，在企业供货商赊销政策一定的条件下，企业的应付账款规模应该与企业的采购规模保持一定的对应关系，且应付账款一般不应高于存货。在企业产销较为平稳的条件下，企业的应付账款规模还应该与企业的营业收入保持一定的对应关系。企业的应付账款平均付账期应保持稳定。但是，如果企业的购货和销售状况没有发生很大的变化，企业的供货商也没有主动放宽赊销的信用政策，则企业应付账款规模的不正常增加、应付账款平均付账期的不正常延长，就是企业支付能力恶化、资产质量恶化、利润质量恶化的表现。对此，应当结合行业、企业生产经营规模、企业经营生命周期及企业的信用政策来分析。一般而言，对于成长型企业，应付账款较少；而对于成熟型企业，应付账款则较多。

（2）应付账款规模的变动

企业应付账款规模变动的原因主要有以下几点。

① 企业销售规模的变动。当企业销售规模扩大时，会增加存货需求，使应付账款债务规模扩大，反之会使其降低。

② 为了充分利用无成本资金。应付账款是因商业信用产生的一种无资金成本或资金成本极低的资金来源，企业在遵守财务制度、维护企业信誉的条件下充分加以利用，可以减少其他筹资方式的筹资数量，节约利息支出。

③ 提供商业信用企业的信用政策发生变化。如果供应商放宽信用政策和收账政策，企业应付账款的规模就会大些，反之就会小些。

④ 企业资金的充裕程度。企业资金相对充裕，应付账款的规模就小些，当企业资金比较紧张时，就会影响应付账款的支付。

### 3. 其他应付款分析

财务报表分析者应关注会计报表的"聚宝盆"——其他应付款。另外，其他应付款也常常被写作调节各期收入和利润的"调节器"，即当收入多的时候，先在这儿存放，以备不景气的年度使用。

（1）其他应付款的内容分析

通常情况下，其他应付款只核算企业应付其他单位或个人的零星款项，如应付经营租入固定资产和包装物的租金、存入保证金、应付统筹退休金等。这些暂收应付款构成了企业的一项非经常性负债。然而，其他应付款这个科目金额较大，明细更是鱼龙混杂，有许多企业将很多不该放进的费用都往里填[①]。例如，某公司将预提的上交管理费挂账达 3 年之久，根据调查，这笔所谓的"上交管理费"已经没有了"婆家"，显然是企业的一笔不需支付的收入，然而该公司依旧不屈不挠地将这 4.7 万元转入"其他应付款"。经调查，被调查企业"其他应付款"中长期挂账的款项竟占了 5 成，有的企业找不到支付的对象不核销而挂账；有的企业购物时享受折扣，而企业仍将这笔不需支付的折扣挂了账；有的企业变卖边角料取得的收入也计入"其他应付款"，其实这笔钱已经进入了企业的"小金库"。

因为其他应付款常常会隐瞒收入，所以分析人员应将其他应付款明细科目与应收账款明细科目互相核对。如果发现其他应付款中的债权人实际上是购买公司产品的购货方，则应进一步审查这是否意味着公司有隐瞒收入的行为。

（2）关联方分析

这里一个特殊的例子是蓝田股份。与其他上市公司的控股股东占用上市公司资金，

---

① 吴革. 跨越财务报告陷阱. 北京：文津出版社，2004.

导致上市公司其他应收款数额巨大相反，蓝田股份反倒是占用了中国蓝田总公司等关联方巨额资金。对此，分析者应注意是否存在不合理的拆借。

### 4. 预收账款分析

预收账款是指企业商品销售尚未发生或劳务尚未提供，而向购货方收取的货款或定金。分析预收账款项目应关注的要点如下。

（1）预收账款的内容

判断企业预收账款的质量主要用企业经营的生命周期进行衡量。在实际工作中，一些企业违反会计制度，往往利用预收账款项目调整企业的当期损益，逃避税收。例如，企业在完成销售或收到货款后，为逃税而不作收入处理，将其挂入"预收账款"之中。对此，应严加关注和防范。

（2）预收账款是一种"良性"债务

一般而言，预收货款是一种"主动"的债务，它表明收款企业的产品结构和销路较好，生产的产品供不应求，也意味着该企业具有较好的未来盈利能力和偿债能力。

（3）实物清偿

预收账款是一种特殊的债务，在偿付时不是以现金支付，而要以实物支付，如存货。

由报表附注可知，SYZG 公司 2015 年预收账款变动主要系公司销售不景气导致销售规模下降，预收货款相应减少。

### 5. 长期借款分析

长期借款是指企业向银行或其他金融机构借入的期限在一年以上的各项借款。有一定数量的长期借款，表明企业获得了金融机构的有力支持，拥有较好的商业信用和比较稳定的融资渠道。对长期借款进行分析时应注意以下几点。

（1）与固定资产、无形资产的规模相适应

长期借款的目的是满足企业扩大再生产的需要。金融机构对于发放此项信贷有明确的用途和控制，因此长期借款必须与当期固定资产、无形资产的规模相适应。一般而言，长期借款应当以小于固定资产与无形资产之和的数额为上限；否则，企业有转移资金用途之嫌，如将长期借款用于炒股或期货交易。

（2）与企业当期收益相适应

长期借款使企业在一定时期内形成了一项固定的利息费用。对此，应注重其产出是否大于投入，即资金运用收益是否高于借款利率，可利用财务杠杆进行分析。

（3）长期借款利息费用的处理

与短期借款相比，长期借款除借款期限较长外，其不同点还体现在对借款利息费用的处理上。企业会计准则规定，长期借款的利息费用，应当按照权责发生制原则的要求，按期预提计入所购建资产的成本（即予以资本化）或直接计入当期损益（即予以费用化）。由于长期借款利息费用数额较大，直接影响资产账面价值和当期损益的高低。

因此必须关注报表附注中关于借款费用的会计政策，分析长期借款利息费用的会计处理（资本化或费用化）的合理性。

由报表附注可知，SYZG 公司 2015 年长期借款减少主要系偿还借款和部分长期借款即将到期转入一年内非流动负债列示所致。

### 6. 预计负债分析

只有在明确或有负债概念的基础上，才能更好地理解预计负债的内涵。我国《企业会计准则第 13 号——或有事项》中，或有负债被定义为："或有负债，是指过去的交易或者事项形成的潜在义务，其存在须通过未来不确定事项的发生或不发生予以证实；或过去的交易或者事项形成的现时义务，履行该义务不是很可能导致经济利益流出企业或该义务的金额不能可靠计量。"

与或有事项相关的义务同时满足下列条件的，应当确认为预计负债：

① 该义务是企业承担的现时义务；

② 履行该义务很可能导致经济利益流出企业；

③ 该义务的金额能够可靠计量。

与负债相比，或有负债、预计负债在确认和计量上更为复杂。因为后两者的存在与否及金额、受款人和偿付日期主要取决于有关的未来事项是否发生，因此带有很大的不确定性。如果未来事项确定发生，或有负债就成为一项实际的负债；如果未来事项不发生，这种债务义务就不存在。本着传统的稳健性原则，对或有负债进行确认和披露是必要的，不过或有负债的确认和计量要比负债更为复杂。

随着市场经济的发展，或有事项这一特定的经济现象已越来越多地存在于企业的经济活动中，给企业的财务状况和经营成果带来了很大的不确定性。或有负债的形式有：商业票据背书转让或贴现、未决诉讼、未决仲裁、产品质量保证、为其他单位提供债务担保、应收账款抵押等。或有负债由于其债务取决于未来的不确定性事项，从而使或有负债的确认出现很大弹性，公司财务报告分析者要谨慎对待或有事项[①]。分析或有负债要注意以下几点。

① 有的公司故意向投资者隐瞒或有事项的存在。例如，我国某上市公司曾于 2003 年、2004 年发生对外贷款担保事项，累计对外担保金额 2.03 亿元，隐瞒担保的数额是净资产的 1.5 倍。公司对上述重大事件并未及时披露。

② 有的公司将或有事项的披露分散在年报中或中报的几个部分中。例如，我国某上市公司在或有事项一栏无披露事项，但在承诺事项中，披露为子公司贷款担保 8 100 万元，为其他单位贷款担保 4.34 亿元，共计 5.15 亿元（占净资产比例将近 50%），这就需要分析人员认真阅读财务报告的有关内容。

由报表附注可知，SYZG 公司 2015 年预计负债变动主要系公司本期负有回购义务

---

① 吴革．跨越财务报告陷阱．北京：文津出版社，2004.

的按揭及融资租赁担保余额大幅减少，计提的准备金相应减少，以及计提的产品质量保证金减少所致。

## 3.4.2　所有者权益项目分析

我国《企业会计准则——基本准则》中规定："所有者权益是指企业资产扣除负债后由所有者享有的剩余权益。公司的所有者权益又称为股东权益。""所有者权益的来源包括所有者投入的资本、直接计入所有者权益的利得和损失、留存收益等。"对于股份制企业而言，所有者权益即股东权益。

由此可见，股东权益的定义与计量一般从属于资产和负债的定义与计量，尤其是在资产已经确定之后，所有者权益就取决于负债的确认和计量，因为它表示一种资产减负债之后的"剩余权益"。当然，这种定义方式可能导致将某些不能被列为负债的要求权均归为所有者权益，而其中可能包含某些不完全具备企业的所有者权利的项目，如优先股权和少数股东权益等。这些项目实际上是所有者权益和负债的混合体，或者可以看成是介于两者之间的另一类要求权。

股东权益可以反映企业资本来源，有助于向股东、债权人等提供有关资本来源、净资产的增减变动、分配能力等对其决策有用的信息。分析股东权益时应注意以下两个问题。

（1）总量判断

资产总额代表了一个企业的生产经营规模。掌握一个企业的资产总额固然重要，但更要关注其净资产有多少，因为净资产表明企业生产经营的最终结果。

（2）结构判断

分析者可将该项目分为内部和外部两大类，然后进行期末与期初的配比。实收资本和资本公积来源于企业外部（股东）的资本投入，而盈余公积和未分配利润则来源于企业内部（经营者）的资本增值，也称留存收益。外部所有者权益的增长，只能说明投资额的加大，代表了企业外延式扩大再生产的能力，而内部所有者权益的持续增长才意味着企业经营者的资本保值增值能力，才体现企业拥有充裕的自有资金和良好的偿债能力，代表了企业内涵式扩大再生产的能力。

在基本确认了股东权益的数额后，还需对股东权益各个项目进行具体分析。

### 1.股本分析

股本（或实收资本）是指投资者按照企业章程或合同、协议的约定实际投入企业的资本。企业资本的来源及其运用受企业组织形式、相关法律的约束较多。分析股本的规模应注意以下3个问题。

（1）实收资本的总额

企业进行生产经营必须具备一定的物质基础，而报表上的实收资本揭示了一个企业生产经营的物质基础。一般来说，资本总额越大，企业的物质基础就越雄厚，经济实力就越强。同时，资本总额也是一定经营领域的准入"门槛"。我国《企业法人登记管理条例》规定，企业申请开业，必须具备符合国家规定并与其生产经营和服务规模相适应的资金数额。我国《公司法》规定，在有限责任公司中，以生产经营或商品批发为主的公司，其注册资本不得少于50万元，以商品零售为主的公司，其注册资本不得少于30万元，科技开发、咨询、服务性公司，其注册资本不得少于10万元，而股份有限公司注册资本的最低限额为1 000万元，上市公司资产总额（注册资本）不得少于5 000万元。

（2）实收资本与企业注册资本的配比

注册资本是企业承担有限责任的根本保障。我国《民法通则》规定，设立企业法人必须要有一定的财产。因此我国设立企业采用注册资本制，投资者出资达到法定注册资本的要求是企业设立的先决条件。而根据注册资本制的要求，企业会计核算中的实收资本即为法定资本，应当与注册资本相一致，企业不得擅自改变注册资本数额或抽逃资金。投入资本是投资者实际投入企业的资金数额，一般情况下，投资者的投入资本，即构成企业的实收资本，也正好等于其在登记机关的注册资本。若实收资本远远低于注册资本，需进一步阅读报表附注及公司合同的有关说明，是否为注册资本不到位或者抽逃注册资本，对此应予以高度重视。

（3）考察股东权益内部的股东持股构成状况与企业未来发展的适应性

在对公司进行分析时，要首先了解公司的控股股东的情况及公司所属子公司情况，了解控股股东的控股比率、公司对控股股东的重要性、控股股东所拥有的其他资产及控股股东的财务状况等。按照企业股权持有者对企业的影响程度，一般可以将企业的股东分为控制性股东、重大影响性股东和非重大影响性股东三类。控制性股东有权决定一个企业的财务和经营政策；重大影响性股东则对一个企业的财务和经营决策有参与决策的权利。因此，控制性股东、重大影响性股东将决定企业未来的发展方向。在对企业股东权益进行分析时必须关注企业的控制性股东、重大影响性股东的背景状况：谁在控制（或重大影响）着某一特定企业？控制（或重大影响）某一特定企业的股东有没有能力将企业引向光明的未来？

**2. 资本公积分析**

资本公积是企业一种储备形式的资本，其来源主要包括资本（股本）溢价及直接计入所有者权益的利得和损失等。通过对资本公积进行分析，可以全面反映企业资本公积的结构和形成，为正确决策提供可靠依据。分析资本公积项目应注意以下问题。

（1）资本公积项目与股本（或股东权益总额）配比

由于资本公积是所有者权益的有机组成部分，而且它通常会直接导致企业净资产的增加，因此资本公积的信息对于投资者、债权人等财务信息使用者的决策十分重要。若前者数额过大，应进一步了解资本公积的构成。资本公积包括资本（或股本）溢价；采用权益法核算长期股权投资的企业，在持股比例不变的情况下，确认被投资单位除净损益以外所有者权益的其他变动中归属本企业的利得或损失；企业将自用建筑物转换为采用公允价值模式计量的投资性房地产时，转换当日的公允价值大于账面价值产生的利得；可供出售金融资产公允价值变动形成的利得或损失等。在实际工作中，有的企业为了小集团的利益，在不具备法定资产评估条件的情况下，通过虚假评估来虚增净资产，以达到粉饰企业财务指标（如资产负债率、每股净资产）和企业信用形象的目的。

（2）资本公积的用途

根据我国《公司法》等法律的规定，资本公积的用途主要是转增资本（或股本）。资本公积从本质上讲属于投入资本的范畴，由于我国采用注册资本制度等原因导致了资本公积的产生，所以将资本公积转增资本可以更好地反映所有者的权益。

资本公积转增资本虽然没有改变企业的所有者权益（净资产）总额，但是资本公积转增资本可以改变企业投入资本的结构，体现企业稳健、持续发展的潜力。因为企业股本不能用于投资者的分配或者用于弥补亏损。对于股份有限公司而言，它会增加投资者持有的股份，从而增加公司股份的流通量，进而可以激活股价，提高股票的交易量和资本的流动性。

（3）资本公积转增资本的来源

为了避免虚增资产，误导决策，有必要分析资本公积转增资本的来源，考察其合理性。

### 3. 盈余公积分析

对盈余公积进行分析，首先应明确其含义和种类。盈余公积是指企业按照规定从税后利润中提取的企业留利。盈余公积可分为两种：法定盈余公积，按税后利润的10%提取，在此项公积已达到注册资本的50%时企业可不再提取；任意盈余公积（主要是公司制企业提取此项基金），按股东会决议提取。

对盈余公积进行分析时应注意以下问题。

（1）总量判断

由于盈余公积是在企业净利润中形成的，主要用于企业维持或扩大再生产经营活动的资金需要。因此一般而言，盈余公积越多越好。根据我国《公司法》的规定，计提法定盈余公积累计达到注册资本的50%时，可不再提取。

（2）结构判断

分析盈余公积的有机构成的意义在于可以了解企业的意图，如任意盈余公积所占比重较大，说明企业意在加强积累，谋求长远的效益。

（3）用途合理性判断

将盈余公积的期末数与期初数配比，若盈余公积期末数额大大少于期初数额，则需进一步分析盈余公积用途的合理性。

① 弥补亏损。根据企业会计制度和有关法规的规定，企业发生亏损，可用发生亏损后五年内实现的税前利润来弥补；当发生的税前利润五年内仍不足弥补的，应使用随后实现的所得税后利润弥补。通常企业发生的亏损在所得税后利润仍不足弥补的，可以用提取的盈余公积来弥补，但是盈余公积弥补亏损应当由董事会提议，股东大会批准，或有类似的机构批准。

② 转增资本（或股本）。当企业提取的盈余公积累计比较多时，可以将盈余公积转增资本（或股本），但是必须经股东大会或类似机构批准。而且用盈余公积转增资本（或股本）后，留存的盈余公积不得少于注册资本的25％。

③ 发放现金股利或利润。在特殊情况下，当企业累积的盈余公积比较多，而未分配利润比较少时，为了维护企业形象，给投资者以合理的回报，对于符合规定的企业，也可以用盈余公积分派现金利润或股利。因为盈余公积从本质上讲是由收益形成的，属于资本增值部分。

**4. 未分配利润分析**

未分配利润是企业实现的净利润经过弥补亏损、提取盈余公积和向投资者分配利润后留存在企业的历年的结存利润。未分配利润通常用于留待以后年度向投资者进行分配。由于未分配利润相对于盈余公积而言，属于未确定用途的留存收益，所以企业在使用未分配利润上有较大的自主权，受国家法律和法规的限制比较少。分析未分配利润时应注意以下几点。

① 未分配利润是一个变量，可能是正数（未分配的利润），也可能是负数（未弥补的亏损），可将该项目的期末数与期初数配比，以观察其变动曲线和发展趋势。

② 对资产负债表上未分配利润项目的时间界定，应平分为（1—11月份）与年终利润分配后（12月份）两部分来解读。平时该项目由企业的年初未分配利润与本年利润两部分构成，而年终利润分配后该项目是利润分配后的余额，以此进一步分析和揭示企业财务状况。

③ 现金股利分析。出于保护中小股东利益和培育上市公司分配回报机制的目的，中国证监会规定发行审核委员会审核上市公司再融资申请，应当关注公司上市以来最近3年历次分红派息情况，特别是现金分红占可分配利润的比例及董事会对于不分配所陈述的理由。因此对于我国近年来上市公司的"派现热"，投资者应理性看待，需要注意以下事项：根据有关政策，分红派现是上市公司再融资的条件之一，所以有些公司的派现目的往往是为了再融资；"分红"成为大股东套现的一种手段；分配现金股利也是有些公司为提高净资产收益率而使用的手段。

# 本章小结

资产负债表是反映企业某一特定日期财务状况的财务报表。

资产负债表分析一般遵循以下基本步骤：①了解企业的经济环境和业务特征；②确认企业关键会计政策并分析会计政策弹性；③进行资产负债表的比较分析，包括水平分析、垂直分析和趋势分析；④进行资产负债表的项目分析。

资产负债表水平分析的目的之一就是从总体上概括了解资产、权益的变动情况，揭示资产、负债和所有者权益变动的差异，分析其差异产生的原因。

资产负债表垂直分析，又称作资产负债表结构分析，是通过计算资产负债表中各项目占总资产或权益总额的比重，分析、评价企业资产结构和权益结构变动的合理程度。

资产负债表趋势分析，即是将资产负债表各项目连续几年或几个时期的数据进行对比，以分析各有关项目的变动情况和趋势。

资产负债表项目分析，即是在全面分析的基础上，对资产负债表各项目进行深入分析，包括会计政策、会计估计等变动对相关项目的影响，项目发生变动的可能原因，项目被人为操纵的可能性分析等。

货币资金分析的主要内容有：货币资金的规模分析和货币资金变动原因分析。

以公允价值计量且其变动计入当期损益的金融资产分析的主要内容有：风险性分析；调节货币资金分析和持有的目的性分析。

应收账款的分析具体来说可以从以下几方面进行：应收账款规模合理性分析；应收账款规模变动原因分析；应收账款账龄分析；应收账款的债务人分析和坏账准备计提的合理性分析。

存货分析的主要内容有：存货真实性分析；存货的结构分析；存货的计价和存货跌价准备分析。

长期股权投资分析的主要内容有：长期股权投资持有目的分析；长期股权投资年度内重大变化分析；长期股权投资收益确认方法分析和长期股权投资减值准备分析。

　　固定资产分析的主要内容有：固定资产的规模分析；固定资产的结构分析；固定资产折旧的计提分析和固定资产减值分析。

　　无形资产分析的主要内容有：无形资产的规模分析；无形资产的确认分析；无形资产的类别比重分析；表外无形资产分析和无形资产的减值准备分析。

　　短期借款的规模分析应注意以下两点：借款规模与流动资产的规模相适应；短期借款规模的变动情况。

　　应付账款分析包括应付账款的质量界定和应付账款的规模变动分析。

　　长期借款分析的主要内容有：与固定资产、无形资产的规模相适应；与企业当期收益相适应和长期借款利息费用的处理。

　　分析所有者权益项目时应着重分析其质量，尤其注意以下问题：考察股东权益内部的股东持股构成状况与企业未来发展的适应性；现金股利的合理性。

# 练 习 题

## 一、单项选择题

1. 下列项目中，不属于长期资产项目的是（　　）。

　　A. 固定资产

　　B. 无形资产

　　C. 以公允价值计量且其变动计入当期损益的金融资产

　　D. 长期投资

2. 进行资产结构与变动分析，应采用（　　）。

　　A. 水平分析法　　　　　　　　　　B. 垂直分析法

　　C. 趋势分析法　　　　　　　　　　D. 比率分析法

3. 下列不属于投资性房地产范畴的是（　　）。

　　A. 职工用宿舍　　　　　　　　　　B. 已出租的土地使用权

　　C. 出租的厂房　　　　　　　　　　D. 出租的闲置办公楼

4. 下列选项中，不属于货币资金变动原因的是（　　）。

　　A. 为大笔支出做准备　　　　　　　B. 信用政策变动

　　C. 销售规模变动　　　　　　　　　D. 将库存现金存入银行

5. 下列经营行为中，不会引起固定资产增加的是（　　）。

　　A. 投资转入　　　　　　　　　　　B. 自行购入

C. 融资租入　　　　　　　　　　　　D. 盘亏

## 二、多项选择题

1. 以下各项属于应收账款变动原因的有（　　　）。

    A. 企业销售规模变动　　　　　　　B. 信用政策改变

    C. 收账政策改变　　　　　　　　　D. 巨额冲销

    E. 关联方占用

2. 导致长期股权投资账面价值发生变动的因素有（　　　）。

    A. 进行投资　　　　　　　　　　　B. 转让投资

    C. 追加投资　　　　　　　　　　　D. 因权益法确认投资收益

    E. 收回投资

3. 在对下列资产项目进行分析时，应关注其资产减值准备计提情况的有（　　　）。

    A. 存货　　　　　　　　　　　　　B. 长期股权投资

    C. 以公允价值计量且其变动计入当期损益的金融资产

    D. 固定资产　　　　　　　　　　　E. 应收账款

4. 企业货币资金发生增减变动，可能基于以下原因（　　　）。

    A. 销售规模的变动　　　　　　　　B. 信用政策的变动

    C. 坏账准备计提方法的变化　　　　D. 为大笔现金支出做准备

    E. 存货盘存制度的变化

5. 导致企业短期借款规模的变动原因可能是（　　　）。

    A. 临时性流动资金占用额提高　　　B. 降低资本成本

    C. 调整负债结构　　　　　　　　　D. 长期资产的构建

    E. 增加资金弹性

## 三、判断题

1. 企业持有一定量的货币资金的目的是满足交易性、投机性和预防性的需要。（　　　）

2. 企业资产负债表的水平分析是为了评价企业资产结构的变动情况及变动的合理性。（　　　）

3. 对应收账款的债务人进行分析时不需要考虑企业债务人的集中程度。（　　　）

4. 对存货的真实性进行分析应进一步结合企业的内部控制制度。（　　　）

5. 企业的长期借款要与固定资产、无形资产的规模相适应，一般情况下，企业的长期借款应该高于固定资产和无形资产之和。（　　　）

## 四、简答题

1. 在分析以公允价值计量且其变动计入当期损益的金融资产时应关注哪些内容？

2. 对企业的往来款进行分析时，应注意哪些问题？

3. 存货计价变化对企业财务状况有哪些影响?

4. 利用或有事项进行舞弊,常见的手法有哪些?

## 五、计算分析题

1. 资产负债表分析

分析资料:某公司 2016 年资产负债表(见表 3-18)。

分析要求:对该公司资产负债表进行水平分析和垂直分析。

### 表 3-18　资产负债表

编制单位:　　　　　　　　　　　2016 年 12 月 31 日　　　　　　　　　　　单位:万元

| 资　产 | 期初 | 期末 | 负债及所有者权益 | 期初 | 期末 |
|---|---|---|---|---|---|
| 流动资产 | 35 | 30 | 流动负债 | 15 | 19 |
| 其中:速动资产 | 8 | 5 | 非流动负债 | 25 | 21 |
| 固定资产净值 | 22 | 20 | 股本 | 50 | 60 |
| 无形资产 | 33 | 30 | 资本公积 | 10 | 0 |
| | | | 未分配利润 | —10 | —20 |
| 总计 | 90 | 80 | 总计 | 90 | 80 |

2. 存货项目分析

分析资料:A 公司 2016 年报表附注提供的存货资料(见表 3-19)。

分析要求:分析 A 公司 2016 年的存货结构及其变动情况。

### 表 3-19　存货明细表

单位:万元

| 项　目 | 2015 年 12 月 31 日 | | 2016 年 12 月 31 日 | |
|---|---|---|---|---|
| | 金　额 | 跌价准备 | 金　额 | 跌价准备 |
| 材料 | 122 217 | | 123 518 | 2 354 |
| 在产品 | 26 850 | | 17 939 | |
| 产成品 | 3 045 | | 7 524 | |
| 合　计 | 152 112 | | 148 981 | 2 354 |

3. 某公司 2015 年年末和 2016 年年末的比较资产负债表有关数据如表 3-20 所示。

### 表 3-20　资产负债表

单位:万元

| 项　目 | 2015 年 | 2016 年 | 变动额 | 变动率 |
|---|---|---|---|---|
| 流动资产: | | | | |
| 速动资产 | 30 000 | 28 000 | | |
| 存货 | 50 000 | 62 000 | | |

续表

| 项　　目 | 2015 年 | 2016 年 | 变动额 | 变动率 |
|---|---|---|---|---|
| 流动资产合计 | 80 000 | 90 000 | | |
| 固定资产净额 | 140 000 | 160 000 | | |
| 资产总计 | 220 000 | 250 000 | | |
| 负债： | | | | |
| 流动负债 | 40 000 | 46 000 | | |
| 长期负债 | 20 000 | 25 000 | | |
| 所有者权益： | | | | |
| 实收资本 | 130 000 | 130 000 | | |
| 盈余公积 | 18 000 | 27 000 | | |
| 未分配利润 | 12 000 | 22 000 | | |
| 所有者权益合计 | 160 000 | 179 000 | | |
| 负债及权益合计 | 220 000 | 250 000 | | |

要求：

(1) 将以上比较资产负债表填写完整；

(2) 分析总资产项目变化的原因；

(3) 分析负债项目变化的原因；

(4) 分析所有者权益项目变化的原因；

(5) 指出该公司应该采取的改进措施。

## 六、综合题

T 公司为一家上市公司，1999 年至 2002 年的经营业绩经历了翻天覆地的变化（如表 3 - 21 所示）。2000 年的销售收入和净利润分别达到 50 419 万元和 24 191 万元，与 1999 年相比，增幅分别为 177% 和 197%。然而，2001 年 T 公司的经营业绩却发生了"变脸"，销售收入锐减至 10 043 万元，净利润跌至 -58 412 万元。2002 年，T 公司"起死回生"，销售收入增至 16 099 万元，实现了净利润 1 642 万元。

T 公司的经营业绩在 2000 年达到历史最高水平，主要原因是在 2000 年 9 月该公司以 31 800 万元向 ZHC 公司购买了"奇圣胶囊"的全部生产及经销权。然而，好景不长。2001 年，T 公司的经营业绩跌入了低谷，其主要原因：一是"奇圣胶囊"的销售收入锐减，且 2000 年销售的 2.77 亿元"奇圣胶囊"中有近一半发生了"退货"（实际上 2000 年确认了虚假的销售）；二是该公司在 2001 年年末对"奇圣胶囊"的摊余价值 28 090 万元全额计提了减值准备。到了 2002 年，T 公司成功地"扭亏为盈"，实现了 1 642万元的净利润。

那么，"奇圣胶囊"到底价值几何？T 公司的年度报告显示，"奇圣胶囊"转让之前在

ZHC 公司账面上的余额为 1 245 万元，2000 年 6 月 T 公司和 ZHC 公司聘请一家知名评估事务所对"奇圣胶囊"的评估结果为 44 300 万元，评估增值高达 3 458％，2000 年 9 月，T 公司和 ZHC 公司达成的转让价格为 31 800 万元（相当评估值的 71.78％），2000 年和 2001 年这项无形资产的摊余价值分别为 31 270 万元和 0。不到两年的时间，"奇圣胶囊"的价值发生如此天翻地覆的变化，足见无形资产的"魔力"，T 公司"善用"无形资产会计政策更是令人叹为观止。表 3-21 是 T 公司 1999—2002 年的经营业绩。

**表 3-21　T 公司 1999—2002 年经营业绩**

单位：万元

| 项　　目 | 1999 年 | 2000 年 | 2001 年 | 2002 年 |
| --- | --- | --- | --- | --- |
| 销售收入 | 28 485 | 50 419 | 10 043 | 16 099 |
| 净利润 | 8 145 | 24 191 | −58 412 | 1 642 |

要求：

（1）T 公司 2000 年以来销售收入和净利润所发生的巨大变化与该公司购入"奇圣胶囊"业务之间存在什么关系？

（2）T 公司在 2001 年年末对"奇圣胶囊"摊余价值全额计提减值准备这一处理方式对 T 公司 2001 年财务报表造成了什么影响？对 2002 年财务报表有影响吗？

# 第4章

# 利润表分析

学习目标：
- 了解利润表分析的内涵与意义；
- 掌握利润表水平分析、垂直分析和趋势分析的基本原理；
- 掌握利润表项目分析的基本方法；
- 了解甄别利润表操纵的一般方法。

## 引 例

### 万福生科财务舞弊案例

万福生科公告的《首次公开发行股票并在创业板上市招股说明书》披露，2008年、2009年、2010年的营业收入分别为22 824万元、32 765万元、43 359万元，营业利润分别为3 265万元、4 200万元、5 343万元，净利润分别为2 566万元、3 956万元、5 555万元。事实上，万福生科为了达到公开发行股票并上市条件，2008年至2010年分别虚增销售收入12 262万元、14 966万元、19 074万元，虚增营业利润2 851万元、3 857万元、4 590万元。扣除上述虚增营业利润后，万福生科2008年至2010年扣除非经常性损益的净利润分别为—332万元、—71万元、383万元。公司上市后，《2011年年度报告》及《2012年半年度报告》中披露公司2011年营业收入为55 324万元，2012年上半年营业收入为26 991万元。经查，万福生科2011年虚增销售收入28 681万元，2012年上半年虚增销售收入16 549万元。且2012年年初，万福生科下属糖厂、米厂和油厂停产，其糖品、大米等主营产品生产陷入停顿。然而，对主营业务处于停顿状态的事实，万福生科始终未予以披露。

万福生科的利润操纵案给我们带来的是震撼和迷惑，企业的财务造假手段从"小打小闹"到"无法无天"，让我们认识到"财务世界、无奇不有"。本章主要介绍利润表分析的基本原理。

经济环境将要从旧的以产品为中心、重视市场份额转向新的以客户和利润为中心。

——亚德里安·斯莱沃斯基

# 4.1　利润表分析概述

## 4.1.1　利润表分析的内涵

利润表是反映企业一定时期经营成果的会计报表。如果说资产负债表是一张"快照"，那么利润表就是记录了人们在两张"快照"之间做了些什么的一段"录像"。它反映了企业的收入、成本、费用、税收情况，揭示了企业利润的构成和实现过程。利润表是企业内外部利益相关者了解企业经营业绩的主要窗口，为企业分配利润和评价企业经营管理业绩提供重要依据，也是用来预测企业利润情况的基础。所以，利润表分析对了解企业有极其重要的作用。

因为利润在各种场合常常以评价标准的身份出现，所以企业出于各种不同动机，费尽心机地粉饰利润表，其根本目的就是能够按照个人意愿操纵利润。因此利润表往往是财务舞弊的"重灾区"。投资者和分析人员如不小心谨慎，就很有可能掉进利润"陷阱"。

对利润表进行分析是指以利润表为主要依据，对利润及其影响因素进行分析，以评价企业经营业绩、发现问题和向企业相关利益者提供真实业绩信息为目的的分析方法。

## 4.1.2　利润表分析的意义

利润表分析的意义如下。

（1）利润分析可正确评价企业各方面的经营业绩

由于利润受各环节和各方面的影响，因此通过不同环节的利润分析，可准确说明各环节的业绩。例如通过营业利润分析，不仅可以说明营业利润受哪些因素影响及影响程度，还可以说明是主观影响还是客观影响、是有利影响还是不利影响等，这对于准确评价各部门和环节的业绩是十分必要的。

（2）利润分析可及时发现企业经营管理中存在的问题

正因为分析不仅能找出成绩，而且还能发现问题，因此通过对利润表的分析，可以发现企业在各环节存在的问题或不足，为进一步改进企业经营管理工作指明方向。这有利于促进企业全面改善经营管理，促使利润不断增长。

（3）利润分析可为资金提供者的投资与信贷决策提供依据

由于企业产权关系及管理体制的变动，越来越多的人关心企业，尤其从经济利益的角度关心企业的利润。企业经营者是这样，投资者、债权者也是如此，他们通过对企业利润的分析，揭示企业的经营潜力及发展前景，从而做出正确的投资与信贷决策。另外，利润分析对于国家宏观管理者研究企业对国家的贡献也有重要意义。

## 4.1.3　利润表分析的步骤

利润表分析一般可以遵循以下基本步骤进行。

（1）利润表的比较分析

利润表的比较分析包括利润表水平分析、利润表结构分析和利润表趋势分析。

利润表水平分析，从利润的形成角度，反映利润额的变动情况，揭示企业在利润形成过程中的经营业绩及存在的问题。

利润表结构分析，主要是在对利润表进行垂直分析的基础上，揭示各项利润及成本费用与收入的关系，以反映企业的各环节的利润构成、利润及成本费用水平。

利润表趋势分析，即将利润表各项目连续几年或几个时期的数据进行对比，以分析各有关项目的变动情况和趋势。

（2）收入项目分析

收入是影响利润的重要因素。企业收入项目分析的主要内容包括了收入的确认与计量分析和企业收入操纵的常用手段分析等，并介绍了收入分析时应注意的关键要点。

（3）成本费用项目分析

成本费用项目分析主要是对企业的营业成本、销售费用、管理费用和财务费用等进行深入剖析，目的是判断成本、费用的发生、确认和计量的合理性，寻找降低成本、提高效益的途径。

# 4.2　利润表比较分析

## 4.2.1　利润表水平分析

　　利润表水平分析法是指通过将企业报告期的利润表数据与前期对比，揭示各方面存在的问题，为全面深入分析企业的利润情况奠定基础的一种分析方法。运用水平分析法，可以了解项目增减变动额度和幅度情况，从而发现可疑点。变动额度多少为异常应视企业收入基础确定，一般而言变动幅度如果超过20％则应视为异常，当然还必须考虑项目的性质。

　　【例4-1】（利润表水平分析）根据表1-5及相关资料，对SYZG公司利润表进行水平分析。

　　**1. 编制利润表水平分析表**

　　根据表1-5编制SYZG公司的利润表水平分析表如表4-1所示。

表 4-1　SYZG 公司利润表水平分析表

单位：万元

| 项　目 | 本期发生额 | 上期发生额 | 变动额 | 变动率/％ |
|---|---|---|---|---|
| 一、营业总收入 | 2 336 687 | 3 036 472 | −699 785 | −23.05 |
| 其中：营业收入 | 2 336 687 | 3 036 472 | −699 785 | −23.05 |
| 二、营业总成本 | 2 345 172 | 3 003 919 | −658 747 | −21.93 |
| 其中：营业成本 | 1 757 677 | 2 253 867 | −496 190 | −22.02 |
| 营业税金及附加 | 12 112 | 18 315 | −6 203 | −33.87 |
| 销售费用 | 193 928 | 287 217 | −93 289 | −32.48 |
| 管理费用 | 200 277 | 253 252 | −52 976 | −20.92 |
| 财务费用 | 132 122 | 123 035 | 9 087 | 7.39 |
| 资产减值损失 | 49 056 | 68 233 | −19 177 | −28.11 |
| 加：公允价值变动收益 | 28 236 | −1 527 | 29 763 | −1 949.12 |
| 投资收益 | −2 697 | 40 717 | −43 414 | −106.62 |
| 其中：对联营企业和合营企业的投资收益 | 6 248 | 2 321 | 3 927 | 169.16 |
| 三、营业利润 | 17 054 | 71 743 | −54 689 | −76.23 |
| 加：营业外收入 | 37 011 | 46 092 | −9 081 | −19.70 |
| 其中：非流动资产处置利得 | 2 920 | 5 240 | −2 320 | −44.28 |

续表

| 项　目 | 本期发生额 | 上期发生额 | 变动额 | 变动率/% |
|---|---|---|---|---|
| 减：营业外支出 | 42 076 | 19 322 | 22 754 | 117.76 |
| 　其中：非流动资产处置损失 | 22 190 | 5 510 | 16 680 | 302.69 |
| 四、利润总额 | 11 989 | 98 513 | −86 524 | −87.83 |
| 减：所得税费用 | −1 826 | 22 916 | −24 742 | −107.97 |
| 五、净利润 | 13 815 | 75 597 | −61 782 | −81.73 |
| 　归属于母公司所有者的净利润 | 13 859 | 70 921 | −57 062 | −80.46 |
| 　少数股东损益 | −44 | 4 676 | −4 720 | −100.94 |
| 六、其他综合收益的税后净额 | −88 835 | −46 101 | −42 734 | 92.70 |
| 七、综合收益总额 | −75 020 | 29 497 | −104 516 | −354.33 |
| 　归属于母公司所有者的综合收益 | −74 957 | 24 824 | −99 781 | −401.95 |
| 　归属少数股东的综合收益 | −63 | 4 673 | −4 736 | −101.35 |
| 八、每股收益 | | | | |
| （一）基本每股收益（元/股） | 0.018 | 0.093 | −0.075 | −80.65 |
| （二）稀释每股收益（元/股） | 0.018 | 0.093 | −0.075 | −80.65 |

**2. 利润表规模变动情况的分析评价**

利润表水平分析应抓住几个关键利润指标的变动情况，如净利润、利润总额和营业利润的变动额与变动幅度，再逐项分析导致这些利润指标变动的原因。如营业利润的增加可能是由于营业收入的增加，可能是营业成本和费用的减少，也可能是两者共同作用的结果，当然还有其他可能的情况；但营业收入的增加水平如果低于营业成本或者期间费用的增加水平，就说明企业成本控制较差或者费用发生不合理，从而导致盈利能力降低，企业应采取措施降低生产成本、控制期间费用，从而增强企业的盈利能力。

以下是对 SYZG 公司利润表变动情况进行的分析。

（1）净利润分析

净利润是指企业所有者最终取得的财务成果。从表 4 − 1 可以看出，该公司 2015 年实现净利润 1.38 亿元，比上年减少了 6.18 亿元，净利润大幅下降，降幅高达 81.73%。公司净利润减少主要是由利润总额比上年减少 8.65 亿元引起的，同时由于所得税减少 2.47 亿元，二者相抵，导致净利润减少了 6.18 亿元。进一步分析可以看出，公司营业总收入降幅为 23.05%，营业总成本也对应下降，但降幅为 21.93%，略低于营业总收入的降幅，因而公司净利润减少 8.65 亿元。

（2）利润总额分析

利润总额是反映企业全部财务成果的指标，它不仅反映企业的营业利润，而且反映企业的营业外收支情况。本例中公司利润总额下降了 8.65 亿元,关键原因是营业利润下降了 5.47 亿元,降幅为 76.23%;同时由于营业外收入减少 0.91 亿元,营业外支出增加近 2.28 亿元。这些因素共同作用下,利润总额减少了 8.65 亿元。

(3) 营业利润分析

营业利润是指企业营业收入与营业成本、税费、期间费用、资产减值损失、资产变动净损失、投资净损失之间的差额。它既包括企业的主营业务利润和其他业务利润,又包括企业公允价值变动净收益和对外投资的净收益,它反映了企业自身生产经营业务的财务成果。本例中公司本期营业利润减少主要是营业收入和营业成本减少幅度不同所致:营业收入比上年减少了 69.98 亿元,降幅为 23.05%,营业成本降低了 49.62 亿元,降幅为 22.02%,可以看出营业收入的降幅大于营业成本的降幅,是营业利润下降的原因之一,同时由于营业税金及附加、销售费用的减少,以及其他一些项目的增减变动,最终使营业利润减少了 5.47 亿元,降幅为 76.23%。当企业营业收入的降低水平高于营业成本的降低水平时,说明企业可能存在成本控制不合理的现象,因而企业在以后的年度应加强成本控制,增强企业的盈利能力。

需要说明的是,SYZG 公司主要从事工程机械的研发、制造、销售和服务。工程机械行业与宏观经济周期息息相关。2015 年,在国内外经济复苏推动力不足的形势下,受固定资产投资特别是房地产投资持续放缓的影响,工程机械行业的市场需求依然较为低迷,行业整体盈利水平低于预期。

## 4.2.2　利润表结构分析

利润表的结构分析是通过计算利润表中各项目占营业收入的比重或结构,反映利润表中的项目与营业收入的关系情况及其变动情况,分析、说明财务成果的结构及其增减变动的合理程度。通过各项目的比重,分析各项目在企业经营收入中的重要性。一般来说,项目比重越大,说明其重要程度越高,对总体的影响越大。将分析期各项目的比重与前期同项目比重对比,研究各项目的比重变动情况及取得的业绩和存在的问题。

【例 4-2】(利润表垂直分析)根据表 1-5 及相关资料,对 SYZG 公司利润表进行垂直分析。

1. 编制利润表垂直分析表

根据表 1-5 编制利润表垂直分析表如表 4-2 所示。

表 4-2　SYZG 公司利润表垂直分析表

| 项　　目 | 本期结构/% | 上期结构/% | 变动情况/% |
|---|---|---|---|
| 一、营业总收入 | 100.00 | 100.00 | 0.00 |
| 其中:营业收入 | 100.00 | 100.00 | 0.00 |

| 项　目 | 本期结构/% | 上期结构/% | 变动情况/% |
|---|---|---|---|
| 二、营业总成本 | 100.36 | 98.93 | 1.44 |
| 其中：营业成本 | 75.22 | 74.23 | 0.99 |
| 营业税金及附加 | 0.52 | 0.60 | −0.08 |
| 销售费用 | 8.30 | 9.46 | −1.16 |
| 管理费用 | 8.57 | 8.34 | 0.23 |
| 财务费用 | 5.65 | 4.05 | 1.60 |
| 资产减值损失 | 2.10 | 2.25 | −0.15 |
| 加：公允价值变动收益 | 1.21 | −0.05 | 1.26 |
| 投资收益 | −0.12 | 1.34 | −1.46 |
| 其中：对联营企业和合营企业的投资收益 | 0.27 | 0.08 | 0.19 |
| 三、营业利润 | 0.73 | 2.36 | −1.63 |
| 加：营业外收入 | 1.58 | 1.52 | 0.07 |
| 其中：非流动资产处置利得 | 0.12 | 0.17 | −0.05 |
| 减：营业外支出 | 1.80 | 0.64 | 1.16 |
| 其中：非流动资产处置损失 | 0.95 | 0.18 | 0.77 |
| 四、利润总额 | 0.51 | 3.24 | −2.73 |
| 减：所得税费用 | −0.08 | 0.75 | −0.83 |
| 五、净利润 | 0.59 | 2.49 | −1.90 |

### 2. 利润表结构分析评价

在利润表结构分析中，首先要看收入结构情况。如果营业收入中主营业务收入占的比重较大，说明企业的盈利主要来自主营业务，有利于企业的持续发展；如果企业的营业收入中其他业务收入或者营业外收入的比重较大，那么说明企业的收入是不稳定的，不利于企业利润的积累和长远发展。其次要看利润结构情况。在利润结构中，如果一个企业的利润主要来自经营利润（主营业务所创造的利润），说明企业的盈利状况是比较稳定和可持续的；如果利润主要是来自投资净收益、营业外收入等项目，那么企业的利润可能会因为这些收益的消失而发生巨大变化。此外，对利润组成中的其他收益进行粉饰也经常成为企业调节利润的手段。以下是对SYZG公司利润结构的分析，可从中发现影响利润变动的主要因素。

从表4-2可以看出企业本年度各项财务成果的构成情况。营业利润占营业收入的比重为0.73%，比上年的2.36%减少了1.63%；本年度利润总额的比重为0.51%，比上年的3.24%下降了2.73%；本年度净利润的比重为0.59%，比上年的2.49%减少了1.90%。可见，从企业利润的构成情况看，盈利能力比上年度都有所下降。至于各项财务成果比重下降的原因，从营业利润结构变动看，主要是营业成本及财务费用比重增长、投资收益比重下降所致，说明营业成本和财务费用上升、投资收益减少是降低营业利润比重的根本原因。但是利润总额比重下降的主要原因，除受营业利润影响外，还受营业外收支的影响，应结合营业外收支的具体明细作进一步分析。

## 4.2.3　利润表趋势分析

利润表趋势分析是将连续数期利润表上有关项目选用某一年为基期进行比较，计算趋势百分比，以反映利润表中各项目近几年的变动情况，从而揭示经营成果的变化和发展趋势。

【例4-3】（利润表趋势分析）根据表1-5及相关资料，对SYZG公司利润表进行趋势分析。

### 1. 编制利润表趋势分析表

根据表1-5编制利润表趋势分析表如表4-3所示。

#### 表4-3　SYZG公司利润表趋势分析表

单位：%

| 项　目 | 2015年 | 2014年 | 2013年 | 2012年 |
|---|---|---|---|---|
| 营业收入 | 49.90 | 64.84 | 79.71 | 100 |
| 营业成本 | 54.99 | 70.51 | 86.20 | 100 |
| 营业税金及附加 | 72.62 | 109.80 | 139.70 | 100 |
| 销售费用 | 48.80 | 72.27 | 76.60 | 100 |
| 管理费用 | 59.48 | 75.21 | 87.47 | 100 |
| 财务费用 | 97.26 | 90.57 | 23.92 | 100 |
| 投资收益 | -16.71 | 252.32 | -122.46 | 100 |
| 营业利润 | 2.80 | 11.77 | 45.06 | 100 |
| 加：营业外收入 | 36.73 | 45.74 | 83.97 | 100 |
| 减：营业外支出 | 187.49 | 86.10 | 63.90 | 100 |
| 利润总额 | 1.74 | 14.32 | 50.15 | 100 |
| 净利润 | 2.30 | 12.58 | 51.49 | 100 |

### 2. 利润表趋势分析评价

受宏观经济增速回落、固定资产投资特别是房地产投资持续放缓的影响，SYZG公司营业收入自2012年起一直下降，由2012年的100%持续下跌至2015年的49.9%，共下降了50.1个百分点，这主要是由于销售规模缩小导致营业收入大幅下跌所致。营业成本的下降和营业收入的下降基本上相匹配，由2012年的100%持续下跌至2015年的 54.99%，共下降了 45.01 个百分点，其下降幅度小于营业收入的下降幅度，因此带来了营业利润的相应减少。

总体来看，该公司的销售费用及管理费用也和营业成本一样大幅下降，说明该公司在销售规模下降的同时也在努力控制成本费用，从研发、工艺、制造、商务等方面全方位降低成本。尽管公司各项费用都在减少，但营业收入出现了更大幅度的减少，致使营业利润也出现了大幅下降，再加上营业外收支的一些影响，该公司的利润总额和净利润最终都大幅下降。

<h1 style="text-align:center">4.3 收入分析</h1>

**名人名言**

熟悉企业管理的人知道，所谓的成本、收入，会计中可以有很多操纵。有些企业本来亏损，会计上可以做成盈利；有些企业盈利，会计上可以做成亏损。

——张维迎，第十四届中国企业家成长与发展调查结果发布暨企业社会责任研讨会演讲，2007 年 4 月 14 日

## 4.3.1 收入的确认和计量

我国 2006 年颁布的《企业会计准则——基本准则》将收入定义为："收入是指企业在日常活动中形成的、会导致所有者权益增加的、与所有者投入资本无关的经济利益的总流入。"

一直以来，收入在财务报表分析中的地位和作用都是举足轻重的。精明的报表使用者在关注净利润的同时，还十分重视收入。作为利润表的首行项目，销售收入的重要性一点也不逊色于净利润，因为销售收入的规模及其成长性是评价上市公司财务业绩的关键所在。我国上市公司近年来曝光的财务丑闻中，利用收入确认操纵利润的案例屡见不鲜，银广夏、黎明股份、东方电子等就是典型的例证。所有这些均表明，收入确认是企业最经常采用的操纵伎俩。基于此，财务报表使用者在分析收入时，应当充分关注企业是否存在收入操纵行为，以免被误导或上当受骗[①]。

营业收入主要包括销售商品收入、提供劳务收入和让渡资产使用权收入。它们的确认应满足以下条件。

---

① 黄世忠．财务报表分析：理论·框架·方法与案例．北京：中国财政经济出版社，2007．

### 1. 销售商品收入

销售商品收入同时满足下列条件的，才能确认收入。

① 企业已将商品所有权上的主要风险和报酬转移给买方。

② 企业既没有保留通常与所有权相联系的继续管理权，也没有对已售出的商品实施有效控制。

③ 收入的金额能够可靠计量。

④ 与交易相关的经济利益很可能流入企业。

⑤ 相关的已发生或将发生的成本能够可靠计量。

企业应该根据交易实质来确定应否确认收入，收入属于本期的要按照收入确认原则确认为本期的收入，不属于本期的不能确认为本期的收入；坚决杜绝企业为操纵利润而进行的提前和推后确认收入的行为。

### 2. 提供劳务收入

企业在资产负债表日提供劳务交易的结果能够可靠估计的，应当采用完工百分比法确认提供劳务收入。完工百分比法是指按照提供劳务交易的完工进度确认收入和费用的方法。

提供劳务交易的结果能够可靠估计，是指同时满足下列条件。

① 收入的金额能够可靠计量。

② 相关的经济利益很可能流入企业。

③ 交易的完工进度能够可靠确定。

④ 交易中已发生和将发生的成本能够可靠计量。

企业确定提供交易的完工进度，可以选用下列方法：已完工作的测量；已经提供的劳务占应提供劳务总量的比例；已经发生的成本占估计总成本的比例。企业应当在资产负债表日按照提供劳务收入总额乘以完工进度扣除以前会计期间累计已确认提供劳务收入后的金额，确认当期提供劳务收入。同时，按照提供劳务估计总成本乘以完工进度扣除以前会计期间累计已确认劳务成本后的金额，结转当期劳务成本。

### 3. 让渡资产使用权收入

让渡资产使用权收入包括利息收入、使用费收入等。让渡资产使用权收入同时满足下列条件的，才能予以确认。

① 相关的经济利益很可能流入企业。

② 收入的金额能够可靠计量。

企业应当分以下情况确定让渡资产使用权收入金额：利息收入金额，按照他人使用本企业货币资金的时间和实际利率计算确定；使用费收入金额，按照有关合同或协议约定的收费时间和方法计算确定。

## 4.3.2　收入操纵的常用手段

尽管企业会计准则对收入确认和计量标准作了详细的规定，但收入的确认和计量在实务中仍被企业管理当局广泛操纵。主要操纵手法如下[①]。

### 1. 提前确认未实现收入

这一做法固然可以在短期内使销售收入大幅提升，但其实质是透支未来会计期间的收入。具体包括以下几种。

① 利用补充协议，隐瞒风险和报酬尚未转移的事实。风险和报酬的转移是确认收入的前提条件。如收入确认准则规定，附有退货条款的企业，如果无法根据以往经验确定退货比例，在退货期届满前，不得确认销售收入。为了规避此规定，一些公司在销售合同中，只字不提退货条款等可能意味着风险和报酬尚未转移等事项，而是将重大事项写进补充协议，以达到其提前确认收入的目的。

② 填塞分销渠道，刺激经销商提前购货。填塞分销渠道是一种向未来期间预支收入的恶性促销手段。卖方通过向买方（通常是经销商）提供优厚的商业刺激，诱使买方提前购货，从而在短期内实现销售收入的大幅增长，以达到美化其财务业绩的目的。

③ 违反企业会计准则规定，将尚未达到收入确认条件的收入确认为当期收入。

**案例 4-1**

### 康芝药业提前确认销售收入

2011年10月19日，康芝药业的全资子公司康芝营销针对其新产品度来林药品（通用名：鞣酸蛋白酵母散）在云南省的销售推广，与云南万萃药业有限公司（以下简称云南万萃）签订了《OTC合作推广协议》。在该协议中，康芝营销与云南万萃约定，如康芝营销未按承诺投放广告或因产品质量问题，造成产品市场滞销或损失，责任应由康芝营销负责。按照《OTC合作推广协议》的安排，2011年12月15日，康芝营销与云南万萃签订了《产品购销合同》，约定康芝营销向云南万萃销售度来林药品340 000盒（销售单显示发货341 966盒）。2011年12月28日，康芝营销向云南万萃填开增值税专用发票424 962.92元。2011年12月29日，在康芝营销未按《OTC合作推广协议》履行投放广告义务前，康芝营销确认了上述销售收入2 499 782.08元，虚增利润1 568 139.83元。

---

① 本部分主要参考：黄世忠. 财务报表分析：理论·框架·方法与案例. 北京：中国财政经济出版社，2007.

#### 2. 延迟确认已实现收入

这一操纵手法往往以稳健主义为幌子，通过递延收入或指使被收购企业在收购日之前推迟确认收入等手法，将本应在当期确认的收入推迟至以后期间确认，并将当期储备的收入在经营陷入困境的年份予以释放，以达到以丰补歉、平滑收入和利润的目的。

---

**案例 4-2**

### 微软公司利用递延收入平滑收益

微软公司除了其软件以质量和品牌享誉世界以外，还因为其对外报告的销售收入稳步增长而倍受证券市场投资者厚爱。美国的信息技术行业从 1999 年年底开始，步入漫漫的衰退期，对软件的需求日益萎缩。而在 1999—2003 年会计年度，微软公司的销售收入却直线上升。面对如此险恶的经营环境，微软公司为何能逆势而上呢？微软的财务报告数据显示，在 1999 会计年度之前，递延收入和经营活动现金流量的增长幅度普遍明显高于销售收入的增长幅度，但这一趋势在 2000 会计年度发生扭转，表明微软公司从 2000 年度开始将以前年度计提的递延收入释放出来，转作当期的销售收入。可见微软公司之所以在 1999 年下半年信息技术陷入萧条时销售收入依然保持稳定增长，在一定程度上得益于该公司在 1999 年度之前计提的递延收入。

---

#### 3. 伪装收入性质以夸大营业收入

上市公司为了迎合经营业绩预期，可能不惜采用鱼目混珠的方法，将非经常性收益，如投资收益、补贴收入和营业外收入等包装成营业收入。尽管这种收入操纵手法并不会改变利润总额，但它却歪曲了利润结构，夸大了企业创造经营收入和经营性现金流量的能力，特别容易误导投资者对上市公司盈利质量和现金流量的判断。

---

**案例 4-3**

### 天目药业混淆收入性质

2013 年天目药业子公司黄山天目薄荷药业有限公司（以下简称"黄山薄荷"）代理加工确认销售收入 4 750.26 万元，其中薄荷脑4 463.51 万元，素油 286.75 万元。结转主营业务成本 4 718.86 万元（其中：原材料成本 4 504.98 万元），其中薄荷脑 4 432.21 万元，素油 286.65 万元。针对药用薄荷脑的委托加工，国家规定委托方必须有薄荷相关产品达到药品生产许可证和 GMP（药品生产质量管理规范）证书。因为有些委托方没有 GMP 认证，所以"黄山薄荷"在形式上把相关薄荷加工业务做成正常的购销（实质上是委托加工业务）。上述代理加工销售收入对应的应收账款主要通过与采购原材料的应付账款对冲实现，没有资金的往来，实际收取的收入为委托加工协议约定的加工费用。"黄山薄荷"在与委托加工客户签订委托加工协议的同时还签订了《薄荷产品购销合同》，且委托加工原材料和成品收取与发出均开具增值税发票。虽然从形式上看，"黄山薄荷"的委托加工业务签订了产品购销合同且开具增值税发票，但上述业务的性质实际上仍属于代理加工，根据会计"实质重于形式"的处理原则及企业会计准则规定，收取的代理加工费应确认为收入，发给委托方的货物不能按货物价值确认销售收入，委托方提供的原材料不能按货物价值计入原材料。公司的会计处理方式导致虚增销售收入 4 750.26 万元，虚增成本 4 504.98 万元。

### 4. 歪曲事实以虚增收入

这主要指代理代销业务，该业务分为买断式和非买断式两种，二者的差别在于风险与报酬是否转移。对于买断式的代理代销业务可视同销售，按代理代销总额确认收入。对于非买断式的代理代销业务，由于风险和报酬仍然保留在被代理方或委托方，代理方或受托方应当按代理代销可望收取的净额（如代理佣金）确认收入。显而易见，总额法与净额法对利润表所体现的营业收入将产生迥然不同的影响。一些上市公司为了夸大收入，对企业会计准则的规定置若罔闻，将本应采用净额法反映的业务改按总额法反映。

### 5. 凭空虚构收入

有些企业为了达到多计当期收益的目的，人为地通过"应收票据""应收账款"等账户虚增销售收入。而又有一些公司为了在破产倒闭风潮中争得一线生机，铤而走险，使出瞒天过海的招数，策划了一系列不合乎商业逻辑的交易来虚构经营收入。

### 案例 4-4

## ST 黎明财务舞弊

在 2001 年遭受中国证监会处罚的黎明股份，就是在 1999 年通过"一条龙"造假手段（假购销合同、假货物入库单、假货物出库单、假保管账、假成本核算账等），使得主营业务收入虚增 1.53 亿元，虚增利润总额 8 679 万元，同时虚增资产 8 996 万元。

### 6. 通过关联交易操纵收入

市场实现交易的途径主要有两种：一是与独立当事人的交易；二是与关联方的交易。与独立当事人的交易一般遵循供求关系并通过价格机制决定是否成交和成交价格，最为公允和真实。相反地，与关联方发生的交易，很可能扭曲供求关系和价格机制，掩盖企业产品或劳务缺乏市场竞争力的事实。企业会计准则要求上市公司披露关联交易的性质、交易条件、金额和对财务报表的影响。由于证券市场对独立交易和关联交易所产生的销售收入赋予迥然不同的权重，如实披露很可能降低证券市场对上市公司的价值评估。为此，一些上市公司蓄意隐瞒关联关系，将关联交易所产生的收入包装成独立交易的收入，以获得证券市场的青睐。

**案例4-5**

## 上海家化的关联方交易

2008年，上海家化时任董事长葛文耀安排上海家化退休职工管理委员会（以下简称"退管会"）等单位和个人投资吴江市黎里沪江日用化学品厂（以下简称"沪江日化"），同时成立沪江日化管理委员会（以下简称"沪江日化管委会"）实际管理"沪江日化"。在2009年2月至2012年12月期间，上海家化时任副总经理宣平同时兼任沪江日化管委会成员，依据《上市公司信息披露管理办法》第七十一条，上海家化与沪江日化在上述期间构成关联关系。经查，2009年3月至12月，上海家化与"沪江日化"之间发生的采购、销售及资金拆借等关联交易金额合计达2.81亿元，占上海家化当年净资产的25.64%（其中3月至6月合计达4272万元，占比3.90%）；2010年合计达4.27亿元，占比32.38%（其中1月至6月合计达1.89亿元，占比14.36%）；2011年合计达5.4亿元，占比36.12%（其中1月至6月合计达2.46亿元，占比16.41%）；2012年合计达5.54亿元，占比31.52%（其中1月至6月合计达2.50亿元，占比14.19%）。上述采购、销售及资金拆借等关联交易金额已分别达到2009年至2012年年度报告的披露标准，但上海家化对于与"沪江日化"构成的关联方及关联交易情况均未予以披露。

### 7. 篡改收入分配

在一些特殊行业里，尤其是设备租赁行业和系统软件行业，企业在出售产品的同时，还向客户提供融资和售后服务。在这些行业里，允许客户分期付款，向客户提供维护和技术更新服务，往往是取得销售收入的前提条件。因此，在这些行业里，企业与客户签订一揽子协议，进行捆绑销售的现象司空见惯。在捆绑销售中，收入确认最棘手的问题是如何将合同总价分配至各个要素。其他条件保持相同，资金融通和售后服务要素分配的金额越少，企业能够立即确认的产品销售收入就越多。为此，一些上市公司随意改变收入分配所运用的假设，低估融资收入和服务收入，夸大产品销售收入，以达到证券分析师的盈利预期。

**案例 4-6**

## 施乐公司的"糊涂账"案例①

　　施乐公司在 2004 年被 SEC（美国证券交易委员会）指控为操纵收入、虚增利润。随后，施乐公司向 SEC 支付了 1 000 万美元的罚款，与 SEC 达成和解。作为和解的一部分，施乐公司重新编制了过去 5 年的财务报告，承认在 1997—2001 年虚增 65.03 亿美元的收入和 14.48 亿美元的利润。在虚增的 65.03 亿美元收入中，有 23.72 亿美元属于在捆绑销售中随意改变收入分配基础而虚增的收入。

### 8. 双向交易或三角交易

　　双向交易就是交易双方互为买方和卖方，为彼此"创造"收入。由于双向交易容易引起外界的怀疑，于是与双向交易相似的三角交易登场了。三角交易实质上也是一种双向交易，但因为引入了第三方或过桥公司，使其双向交易不容易被外界发觉。

**案例 4-7**

## 淮矿物流虚构上下游交易

　　2012 年，皖江物流子公司淮矿现代物流有限责任公司（以下简称淮矿物流）虚构其与湖北华中有色金属有限公司（以下简称华中有色）、武汉中西部钢铁交易有限公司（以下简称中西部钢铁）、上海中望实业有限公司（以下简称上海中望）、杭州萧山新星金属材料有限公司（以下简称萧山新星）、上海福鹏投资控股有限公司和福鹏控股（北京）有限公司（以下统称福鹏系公司）、厦门海翼国际贸易有限公司和厦门海翼厦工金属材料有限公司（以下统称厦门海翼）之间的采购 4 216 280 850.82 元，虚构销售收入 4 550 546 404.97 元，占 2012 年年报收入的 14.05%；2013 年，虚构与福鹏系公司之间的采购 4 124 809 266.92 元，虚构与福鹏系公司、武汉耀金源有色金属材料有限公司（以下简称耀金源）、武汉瑞泰实业有限公司（以下简称武汉瑞泰）等公司销售收入 4 399 041 819.83 元。在虚构的贸易循环中，福鹏系公司指定贸易品种（如铜、锌锭），淮矿物流从福鹏系公司采购，然后销售给福鹏系公司，淮矿物流与上下游福鹏系公司同时相互签订购销合同、收付资金、开具增值税发票，形成一个贸易循环。在整个贸易循环中，完全不存在实物，淮矿物流销售与采购金额的差额为淮矿物流向福鹏系公司收取的资金占用费。在虚构贸易的资金循环中，淮矿物流以支付采购款名义将资金支付给福鹏系公司，采购款在福鹏系公司内部流转后，又以销售回款的形式回到淮矿物流，冲销其应收福鹏系公司款项，形成资金循环。

---

　　① 黄世忠. 会计数字游戏：美国十大财务舞弊案例剖析. 北京：中国财政经济出版社，2003.

## 4.3.3　收入分析要点

企业的收入一般可从以下几个方面进行分析。

### 1. 收入合理性分析

收入合理性分析可以从以下方面展开。[①]

（1）比率分析

可以选用收入增长率、销售毛利率、销售利润率、应收账款周转率、资产周转率等指标进行分析，并在横向上将本公司与同行业其他公司的资料进行比较，纵向上将本公司不同时期的资料进行比较。如果差异较大，分析人员应将其划为具有潜在风险的领域予以特别关注，并设计必要的分析程序，进一步证实或利用其他分析程序佐证其变动是否合理。

（2）关注日后退货事项

有的公司为了提高报告年度的经营业绩，在年末集中实现"销售"，但这些销售只是"纸面富贵"，并未真正实现，往往在期后表现为销货退回。分析人员应关注资产负债表日后有无大额或连续的退货，并查明这些退货是否为年末集中"销售"部分。为了进一步证实报告期收入确认的合理性，还应结合银行存款和应收账款的有关变动情况进行分析。

（3）注意收入和费用的确认方式或确认时间的一致性

某些业务是一个整体性系统而不是单一的产品（如建筑施工），销售过程是持续的并存在跨年度销售，因而应当关注上市公司是否客观地按进度划分销售收入实现比率，尤其需要注意上市公司可能存在的调整销售收入、资产出售、研究支出、广告支出、维修费用的发生时间来调节收入和费用。

（4）收入与应收账款的对比分析

应收账款的增长幅度高于营业收入增长幅度，这可能意味着：公司放宽信用条件以刺激销售；公司违反规定，提前确认收入；公司虚构收入等。

### 2. 收入结构分析

（1）品种构成

目前，企业大多从事多种商品或劳务的经营活动。在从事多品种经营的条件下，企业不同品种商品或劳务收入构成信息对使用者有十分重要的意义。占总收入比重大的商品或劳务是企业过去业绩的主要增长点，是企业实现利润的主要来源，也是决定企业盈利能力的最主要因素。此外，分析者还可以通过对体现企业过去主要业绩的商品或劳务的未来发展趋势进行分析，来判断企业的未来发展。在未来具有较好市场发展前景的商品或劳务将在很大程度上决定企业的未来。

（2）地区结构

当企业为不同地区提供产品或劳务的情况下，企业在不同地区的商品或劳务的营业

---

① 吴革. 跨越财务报告陷阱. 北京：北京出版集团，2004.

收入构成信息对使用者也具有重要价值。占总收入比重大的地区是企业过去业绩的主要地区增长点。从消费者的心理与行为表现来看，不同地区的消费者对不同品牌的商品具有不同的偏好。不同地区的市场潜力则在很大程度上制约企业的未来发展。

（3）关联方交易的比重

在企业形成集团化经营的条件下，集团内各个企业之间就有可能发生关联方交易。由于关联方之间的密切联系，关联方之间就有可能为了"包装"某个企业的业绩而人为地制造一些业务。当然，关联方之间的交易也有企业间正常交易的成分。但是，信息使用者必须关注以关联方销售为主体形成的营业收入在交易价格、交易实现时间等方面的非市场化因素。即使是非关联交易，也需要注意是否公司的很大一部分收入来自于同一家公司。例如银广夏，当时取得的惊人利润大部分来自出口，而出口又主要通过一家德国公司完成，事后发现是银广夏自编自导的一场骗局。

（4）行政手段对企业收入的贡献

在我国社会主义市场经济的发展过程中，部门或地区行政因素对企业营业收入的影响也不容忽视。应该说，与关联方交易一样，在特定行业的特定发展阶段，尤其是那些需要保护的处于发展初期的新兴行业，部门或地区的特定行政手段确实可以对其发展起到积极的促进作用。但是，处于稳定发展阶段的行业或企业，其营业收入应主要依靠市场来实现。因此，可以说，营业收入受部门或地区行政手段影响大的企业，其形成的利润即使在过去是好的，其未来发展前景也有待观察。

### 3. 收入趋势分析

要对企业收入进行连续若干年的趋势分析，以判断其收入的稳定性。只有收入较为稳定或稳步增长的企业，其生产和再生产才能正常进行。

【例 4-4】根据相关资料，对 SYZG 公司的收入情况进行分析。

受宏观经济增速回落、固定资产投资特别是房地产投资持续放缓的影响，工程机械产品需求不振，使得 SYZG 公司营业收入下降较大。结合表 4-3 和表 4-4 可知，公司2014 年、2015 年营业收入下滑主要体现在内销部分，2014 年国内收入降幅为 21.92%，2015 年国内收入降幅为 36.39%，而企业国内收入持续下滑主要是受国内房地产投资放缓的影响。而 2014 年公司国外收入降幅仅为 9.68%，2015 年国外收入上升 2.14%，也就是公司在 2015 年国外收入实现正的增长，这是公司深耕国际化经营、国际业务稳步提升的结果。在 2015 年，公司实现国际销售收入 100.32 亿元，占公司销售收入的44.24%，国际收入占比较去年同期增长 11.17 个百分点。

表 4-4　SYZG 公司收入构成分析

单位：万元

| 项　　目 | 2013 年 | 2014 年 | 2015 年 |
|---|---|---|---|
| 国　　内 | 2 546 605 | 1 988 269 | 1 264 664 |
| 国　　外 | 1 087 444 | 982 225 | 1 003 209 |

## 4.3.4　投资收益分析

投资收益是企业以各种方式对外投资所获得的净收益。投资收益包括对外投资分得的利润、股利和债券利息，投资到期收回或者中途转让取得款项高于账面价值的差额，以及按照权益法核算的股权投资在被投资单位增加的净资产中所拥有的数额等。

长期投资的投资收益主要取决于被投资项目的经营情况和分配政策，因此分析企业的投资收益要弄清投资项目的经济效益、发展前景、增长潜力。若投资收益占利润总额的比重较大，则更应该认真分析投资收益质量。

### 1. 投资收益的来源分析

分析投资收益的来源，目的是分析这种投资收益的可持续性。如果一次性投资的投资收益较大，比如出售投资所得的收益数量较大，这种投资收益的长久性就很难保证。分析人员可以比较利润表中投资收益科目与资产负债表中的对外投资余额，如果比率过高（如高于20%），则说明有可能存在非经常性的投资收益。

### 2. 投资收益的现金回收分析

企业的投资收益，有下列几个来源渠道：投资的转让收益、债权投资的利息收益、权益法确认的长期股权投资收益和成本法确认的长期股权投资的股利收益。在投资收益的几项构成中，转让收益、利息收益和成本法下的股利收益对应的是现金的流入，收益质量较高；而权益法确认的投资收益难以对应现金流回，可能存在质量隐患。在企业的长期股权投资收益全部或者大部分对应的不是现金的情况下，很难确定这种投资收益的最终质量到底会怎么样，即投资收益的实现存在不确定性。为此，在分析投资收益的现金可收回性时，应注意与现金流量表中投资收益收回的现金相比较。

### 3. 经营利润与投资收益的互补分析

营业利润扣除投资收益后，即为企业自身经营业务所得利润，称为经营利润。如果经营利润和投资收益之间出现了互补性变化趋势，应引起关注。经营利润和投资收益之间互补变化并不一定就是利润操纵的结果，但有充分理由对营业利润低迷时的投资收益增长保持警惕。投资收益主要是来自企业的对外投资活动。在企业投资组合没有重大调整、投资结构的盈利能力没有根本性变化的情况下，企业的投资收益在年度间一般不会出现重大变化。有时，企业为了故意调高或调低企业特定会计期间的利润总额和净利润，一方面，在应用权益法进行投资收益的确认方面大做文章，故意调高或调低企业的投资收益；另一方面，在计提投资减值准备上大做文章，故意多计提或少计提投资减值准备[①]。

---

①　吴革. 跨越财务报告陷阱. 北京：文津出版社，2004.

由报表附注可知，SYZG公司2015年投资收益减少主要系本期外汇合约、货币利率互换合约到期交割收益减少所致。

## 4.3.5 营业外收支分析

营业外收入，反映的是与企业日常生产经营活动无直接关系的各项收入；营业外支出，反映的是与企业日常生产经营活动无直接关系的各项支出。由于营业外收支是企业正常生产经营活动以外的原因产生的收入和支出，属于非经常性损益。经常性损益与非经常性损益共同组成企业的净收益，反映公司持久盈利能力的是经常性损益。在短期内，增加经常性损益一般比较困难，但是增加非经常性损益相对而言要容易很多。公司常常利用非经常性损益这一项目来进行利润操纵。

经常性损益与非经常性损益，两者性质有很大的不同。经常性损益具有连续性和重复性，是企业收益的核心内容；而非经常性损益具有一次性、偶发性和非重复性等特点。通常，经常性损益应该是构成企业利润的主体部分。但是，近年来不少企业非经常性损益喧宾夺主，占净利润的比重相当可观。如果对非经常性损益与经常性损益不加区分，势必会影响对公司盈利能力和可持续发展能力的判断，难以准确预测企业未来的发展前景。

【例4-5】根据SYZG公司2015年财务报表附注，对SYZG公司营业外收支情况进行分析。

由表4-5和表4-6可知，SYZG公司营业外收入由上期的460 920万元下降至本期的370 114万元，金额共下降90 806万元，而营业外支出由上期的19 321万元增加至本期的42 076万元，金额共增加22 755万元，这些直接导致了公司的非经常性损益大幅下跌。而由报表附注可知，SYZG公司本期营业外收入变动主要是本期政府补助减少所致。营业外支出变动主要是非流动资产处置损失增加所致。由此可以看出，公司的非经常性损益不具有稳定性，在预测公司未来发展前景时必须将经常性损益与非经常性损益加以区分。

### 表4-5 SYZG公司营业外收入明细表

单位：万元

| 项　　目 | 本期发生额 | 上期发生额 | 计入当期非经常性损益的金额 |
|---|---|---|---|
| 非流动资产处置利得合计 | 29 197 | 52 399 | 29 197 |
| 政府补助 | 284 665 | 379 978 | 269 915 |
| 其　　他 | 56 252 | 28 543 | 56 252 |
| 合　　计 | 370 114 | 460 920 | 355 364 |

表4-6　SYZG公司营业外支出明细表

单位：万元

| 项　　目 | 本期发生额 | 上期发生额 | 计入当期非经常性损益的金额 |
|---|---|---|---|
| 非流动资产处置损失合计 | 22 190 | 5 510 | 22 190 |
| 对外捐赠 | 341 | 606 | 341 |
| 其　　他 | 19 545 | 13 205 | 19 545 |
| 合　　计 | 42 076 | 19 321 | 42 076 |

**案例4-8**

### 虚构非经常性损益提升利润

2007年7月25日，证监会宣布了对美雅集团违法行为处罚的公告。

2003年，美雅集团以自有或第三方提供的资金，通过将鹤山市宏科贸易有限公司等8家公司的银行账户作为中间账户，以代还款等形式虚收鹤山市鹤伊毛纺织有限公司等7家公司以前年度大额欠款1.74亿元；另外，美雅集团还以相同的方法虚收广西边贸、云南边贸两公司历史债权（2003年年度报告未作披露）1 497万元，合计虚假收回历史债权1.89亿元，合计冲回坏账准备1.1亿元，虚增2003年非经常性损益1.1亿元。

# 4.4　成本费用分析

成本费用包括营业成本、销售费用、管理费用、财务费用、所得税等各种费用。从各项财务成果的分析可以看出，成本费用对财务成果有着十分重要的影响，降低成本费用是增加财务成果的重要途径。

## 4.4.1　营业成本分析

营业成本是指与营业收入相关的，已经确定了归属期和归属对象的成本。在不同类型的企业，营业成本有不同的表现形式。在制造业或工业企业，营业成本表现为已销售产品的生产成本；在商品流通企业，营业成本表现为已销商品成本。

工业企业产品销售成本是根据已销商品的数量和实际单位成本计算出来的。在实务中，往往是每月末汇总销售成本后一并结转，而不是在每次发出库存产成品时立即结转产品销售成本。

营业成本分析时可结合利润表及资产负债表的相关内容来核实企业产品销售成本结

转的合理性。企业为了虚增利润或掩盖亏损，有可能采取当期少结转产品销售成本的方法。这样单独从利润表上也许无法直接发现，但可以用利润表中"营业成本"项目的数额和资产负债表中"存货"项目的年初与年末平均数相除，计算"存货周转率"指标［存货周转率＝（营业成本/存货平均余额）×100％，这个指标用于衡量企业存货占有资金在一定时期的周转次数，反映存货资产的使用效率，一般而言，存货周转率越大越好］。如果企业某一期的存货周转率不正常降低，则说明该企业可能存在少结转"营业成本"而虚增利润或掩盖亏损的问题。

## 4.4.2 期间费用分析

由于费用是为了取得收入而发生的，因此费用的确认应当与收入的确认相联系。确认费用应该遵循划分收益性支出与资本性支出原则、权责发生制原则和配比原则。

期间费用是指与当期产品的管理和销售直接相关，而与产品产量和产品制造过程不直接相关，不能直接或间接归属于某个特定对象的各种费用。这些费用容易确定其发生期间和归属期间，但很难判别其归属对象，因而在发生的当期应从损益中扣除。期间费用包括销售费用、管理费用和财务费用。

### 1. 销售费用分析

销售费用是指企业在销售商品过程中发生的费用，以及为销售本企业商品而专设的销售机构的经营费用。在商品流通企业中，购买商品过程中所发生的进货费用也包括在内。一般包括：应由企业负担的运输费、装卸费、包装费、保险费、展览费、广告费、租赁费以及为销售本公司商品而专设销售机构的职工工资、福利费等经常性费用。销售费用是一项期间费用，在报告期末要全部结转以计算本期收益。

销售费用可能对销售收入产生很大的影响。销售费用增加时，应该关注其是否带动了营业收入的增加。销售费用超过一定水平后，由于市场趋于饱和，收入的增长率将降低。如果一个公司销售费用增长幅度要远远大于营业收入增长幅度，其获利空间是非常有限的，收入增长的可持续性值得怀疑。在对企业未来经营状况进行预测时，有理由认为要维持营业收入的增长，企业需要支付高额的销售费用来满足营销目标。

**案例 4-9**

#### 戴尔的竞争力[①]

自成立以来，戴尔一直是个激进的价格破坏者，运用直销带来的低成本优势，以不断降低售价来刺激销售、扩大市场占有率。如果比较戴尔与惠普的成本结构，两家

---

① 刘顺仁. 财报就像一本故事书. 太原：山西人民出版社，2010.

公司的相对竞争力就一目了然。戴尔的销售和管理费用占营业收入的比率，由1994年的15%左右，一路下降到2006年的9%；在同一时期，惠普的销售和管理费用占营业收入的比重，则由25%降到16%左右，虽然有显著进步，但仍旧比戴尔高出近7%。在净利率不足6%的个人计算机产业，这种成本结构的劣势让惠普的竞争力落后于戴尔。

### 2. 管理费用分析

管理费用是指企业行政管理部门为管理和组织企业生产经营活动而发生的各项费用支出，包括由企业统一负担的管理人员工资及福利费、保险费、业务招待费、研究费用、董事会费、工会经费、咨询费、诉讼费、技术转让费、排污费、矿产资源补偿费、聘请中介机构费、企业在筹建期间内发生的开办费、房产税、土地使用税、车船税、印花税等。

一般来说，在企业的组织结构、管理风格、管理手段、业务规模等方面变化不大的情况下，企业的管理费用规模变化不会太大。这是因为变动性管理费用会随着业务量的增长而增长，固定性管理费用则不会有较大变化。

行政管理部门计提的固定资产折旧也在管理费用科目中核算。在管理费用分析过程中，分析人员尤其要注意企业是否通过折旧计提调节管理费用从而影响利润。考虑到固定资产使用情况的复杂性，企业会计准则对于固定资产折旧提供了多种可供选择的会计政策。这种会计处理的灵活性，为上市公司利润操纵提供了机会。利用固定资产折旧方法的变更调节利润已经成为企业管理当局进行利润操纵的常用手段。

SYZG公司2015年度财务报告指出，受宏观经济增速回落、固定资产投资特别是房地产投资持续放缓的影响，SYZG公司2015年营业收入下降23.05%。同时，公司强力控制成本费用，从研发、工艺、商务、制造等方面全方位降低成本。由表4-1可知，公司本年销售费用降低32.48%，管理费用降低20.92%；结合附注可知，主要是销售规模下降，销售佣金、运输费用相应减少所致，说明企业成本控制已见成效。

### 3. 财务费用分析

财务费用是指企业为筹集生产经营所需资金等而发生的费用，主要包括企业生产经营期间发生的利息净支出（减利息收入）、汇兑损失（减汇兑收益）及相关手续费、企业发生的现金折扣或收到的现金折扣等。由报表附注可知，SYZG公司2015年财务费用变动主要是受人民币对美元等外币汇率变动影响，汇兑损失增加。

企业贷款利息水平的高低主要取决于3个因素：贷款规模、贷款利率和贷款期限。

（1）贷款规模

概括地说，如果因贷款规模的原因导致计入利润表的财务费用下降，则企业会因此而提高盈利能力。但是，还应该看到，企业可能因贷款规模的降低而限制了其发展。

（2）贷款利率和贷款期限

从企业融资的角度来看，贷款利率的具体水平主要取决于以下几个因素：一定时期资本市场的供求关系、贷款规模、贷款的担保条件及贷款企业的信誉等。在利率的选择上，可以采用固定利率、变动利率或浮动利率等。可见，贷款利率中，既有企业不可控制的因素，也有其可以选择的因素。在不考虑贷款规模和贷款期限的条件下，企业的利息费用将随着利率的变化而波动。从总体来说，贷款期限对企业财务费用的影响，主要体现在利率因素上。应该说，企业的利率水平主要受一定时期资本市场的利率水平的影响，所以不应该对企业因贷款利率的宏观下调而导致的财务费用降低给以过高的评价。

总之，财务费用是由企业筹资活动而发生的，因此在进行财务费用分析时，应当将财务费用的增减变动和企业的筹资活动联系起来，分析财务费用增减变动的合理性和有效性，发现其中存在的问题，查明原因，采取对策，以期控制和降低费用，提高企业利润水平。

**案例 4-10**

## 康达新材少计费用虚增利润

2012 年 4 月 13 日，康达新材《首次公开发行股票上市公告书》中附了 2012 年度一季度财务报告。在这份披露的 2012 年一季度财务报告中，康达新材虚增营业利润 3 718 480.73 元，虚增后 2012 年一季度营业利润为 8 178 798.08 元，调增比例为 83.37％。具体调整项目如下：营业成本调减 1 800 000 元，日常费用推迟确认 1 136 462.20 元，不符合资本化条件的研发支出未计入当期损益 782 018.53 元。

## 4.4.3　所得税费用分析

所得税费用是企业在会计期间内发生的利润总额，经调整后按照国家税法规定的比率，计算缴纳的税款所形成的费用。利润总额减去所得税费用后的差额，即为净利润。所得税税率变化会对企业净利润造成相当大的影响。虽然企业所得税税率是法定的，但政府往往通过所得税实际负担率的途径调节上市公司最终由股东分享的经营成果。由报表附注可知，SYZG 公司 2015 年所得税费用变动主要系公司本期税前利润下降所致。

**案例4-11**

## 南纺股份多计递延所得税资产，虚减所得税费用

2014 年 5 月 17 日，南纺股份公告称，公司于 5 月 15 日收到证监会下发的《行政处罚决定书》，认定公司自 2006 年起连续 5 年虚增利润，金额超过 3 亿元，其中手法之一是多计递延所得税资产，虚减所得税费用。资料显示，南纺股份 2009 年年末应纳税所得额余额为－33 万元，递延所得税资产余额为 3 311.10 万元；2010 年应纳税所得额为－5 400 万元，当期计提递延所得税资产 2 080.72 万元。根据相关会计准则，南纺股份冲回并追溯调整递延所得税资产，调减 2010 年度递延所得税资产 2 080.72 万元，调增所得税费用 2 080.72 万元，调减 2010 年年初未分配利润 3 311.10 万元。南纺股份因多提递延所得税资产而多计未分配利润 3 311.10 万元。

## 4.4.4 其他综合收益分析

其他综合收益，是指企业根据企业会计准则规定未在当期损益中确认的各项利得和损失。其他综合收益项目应当根据企业会计准则的规定分为下列两类列报：一类是以后会计期间不能重分类进损益的其他综合收益项目，主要包括重新计量设定受益计划净负债或净资产导致的变动、按照权益法核算的在被投资单位以后会计期间不能重分类进损益的其他综合收益中所享有的份额等；另一类是以后会计期间在满足规定条件时将重分类进损益的其他综合收益项目，主要包括按照权益法核算的在被投资单位以后会计期间在满足规定条件时将重分类进损益的其他综合收益中所享有的份额、可供出售金融资产公允价值变动形成的利得或损失、持有至到期投资重分类为可供出售金融资产形成的利得或损失、现金流量套期工具产生的利得或损失中属于有效套期的部分、外币财务报表折算差额等。对于其他综合收益的分析，一方面应关注其他综合收益金额及其构成的变化，另一方面应注意区分其他综合收益和净利润，同时分析它们各自占综合收益总额的比重及其变化。

由报表附注可知，SYZG 公司 2015 年其他综合收益变动主要系受汇率变动的影响所致。

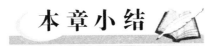

## 本章小结

利润表是反映企业一定时期经营成果的会计报表。它反映了企业的收入、成本、费用、税收情况，揭示了企业利润的构成和实现过程。

对利润表进行会计分析是指：以利润表为主要依据，对利润及其影响因素进行分析，以评价企业业绩、发现问题和向企业相关利益者提供信息为目的的分析方法。利润表分析一般可以遵循以下基本步骤进行：①利润表的比较分析，包括水平分析、结构分析和趋势分析；②收入项目分析；③成本费用项目分析。

利润表水平分析是指通过将企业报告期的利润表数据与前期对比，揭示各方面存在的问题，为全面深入分析企业的利润情况奠定基础。

利润表结构分析是指通过计算利润表中各项目占营业收入的比重或结构，反映利润表中的项目与营业收入关系情况及其变动情况，分析说明财务成果的结构及其增减变动的合理程度。

利润表趋势分析是指将利润表各项目连续几年或几个时期的数据进行对比，以分析各有关项目的变动情况和趋势。

企业收入操纵的常用手法有：提前确认未实现收入；推后确认已实现收入；伪装收入性质以夸大营业收入；歪曲事实以虚增收入；凭空虚构收入；通过关联交易操纵收入；篡改收入分配；双向交易或三角交易。

收入分析的要点包括收入合理性分析、收入结构分析和收入趋势分析等方面。

投资收益分析要点包括：投资收益的来源分析；投资收益的现金回收分析；经营利润与投资收益的互补分析。

营业外收支分析应关注企业是否利用它们进行利润操纵。

其他综合收益分析，一方面应关注其金额与构成的变化，另一方面应注意区分其他综合收益和净利润各自对企业的影响。

成本费用分析应注意企业是否为了虚增利润或掩盖亏损而少结转成本费用或者为掩盖利润或扩大亏损而多结转成本费用。其中，营业成本分析可通过计算与比较各期的存货周转率分析企业当期营业成本结转的合理性；销售费用分析可通过将其增长幅度与营业收入增长幅度相比较判断其合理性；管理费用分析除关注其规模变化以外，尤其要注意企业是否通过折旧计提调节管理费用从而影响利润；财务费用分析主要结合企业筹资活动分析其合理性；所得税费用分析应关注企业实际所得税负担率的变化情况。

# 练 习 题

## 一、单项选择题

1. 企业一定期间净利润是指（    ）。

A. 营业利润加所有者权益

B. 营业利润加公允价值净损益

C. 营业利润加营业外收支净额

D. 营业利润加营业外收支净额减所得税费用

2. 下列不属于提前确认收入的有（　　）。

　A. 利用补充协议，隐瞒风险和报酬尚未转移的事实

　B. 人为地通过"应收票据""应收账款"等账户虚增销售收入

　C. 填塞分销渠道，刺激经销商提前购货

　D. 违反准则规定，将尚未达到收入确认条件的收入确认为当期收入

3. 上市公司将非经常性的投资收益、补贴收入和营业外收入包装成营业收入，这种收入操作情形属于（　　）。

　A. 提前确认收入　　　　　　　　　　B. 延迟确认收入

　C. 伪装收入性质以夸大营业收入　　　D. 歪曲事实以虚增收入

4. 收入的合理性分析不包括（　　）。

　A. 比率分析　　　　　　　　　　　　B. 垂直分析

　C. 关注日后退货事项　　　　　　　　D. 收入与应收账款的对比分析

5. 影响利息支出水平的因素不包括（　　）。

　A. 贷款规模　　　B. 贷款利率　　　C. 贷款期限　　　D. 手续费

## 二、多项选择题

1. 利润表可直接提供的利润指标包括（　　）。

　A. 利润总额　　　B. 净利润　　　C. 息税前利润　　　D. 营业外利润

　E. 营业利润

2. 对收入分析的要点有（　　）。

　A. 收入合理性分析　　　　　　　　　B. 收入水平分析

　C. 收入垂直分析　　　　　　　　　　D. 收入趋势分析

　E. 收入结构分析

3. 属于期间费用的有（　　）。

　A. 营业费用　　　B. 制造费用　　　C. 管理费用　　　D. 财务费用

　E. 销售费用

4. 以下属于收入操纵的手法的有（　　）。

　A. 利用计提坏账准备调节利润　　　　B. 歪曲事实，虚增收入

　C. 通过关联交易操纵收入　　　　　　D. 篡改收入分配

　E. 双向交易或三角交易操纵收入

5. 分析收入结构时，需分析哪些方面？（　　）

　A. 品种构成　　　　　　　　　　　　B. 地区结构

C. 关联方交易的比重　　　　　　　　D. 部门或地区行政手段对企业收入的贡献

E. 收入与应收账款的对比

### 三、判断题

1. 投资收益不构成营业利润。（　　　）

2. 营业成本分析时可结合利润表及资产负债表的相关内容来核实企业产品销售成本结转的合理性。（　　　）

3. 企业在确认销售商品收入时，必须同时满足企业会计准则规定的 5 个条件，缺少任何一个条件都不能确认收入。（　　　）

4. 净利润是反映企业经营成果的最综合指标，因此只要净利润达到预期目标，其他利润也一定能达到预期目标。（　　　）

5. 收入操纵的目的就是做大收入，从而粉饰利润。（　　　）

### 四、简答题

1. 利润表分析的意义有哪些？

2. 利润表分析的一般步骤有哪些？

3. 进行利润表水平分析的关键点是什么？

4. 企业收入操纵的主要手法有哪些？

### 五、计算分析题

1. 某企业 2016 年营业收入 2 000 万元，营业成本 1 200 万元，税金及附加 150 万元，三项期间费用合计 250 万元，资产减值损失 100 万元，公允价值变动净收益 200 万元，投资收益 400 万元，营业外收入 180 万元，营业外支出 230 万元，所得税费用 300 万元，请计算企业的营业利润、利润总额和净利润。

2. 分析资料：某企业生产的甲产品有关单位成本资料如表 4-7 所示。

分析要求：运用水平分析法对单位成本完成情况进行分析。

**表 4-7　甲产品单位成本表**

2016 年度　　　　　　　　　　　　　　　　　　　　　单位：万元

| 成本项目 | 上年度实际 | 本年度实际 |
| --- | --- | --- |
| 直接材料 | 580 | 622 |
| 直接人工 | 175 | 195 |
| 制造费用 | 345 | 316 |
| 产品单位成本 | 1 100 | 1 133 |

### 六、综合题

某公司 2015 年度和 2016 年度的经营成果资料如表 4-8 所示。

## 表 4-8  利润表

单位：千元

| 项　　目 | 2015 年度 | 2016 年度 |
| --- | --- | --- |
| 一、营业收入 | 964 063 | 784 126 |
| 减：营业成本 | 832 702 | 771 851 |
| 税金及附加 | 9 550 | 6 201 |
| 销售费用 | 13 896 | 14 550 |
| 管理费用 | 66 577 | 51 597 |
| 财务费用 | 33 412 | 30 039 |
| 资产减值损失 | 45 575 | 765 |
| 投资净收益 | −339 | 1 466 |
| 二、营业利润 | −37 988 | −89 411 |
| 加：营业外收入 | 69 877 | 73 193 |
| 减：营业外支出 | 5 455 | 9 272 |
| 三、利润总额 | 26 434 | −25 490 |
| 减：所得税（25%） | 6 608.5 | |
| 四、净利润 | 19 825.5 | −25 490 |

要求：

（1）分析企业利润表项目的增减变动情况；

（2）对企业利润结构进行分析；

（3）评价企业经营成果完成情况。

# 第 5 章

# 现金流量表分析

学习目标：
- 了解现金流量表分析的内涵与意义；
- 掌握现金流量表水平分析、垂直分析和趋势分析的原理；
- 学习应用经营活动、投资活动、筹资活动的现金流量信息。

## 德隆系的覆天[①]

2004 年 4 月，德隆帝国经历了生死时速。从 4 月 13 日起，德隆系全面崩盘，老三股湘火炬、合金投资和新疆屯河股价一路狂泻，市值缩水近 70 亿元。也恰好在 4 月，宏观调控大风劲吹，4 月底，德隆资金链断裂，德隆系彻底崩盘。

研究德隆的发展及在各行业的扩张历程可以发现，它就像一个资本恶魔一样，利用各种手段融资，而为此付出的代价也是巨大的：知情人士称，德隆在向社会融资时，习惯用高额回报吸引出资方，一般融资年利率都在 13％ 以上，当资金链紧张时，甚至开出过 18％ 到 20％ 的利率。"在融资成本方面，德隆每年至少也要付出几十个亿。"

一方面，德隆的投资速度急速加快，融资成本越来越高；另一方面，所投资的项目产生的经营现金流又不足以弥补资金缺口。而当融资所带来的成本大于所投项目所能产生的经营现金流时，如果在短期内出现，并且能够快速弥补，对企业造成的影响还不算大，但长期这样，资本在不断消耗，所需的资金却越来越多，只要资金链一断裂就会从量变到质变，全然崩溃。

---

[①] 刘勇. 2004 年推动中国经济的 10 大企业事件. 工人时报，2004 - 12 - 31.

德隆公司的破产事件说明了什么？说明企业不是靠利润生存的，而是靠现金流量生存的。因此，分析人员不能将眼光死死盯在报表上的利润数，而应该看得更全面。总之，德隆公司破产事件使许多企业认识到现金管理的重要性，从而逐步树立了现金是企业的血液的理念。本章主要介绍现金流量表分析的基本原理。

# 5.1　现金流量表分析概述

如果把现金流量看作是企业的"血液"，那么现金流量表就好比是企业的"验血报告单"。通过这个报告单，投资者和分析人员可以清楚地判断企业日常生产经营运转是否正常。

## 5.1.1　现金流量表分析的内涵

现金流量表是指反映企业在一定期间现金和现金等价物的流入和流出情况的报表。现金是指企业库存现金及可以随时用于支付的存款。现金等价物是指企业持有的期限短、流动性强、易于转换为已知金额的现金，价值变动风险很小的投资。

现金流量表将现金流分为三类：经营活动现金流量、投资活动现金流量和筹资活动现金流量。我国会计准则规定的各项活动内容如下：经营活动是指企业投资活动和筹资活动以外的所有交易和事项，实际上主要指供产销等活动；投资活动是指企业长期资产的构建和不包括在现金等价物范围内的投资及其处置活动；筹资活动是指导致企业资本及债务规模和构成发生变化的活动。

从编制原则上看，现金流量表按照收付实现制原则编制，将权责发生制下的盈利信息调整为收付实现制下的现金流量信息，为信息使用者补充了资产负债表和利润表之外的企业财务状况信息。

综上所述，现金流量表分析指的是以现金流量表为对象，对现金流量表进行水平分析、垂直分析及趋势分析，以了解企业现金变动情况和变动原因，并结合资产负债表和利润表，获取企业财务状况和经营成果信息的过程。

## 5.1.2　现金流量表分析的目的

经营成功的企业，往往有不同的战略和秘密，但经营失败的企业都有着共同的问题和征兆，那就是现金周转不灵。据某些发达国家统计显示，每5家破产倒闭的企业，有4家是盈利的，只有1家是亏损的。可见，企业主要是因为缺乏现金而倒闭，而不是因为盈利不足而消亡。因此，现金流量分析在财务报表分析中具有举足轻重的作用。

进行现金流量表分析，其目的主要体现在以下 4 个方面。

### 1. 了解现金流变动情况及其原因

对于现金，资产负债表只是反映了一定时点企业拥有现金的数量，是相对固定的。而现金具有较高的流动性，因此一个时点的数值不足以反映企业现金的真实情况。而现金流量表揭示了在一段时间内现金的变化情况及其来源和去向，从动态上揭示现金流的变动和原因。

### 2. 评价企业的盈利质量

由于企业在确定利润时将赊销收入等按照权责发生制原则确认为当期收入，进而确认为利润的一部分，但这部分收入并不能保证完全收回，因而账面上的利润和实际的现金仍然存在差异。通过对现金流量表中的经营活动现金流量与利润表中利润的关系进行分析，可以看出每一元的利润能有多少的现金与之对应，以此来判断企业所得利润与其现金流是否相匹配、是否存在异常，进而得出企业创造的利润的"含金量"。

### 3. 预测未来现金流量

从财务角度讲，企业价值取决于其创造未来现金流量的能力，因此股东、债权人及管理者都有通过评价企业目前现金流量的可持续性从而预测企业未来现金流量的动机。

### 4. 评价企业的支付能力

企业偿还债务和支付股利的能力，是债权人和股东直接关心的一个重要问题。虽然这种能力很大程度上依赖于盈利能力，但由于经营活动创造的利润以权责发生制为基础，因而其与经营活动创造的现金流量还是存在差异的。而企业支付的直接手段是现金，因此衡量企业在到期日支付利息和股息及清偿债务的能力时，就有必要使用现金流量表提供的信息。

## 5.1.3　现金流量表分析的步骤

现金流量表分析包括以下基本步骤。

### 1. 现金流量表比较分析

（1）现金流量表水平分析

现金流量表水平分析主要是指分析人员通过对比现金流量表相同项目在前后不同期间的不同数值，计算它们之间的差异，并找出相关异常变动的原因。

（2）现金流量表垂直分析

现金流量表垂直分析也称结构分析，分为现金流入结构分析、现金流出结构分析和现金净流量结构分析。每种结构分析都有两种思路来比较：可以以某项业务活动现金流入（流出）量占总现金流入（流出）量的比重来衡量，也可以以某项业务活动现金流入（流出）量占该项目所属业务活动的现金流入（流出）量的比重来衡量。

（3）现金流量表趋势分析

现金流量表趋势分析，即是将现金流量表各项目连续几年或几个时期的数据进行对比，以分析各有关项目的变动情况和趋势。

**2. 现金流量表项目分析**

现金流量表项目分析是指按照现金流量表中现金流量的项目或者类别，分析该类现金流入与流出情况是否符合企业发展阶段的特征，以及是否符合企业发展战略的预期目标，从而进一步分析其产生的原因和过程。

# 5.2　现金流量表比较分析

**名人名言**

Cash is King——现金为王

——华尔街名言

现金流量对企业至关重要，它是企业顺利运行，提高竞争力的根本保障。有利润没现金流量，企业必将麻烦不断，甚至走向衰亡。

## 5.2.1　现金流量表水平分析

现金流量表水平分析，即通过对比现金流量表中每个项目前后期的增减变动来观察企业现金流的变化情况，对异常变动的原因和后果进行分析。

【例5-1】（现金流量表水平分析）根据表1-8及相关资料，对SYZG公司的现金流量表进行水平分析。

**1. 编制现金流量表水平分析表**

根据表1-8编制SYZG公司的现金流量表水平分析表如表5-1所示。

表5-1　现金流量表水平分析表

单位：万元

| 项目 | 本期发生额 | 上期发生额 | 变动额 | 变动率/% |
|---|---|---|---|---|
| 一、经营活动产生的现金流量 | | | | |
| 销售商品、提供劳务收到的现金 | 2 394 437 | 3 244 284 | −849 846 | −26.20 |
| 收到的税费返还 | 25 098 | 33 244 | −8 146 | −24.50 |
| 收到的其他与经营活动有关的现金 | 101 477 | 115 001 | −13 524 | −11.76 |

续表

| 项目 | 本期发生额 | 上期发生额 | 变动额 | 变动率/% |
|---|---|---|---|---|
| 经营活动现金流入小计 | 2 521 012 | 3 392 529 | −871 517 | −25.69 |
| 购买商品、接受劳务支付的现金 | 1 641 773 | 2 034 027 | −392 254 | −19.28 |
| 支付给职工及为职工支付的现金 | 287 928 | 377 454 | −89 526 | −23.72 |
| 支付的各项税费 | 106 349 | 241 470 | −135 120 | −55.96 |
| 支付其他与经营活动有关的现金 | 271 364 | 616 384 | −345 020 | −55.97 |
| 经营活动现金流出小计 | 2 307 414 | 3 269 335 | −961 921 | −29.42 |
| 经营活动产生的现金流量净额 | 213 598 | 123 194 | 90 404 | 73.38 |
| 二、投资活动产生的现金流量 | | | | |
| 收回投资收到的现金 | 6 269 | 596 | 5 673 | 951.97 |
| 取得投资收益收到的现金 | 8 362 | 70 721 | −62 359 | −88.18 |
| 处置固定资产、无形资产和其他长期资产收回的现金净额 | 38 503 | 47 457 | −8 955 | −18.87 |
| 收到的其他与投资活动有关的现金 | 91 716 | 0 | 91 716 | — |
| 投资活动现金流入小计 | 144 850 | 118 774 | 26 076 | 21.95 |
| 购建固定资产、无形资产和其他长期资产支付的现金 | 151 377 | 155 105 | −3 729 | −2.40 |
| 投资支付的现金 | 16 378 | 144 268 | −127 890 | −88.65 |
| 支付其他与投资活动有关的现金 | | 44 853 | −44 853 | −100.00 |
| 投资活动现金流出小计 | 167 755 | 344 226 | −176 471 | −51.27 |
| 投资活动产生的现金流量净额 | −22 905 | −225 452 | 202 547 | −89.84 |
| 三、筹资活动产生的现金流量 | | | | |
| 吸收投资收到的现金 | 530 | 93 981 | −93 452 | −99.44 |
| 其中:子公司吸收少数股东投资收到的现金 | 530 | 93 981 | −93 452 | −99.44 |
| 发行债券收到的现金 | | | | |
| 取得借款收到的现金 | 2 421 847 | 1 336 659 | 1 085 188 | 81.19 |
| 筹资活动现金流入小计 | 2 422 377 | 1 430 640 | 991 736 | 69.32 |
| 偿还债务支付的现金 | 2 317 627 | 1 142 914 | 1 174 713 | 102.78 |
| 分配股利、利润或偿付利息支付的现金 | 124 599 | 260 432 | −135 833 | −52.16 |
| 其中:子公司支付给少数股东的股利、利润 | | 63 897 | −63 897 | −100.00 |
| 支付其他与筹资活动有关的现金 | | 1 196 | −1 196 | −100.00 |
| 筹资活动现金流出小计 | 2 442 226 | 1 404 542 | 1 037 684 | 73.88 |
| 筹资活动产生的现金流量净额 | −19 849 | 26 098 | −45 947 | −176.05 |
| 四、汇率变动对现金及现金等价物的影响 | 33 | −1 796 | 1 829 | −101.84 |
| 五、现金及现金等价物净增加额 | 170 877 | −77 956 | 248 833 | −319.20 |
| 加:期初现金及现金等价物余额 | 456 815 | 534 771 | −77 956 | −14.58 |
| 六、期末现金及现金等价物余额 | 627 692 | 456 815 | 170 877 | 37.41 |

### 2. 现金流量表水平分析评价

从表 5 - 1 可以看出，SYZG 公司 2015 年现金及现金等价物净增加额，即净现金流量比 2014 年增加了 24.88 亿元。经营活动、投资活动和筹资活动产生的净现金流量较上年的变动额分别是 9.04 亿元、20.25 亿元及－4.59 亿元。

本年度经营活动净现金流量比去年增长了 9.04 亿元，增长率为 73.38％，主要是公司加强存货管理减少采购支出、付现费用及其他经营性支出所致。其中经营活动现金流入量减少 87.15 亿元，降幅为 25.69％，主要是因为销售商品、提供劳务收到的现金减少了 84.98 亿元所致；经营活动现金流出量减少 96.19 亿元，降幅为 29.42％，主要是由于购买商品、接受劳务支付的现金减少 39.23 亿元及支付其他与经营活动有关的现金减少 34.50 亿元所致。其中经营活动现金流入降幅低于经营活动现金流出降幅，这是经营活动现金流量增加的主要原因，说明公司加强存货管理和成本管控，企业自我"造血"功能增强。另外，支付给职工及为职工支付的现金、支付的各项税费也有不同程度的减少。

本年度投资活动净现金流量比上年增长了 20.25 亿元，增长率为 89.84％，主要是公司对外投资支付的资金减少及保证金释放所致。其中投资活动现金流入量增长 2.61 亿元，增幅为 21.95％，主要表现为收到的其他与投资活动有关的现金增加；投资活动现金流出量减少 17.65 亿元，降幅为 51.27％，表现为：投资支付的现金减少了 12.79 亿元，降幅为 88.65％；支付其他与投资活动有关的现金减少了 4.49 亿元，降幅为 100％。因而投资活动现金流量增长是由于投资活动现金流入量增长和现金流出量降低的共同结果，说明公司正大量回收现金流、缩小投资规模。具体原因需结合企业实际情况进一步分析。

本年度筹资活动净现金流量比上年减少了 4.59 亿元，降幅为 176.05％，主要是公司借款净增加额减少所致。其中筹资流入量增长 99.17 亿元，增幅为 69.32％，主要是取得借款增加所致；筹资流出量增长 103.77 亿元，增幅 73.88％，主要是偿还债务支付的现金增加所致。说明公司现金流充足，偿还筹资现金，可能是由于受国内房地产行业不景气影响，公司减少投资导致公司现金流充足，因而用于偿还筹资，减少筹资现金所需的成本。

## 5.2.2  现金流量表垂直分析

现金流量表垂直分析是指在现金流量表有关数据的基础上，分析现金流入、现金流出的构成和现金余额的形成原因。

【例 5 - 2】（现金流量表垂直分析）根据表 1 - 8 及相关资料，对 SYZG 公司的现金流量表进行垂直分析。

### 1. 编制现金流量表垂直分析表

根据表 1 - 8 编制 SYZG 公司的现金流量表垂直分析表如表 5 - 2 所示。

表5-2　现金流量表垂直分析表

单位：万元

| 项目 | 本期发生额 | 流入结构/% | 流出结构/% | 内部结构/% |
|---|---|---|---|---|
| 一、经营活动产生的现金流量 | | | | |
| 销售商品、提供劳务收到的现金 | 2 394 437 | | | 94.98 |
| 收到的税费返还 | 25 098 | | | 1.00 |
| 收到的其他与经营活动有关的现金 | 101 477 | | | 4.03 |
| 经营活动现金流入小计 | 2 521 012 | 49.55 | | 100.00 |
| 购买商品、接受劳务支付的现金 | 1 641 773 | | | 71.15 |
| 支付给职工及为职工支付的现金 | 287 928 | | | 12.48 |
| 支付的各项税费 | 106 349 | | | 4.61 |
| 支付其他与经营活动有关的现金 | 271 364 | | | 11.76 |
| 经营活动现金流出小计 | 2 307 414 | | 46.92 | 100.00 |
| 经营活动产生的现金流量净额 | 213 598 | | | |
| 二、投资活动产生的现金流量 | | | | |
| 收回投资收到的现金 | 6 269 | | | 4.33 |
| 取得投资收益收到的现金 | 8 362 | | | 5.77 |
| 处置固定资产、无形资产和其他长期资产收回的现金净额 | 38 503 | | | 26.58 |
| 处置子公司及其他营业单位收到的现金净额 | | | | 0.00 |
| 收到的其他与投资活动有关的现金 | 91 716 | | | 63.32 |
| 投资活动现金流入小计 | 144 850 | 2.85 | | 100.00 |
| 购建固定资产、无形资产和其他长期资产支付的现金 | 151 377 | | | 90.24 |
| 投资支付的现金 | 16 378 | | | 9.76 |
| 投资活动现金流出小计 | 167 755 | | 3.41 | 100.00 |
| 投资活动产生的现金流量净额 | −22 905 | | | |
| 三、筹资活动产生的现金流量 | | | | |
| 吸收投资收到的现金 | 530 | | | 0.02 |
| 其中：子公司吸收少数股东投资收到的现金 | 530 | | | 0.02 |
| 取得借款收到的现金 | 2 421 847 | | | 99.98 |
| 收到其他与筹资活动有关的现金 | | | | 0.00 |
| 筹资活动现金流入小计 | 2 422 377 | 47.61 | | 100.00 |
| 偿还债务支付的现金 | 2 317 627 | | | 94.90 |
| 分配股利、利润或偿付利息支付的现金 | 124 599 | | | 5.10 |

| 项目 | 本期发生额 | 流入结构/% | 流出结构/% | 内部结构/% |
|------|-----------|-----------|-----------|-----------|
| 其中：子公司支付给少数股东的股利、利润 | | | | 0.00 |
| 支付其他与筹资活动有关的现金 | | | | 0.00 |
| 筹资活动现金流出小计 | 2 442 226 | | 49.67 | 100.00 |
| 筹资活动产生的现金流量净额 | −19 849 | | | |
| 现金流入总额 | 5 088 239 | 100 | | |
| 现金流出总额 | 4 917 395 | | 100 | |
| 四、汇率变动对现金及现金等价物的影响 | 33 | | | |
| 五、现金及现金等价物净增加额 | 170 877 | | | |
| 加：期初现金及现金等价物余额 | 456 815 | | | |
| 六、期末现金及现金等价物余额 | 627 692 | | | |

#### 2. 现金流量表垂直分析评价

（1）现金流入垂直分析

SYZG 公司 2015 年现金流入量为 508.82 亿元，其中经营活动现金流入量、投资活动现金流入量和筹资活动现金流入量所占比重分别为 49.55%、2.85%、47.61%。可见企业的现金流入量主要由经营活动和筹资活动产生。经营活动的现金流入量中销售商品和提供劳务收到的现金、投资活动的现金流入量中收到的其他与投资活动有关的现金、筹资活动的现金流入量中取得借款收到的现金分别占各类现金流入量的绝大部分比重。

总体来说，企业的现金流入量中，经营活动的现金流入量应当占有相当大的比例，特别是其销售商品、提供劳务收到的现金应明显高于其他经营活动流入的现金。经营活动现金流入量比例越大，企业现金流越稳定，企业盈利质量越高，支付能力越强。因而 SYZG 公司现金流较稳定、盈利质量较高、支付能力较强。

（2）现金流出垂直分析

SYZG 公司 2015 年现金流出量总额为 491.74 亿元，其中经营活动现金流出量、投资活动现金流出量和筹资活动现金流出量所占比重分别为 46.92%、3.41% 和 49.67%。可见，在现金流出量中筹资活动现金流出量所占比重最大，经营活动现金流出量所占比重次之。在经营活动现金流出量中，购买商品、接受劳务支付的现金占 71.15%，比重最大；投资活动现金流出量中购建固定资产、无形资产和其他长期资产支付的现金占 90.24%，比重最大；筹资活动的现金流出量用于偿还债务支付的现金占 94.90%，比重最大。

## 5.2.3　现金流量表趋势分析

现金流量表趋势分析是指在现金流量表有关数据基础上，选用某一年为基期进行比较，计算趋势百分比，从而揭示其现金流入、现金流出的变化和发展趋势。

【例5-3】（现金流量表趋势分析）根据表1-8及相关资料，对SYZG公司进行现金流量表趋势分析。

### 1. 编制现金流量表趋势分析表

根据表1-8及SYZG公司2012—2015年年报资料编制SYZG公司的现金流量表趋势分析表如表5-3所示。

表5-3　现金流量表趋势分析表

| 项目 | 2015年 | 2014年 | 2013年 | 2012年 | 2011年 |
|---|---|---|---|---|---|
| 经营活动产生的现金流量净额的定基指数 | 93.72% | 54.06% | 121.51% | 249.31% | 100% |
| 投资活动产生的现金流量净额的定基指数 | 2.88% | 28.39% | 22.99% | 81.63% | 100% |
| 筹资活动产生的现金流量净额的定基指数 | −2.21% | 2.90% | −42.49% | 9.66% | 100% |
| 现金及现金等价物净增加额的定基指数 | 511.09% | −233.16% | −875.31% | 17.24% | 100% |

### 2. 现金流量表趋势分析评价

在经营活动现金流量方面，SYZG公司近五年经营活动产生的现金流量波动较大。其中2014年只有2011年（基期）的54.06%，主要是销售下降、销售回款减少所致。2015年公司加强存货管理，减少采购、付现费用、其他经营性支出，使经营活动现金流量有所回升：由2014年为基期的54.06%上升至基期的93.72%。

投资活动现金流量方面，SYZG公司近五年投资活动现金流量呈下降趋势，其中2015年只有2011年（基期）的2.88%，跌幅较大，主要是受宏观经济增速回落、固定资产投资特别是房地产投资持续放缓和行业竞争加剧的影响，工程机械产品需求不振，公司贯彻"转型升级"战略，基建、技改及对外投资减少。

筹资活动现金流量方面，SYZG公司近五年筹资活动现金流量波动较大，先是在2012年大幅下滑至基期的9.66%，2013年进一步降为−42.49%，主要是公司经营性现金流较好、压缩筹资规模所致。2014年，公司的筹资净额又增长至2.90%，主要是新增借款及支付现金股利减少所致。2015年，公司筹资净额为负，主要是公司借款净增加额减少所致。

# 5.3　现金流量表项目分析

**名人名言**

一个企业的死亡，其直接原因往往不是它的利润，而是现金流量。

——海信集团现任董事长　周厚健

现金流量表项目分析是指按照现金流量表中现金流量的项目及类别，分析现金流入与流出情况是否符合企业发展阶段的特征和企业发展战略目标。具体而言，就是分别对经营活动现金流量、投资活动现金流量、筹资活动现金流量的具体构成进行分析。

## 5.3.1　经营活动现金流量分析

经营活动现金流量是指企业经营活动中的所有交易和事项所产生的现金流量，它是企业现金的主要来源。相对于净利润而言，企业的经营活动现金流量更能反映企业真实的经营成果。净利润是根据权责发生制原则计算出来的，只是账面上的盈利，并不代表企业实际可支配资源的增加；经营活动现金流量则反映了企业资金的充裕程度，正的金额越大，企业的资金越充裕，就有更多的资金用于企业进一步扩大经营规模；反之，若企业的经营活动现金流量长期为负，则企业终将入不敷出，难以支付企业的日常开支和到期债务，最后导致破产。

**1. 经济活动现金流量的充足性分析**

（1）经营活动产生的现金流量小于零

在这种情况下，企业正常的经营活动产生的现金流入不足以支付企业经营活动引起的现金流出。在企业的初创期，由于大量的扩大生产活动、开拓市场活动及产能没有达到规模经营的水平，经营活动的现金流量会出现负值，这是企业成长过程中的正常现象；处于成长期的企业，虽然创造的现金不断增加，但由于还处在不断的扩大再生产过程中，一般不会有很充裕的现金流量；企业处于成熟期以后，经营活动的现金流量若仍然是负的，则必须采用一定手段补充资金（事实上处于这种情况的企业很难筹集到资金），否则会面临资金链断裂的危险，从而导致企业破产；在企业的衰退期，由于新产品的出现和市场占有率的逐渐下滑，在后期经营活动产生的现金流量一般也会是负的，这也是企业发展过程中的正常现象。

（2）经营活动产生的现金流量等于零

这就是说，企业正常的经营活动产生的现金流入刚好可以满足企业经营活动引起的现金流出，企业经营活动产生的现金流量处于平衡状态。这种情况下，企业仅仅弥补了付现成本，非付现成本没有得到货币补偿。从短期看，企业无须向短期周转注入资金，仍然可以维持周转，但是从长期来看，一旦需要重新购置固定资产，企业就面临着资金的危机，必须采用一定手段融资，否则无法更换设备继续生产。即使筹集到了资金，企业如果一直无法达到使非付现成本得到货币补偿的状态，那么最后的命运必然是融资枯竭，走向破产。

（3）经营活动产生的现金流量大于零，但是无法完全弥补非付现成本

在这种情况下企业的经营活动现金流入足以使经营付现成本得到货币补偿，但是无法完全弥补折旧、摊销等非付现成本。由于折旧、摊销费用不需要支付现金，企业的日

常开支并不困难，甚至会有一部分结余。但是由于积攒起来的资金不足以重新购置固定资产，企业从长期来看仍是面临危机的。

（4）经营活动产生的现金流量大于零并且刚好可以弥补非付现成本

这种情况下，企业摆脱了日常经营在现金流量方面的压力，企业经营活动产生的现金流量刚好能够弥补企业的付现成本和非付现成本，能够维持经营活动货币的简单再生产，但是无法为企业的扩大再生产和进一步发展提供资金。

（5）经营活动产生的现金流量大于零并且在弥补非付现成本后仍有剩余

这种情况下，企业经营活动产生的现金流量完全弥补非付现成本后仍有剩余的资金可以用于投资活动等，有利于企业的长期可持续发展，是企业运行的一种良好状态。企业富余的现金可以用于购置设备，从而扩大企业的生产规模，使企业获得更大的未来发展潜力。

【例 5-4】（经营活动现金流量的充裕性分析）根据表 1-8 及相关资料，对 SYZG 公司的经营活动现金流量进行充裕性分析。

从表 1-8 可以看出，2015 年度 SYZG 公司经营活动产生的现金流量净额是正的，较 2014 年度大幅度增长，增幅高达 73.38%。结合报表的其他部分可知，SYZG 公司 2015 年的净利润大幅度下降，降幅高达 81.73%。由此可以判定，SYZG 公司虽然业绩下滑，但其经营活动现金流量仍属于上述第 5 种情况，处于一种良好的运转状态，能够为企业的未来发展提供较多的资金。

---

**案例 5-1**

## 中联重科巨额应收款背后的隐痛[①]

从中联重科最近的合并财务报表可得，2010—2013 年其应收账款金额分别为 5 073.57 百万元、6 947.23 百万元、11 658.07 百万元、18 900.35 百万元，应收票据分别为 490.97 百万元、626.61 百万元、1 138.57 百万元、1 720.81 百万元。中联重科的应收款金额从 2011 年的 7 573.84 百万元增加到 2013 年的 20 621.16 百万元，变动幅度为 172.27%；占流动资产的比重从 2011 年的 17.07% 上升到 2013 年的 30.76%。如果结合现金流量表相关数据来看问题更加明显。表 5-4 列示了中联重科 2010—2013 年的应收账款与经营活动现金流量情况。

表 5-4 中联重科应收款与经营活动现金流量

单位：百万元

| 项目 | 2010 年 | 2011 年 | 2012 年 | 2013 年 |
|---|---|---|---|---|
| 应收款（期初） | 7 094.55 | 11 698.55 | 15 044.36 | 21 993.02 |
| 应收款（期末） | 5 564.54 | 7 573.84 | 12 796.64 | 20 621.16 |
| 应收款（平均） | 6 329.55 | 9 636.20 | 13 920.50 | 21 307.09 |

---

① 王敏，吴武玲．中联重科巨额应收款背后的隐痛．财会月刊，2014（1）．

续表

| 项目 | 2010 年 | 2011 年 | 2012 年 | 2013 年 |
|---|---|---|---|---|
| 营业收入 | 5 898.68 | 10 735.32 | 11 608.93 | 5 962.61 |
| 销售商品、提供劳务收到的现金 | 4 802.23 | 8 558.12 | 9 510.85 | 9 207.06 |
| 购买商品、接受劳务支付的现金 | 3 654.87 | 7 847.40 | 8 357.87 | 8 575.31 |
| 经营活动现金流量净额 | 179.38 | −1 297.57 | −1 442.44 | −2 873.31 |

注：① 数据来源于中联重科第一季报并经整理所得。
② 表中的应收款是指应收账款与应收票据的金额之和。

从表 5-4 可知，除 2013 年第一季度外，2010—2012 年中联重科销售商品、提供劳务收到的现金均小于营业收入。这四年来第一季度的应收款平均余额分别为 6 329.55 百万元、9 636.20 百万元、13 920.50 百万元、21 307.09 百万元，经营活动现金流量净额分别为 179.38 百万元、−1 297.57 百万元、−1 442.44 百万元、−2 873.31 百万元。随着应收款平均余额的增加，第一季度经营活动现金流量净额呈反方向变动，且除 2010 年第一季度外，其余三年均为负数。而经营活动现金流量净额为负数，则表明中联重科经营活动产生的现金并不能满足自身的日常运营，只能通过发行债券、银行借款来弥补资金缺口。可见，巨额应收款的占用影响了中联重科的经营活动现金流。

### 2. 经营活动现金流量的操纵分析

随着投资者对企业财务状况关注的深入，越来越多的公司开始重视现金流管理。由于经营活动能给企业带来持续的现金流入，对基于经营活动现金流量的分析也越来越引起重视，故企业对现金流量表的操纵主要集中在经营活动产生的现金流量各项目上。企业操纵经营活动现金流量的手段通常包括以下几种。

（1）篡改现金流量性质

将筹资活动现金流入粉饰为经营活动现金流入，企业把筹资活动的现金流入加到经营活动现金流量中（如把占用其他企业的资金称作是购货单位的预付账款）；把经营活动支出放到投资活动中（如把本来应属于本期费用的支出和某项固定资产的购建联系起来），合在一起夸大经营活动现金流量；将投资活动现金流入粉饰为经营活动现金流入，从而使经营活动现金流量净额大于零。

（2）资金暂时回笼

企业为了避免年度会计报表中的经营现金净流量恶化，可让母公司或大股东在期末大量偿还应收账款甚至先行支付预付货款，在下期再将资金以多种形式返回给母公司或大股东，对其他应收款账户亦可采用类似的手段。这种方式很容易调高当期经营活动现金净流量，但并没有改变母公司或大股东长期占用资金的现状。

（3）应收票据贴现

对应收票据贴现，特别是在会计期末向银行贴现商业票据，既可以解决企业现金不足的困境，又可减少期末应收票据余额。但如果贴现的商业汇票到期时，票据承兑人不能承兑，贴现银行会将贴现款划回或转为逾期贷款。因此，应收票据贴现实质上是企业筹措资金的一种形式，并不能改善企业获取现金的能力和收益质量。

（4）利用应付项目

投资者对经营活动现金流量重视程度的增加驱使上市公司有对其进行改善的动机，在改善应收账款余地已不大的情况下，将目标瞄准了应付项目。如果一个公司某年经营活动现金流量主要得益于经营性应付项目的巨额增加，财务分析人员应如何看待呢？我们不能假设企业就一定"赖账"，但应看到当期应付项目的增长必然对应未来应付项目的减少，从而减少以后年度经营活动现金流量。

## 案例 5-2

### 破解逃税谜团
—— 重庆市九龙坡区地税局对某房地产有限责任公司的纳税评估案例①

#### 1. 基本情况

重庆市九龙坡区某房地产有限责任公司为外资企业，成立于 2006 年 8 月，主要从事房地产开发，企业所得税属国税局征管。

2008 年，该公司只有一个在建房地产项目，尚未完工，处于预售阶段，当年按照预收售房款申报并缴纳了流转税。通过对企业的资产负债表、现金流量表、利润表及纳税申报资料进行对比，九龙坡区地税局发现该公司现金流量表中经营活动产生的现金流入金额与纳税申报的计税依据两者之间相差较大，可能存在隐匿收入问题，于是将该公司确定为专项纳税评估对象。

#### 2. 案头分析

2008 年现金流量表中经营活动产生的现金流入金额为 386 411 540.12 元，其中销售商品、提供劳务收到的现金为 59 940 177.71 元，收到的其他与经营活动有关的现金为 326 471 362.41 元，企业全年申报营业税计税依据为 59 940 177.71 元，两者相差 326 471 362.41元。由于该公司当年只有一个在建房地产项目，当年开始预售，当期未结转主营业务收入，在没有房屋抵债的情况下，经营活动产生的现金流入金额与当期纳税申报的计税金额应该大致相等，差额不会很大。因此，可能存在隐匿收入问题。

#### 3. 举证约谈

评估人员将企业的资产负债表、现金流量表、利润表及纳税申报资料进行对比，确定疑点后，有针对性地送达了《纳税评估约谈通知书》，对该公司法定代表人和财

---

① 材料见于湖北省荆州区国税局网员（http：//jingzhou，bb-tax.gov.cn/），案例由重庆市九龙地区地税局提供.

务人员进行了约谈。

该公司相关人员解释说，当年只有售房收入，无其他收入，2008 年现金流量表中收到的其他与经营活动有关的现金为 326 471 362.41 元，形成原因是会计人员对现金流量归类错误导致的，误将企业借款及关联企业往来现金流入全部记入此项目。

评估人员觉得很是蹊跷，既然企业将借入资金全部记入其他经营活动的现金流量，那么筹资活动产生的现金流量中借款所收到的现金 3 100 万元又是什么呢？企业财务人员又解释说，现金流量表是为了应付银行而随意编造的，不真实。评估人员认为企业这种解释前后矛盾，不能自圆其说，疑点并未排除，需进行实地核查。

评估人员拟定了实地核查的主要内容：一是抽取部分现金流量会计核算过程进行验证，实地核查企业会计核算过程的真实性、准确性；二是对企业 2008 年部分现金流入所附的原始凭证进行审核。

4. 实地核查

为了进一步证实和排除疑点，评估人员对该公司进行了实地核查。

对企业 2008 年部分现金流入所附的原始凭证进行审核，会计分录为借：银行存款，贷：其他应付款——代收税费——其他，所附原始收款收据记录为收取售房款，将销售商品、提供劳务收到的现金人为记入往来账户，很明显是隐瞒应税收入。以此为突破口，通过询问企业财务人员及调取售楼的相关资料，证实了将售房收入挂往来账户的问题。

在大量证据面前，企业负责人不得不承认做假的事实。经核实，该公司 2008 年收取售房款 103 244 182.09 元，其中现款 68 249 182.09 元，银行按揭款 34 995 000 元挂往来账户，列入"其他应付款——代收税费——其他"科目，未申报缴纳营业税和土地增值税（预征）。2008 年收到的其他与经营活动有关的现金 326 471 362.41 元中除收取售房款 103 244 182.09 元外，其余 223 227 180.32 元确实是财务人员对现金流量归类错误导致的。

5. 评估处理

该公司 2008 年收取售房款 103 244 182.09 元，其中现款 68 249 182.09 元，银行按揭款 34 995 000 元挂往来账户，列入"其他应付款——代收税费——其他"科目，未申报缴纳营业税和土地增值税，应补营业税 5 162 209.1 元，应补土地增值税（预征） 1 032 441.82 元，共计 6 194 650.92 元。

鉴于该公司认识问题态度较好，评估人员根据有关税收法律法规，对该公司进行了宣传教育。目前，该笔税款和滞纳金已全额入库，该公司还及时调整了相关账务。

## 5.3.2　投资活动现金流量分析

　　投资活动现金流量是指企业长期资产的购建和不包括现金等价物范围在内的投资及其处置活动产生的现金流量。一般在企业的初创期和成长期，企业会有大规模的投资活动，从而导致企业的投资现金流量小于零；在企业的衰退期，随着产品销量的减少，一般会对固定资产等长期投资进行处置，此时企业的投资现金流量一般会大于零。应该注意的是，对处置或购置固定资产的现金流入或流出进行分析，结合固定资产的投资规模或者性质，可以进一步了解企业的发展战略和方向。对一种或者一系列产品而言，处置其相关固定资产的现金流入大于重新购置该固定资产的现金支出，说明该企业的该产品在逐步萎缩或者该企业正试图退出该行业。

### 1. 投资活动现金流量小于或等于零

　　这种情况下，企业在购建固定资产、无形资产和其他长期资产、权益性投资及债务性投资等方面所支付的现金大于企业因处置固定资产、无形资产或其他长期资产、收回投资、分得股利、取得债券利息收入等所收到的现金净额之和。投资活动现金流量小于或等于零，不能武断地认为是好还是坏，应该观察这个特征是否符合企业的发展阶段，是否与企业的发展战略和发展方向相一致，才能进一步做出判断。从企业投资活动引起的现金流出量来看，企业的投资活动明显分为两类：对内扩大再生产或转产投资，即购建固定资产、无形资产和其他长期资产支付的现金；对外扩张性投资，即对外股权、债权投资支付的现金。上述两类活动，都将增加企业未来的现金流量，因而应该体现企业长期发展战略的要求。因此，此类活动的现金流量应有较强的计划性，并应该与企业的发展战略有较为密切的联系，都不应该是"冲动"的结果，而应该是充分研究与论证以后决策的结果。为此，我们应该关注投资活动的现金流出量与企业投资计划的吻合程度。

　　另外，由于对内扩大再生产而进行的固定资产投资的收回方式是增加经营活动的现金流量，所以长期来看，投资活动现金流量净额的累计数会小于零。

　　【例5-5】（投资活动现金流量分析）根据表1-8及相关资料，对SYZG公司的投资活动现金流量进行分析。

　　根据表1-8，2014年和2015年SYZG公司投资活动现金净流量都为负，而且2015年比2014年下降了89.84%。具体分析可见，主要是收到的其他与投资活动有关的现金增加，而用于投资支付的现金减少，结合附注可知，主要是公司保证金的释放及对外投资支付的资金减少，即较多的现金流入量和较少的现金流出量。结合同期资产负债表发现，2015年固定资产原值、无形资产原值均出现了小幅度的增长，主要是受宏观经济增速回落、固定资产投资特别是房地产投资持续放缓和行业竞争加剧的影响；而结合同期的利润表发现，投资收益中，对联营企业和合营企业的投资收益实现了大幅度增长，说明企业投资行为已初见成效。

### 2. 投资活动现金流量大于零

这种情形是指上述与投资活动相关的现金流入量大于与投资活动相关的现金流出量。"投资活动现金流量大于零"可能出于两种原因：一是企业投资回收的资金大于投资的现金流出；二是企业迫于资金压力，处理在用的固定资产或者持有的长期投资等。分析时应该加以区分，找到真正的原因。投资活动必须符合企业的发展战略，盲目的投资在增加企业资金压力的同时，会导致巨大的亏损，甚至投资无法收回，严重的可能会导致企业破产。

## 5.3.3 筹资活动现金流量分析

筹资活动是指导致企业资本及债务规模和结构发生变化的活动，包括吸收投资、发行股票、借入和偿还贷款、分配利润、支付利息等活动。如果该项的现金净流入量大幅增加，说明企业需要从外部大量筹集资金；如果筹资活动的现金净流出量大幅度增加，则说明企业外部筹资规模正在收缩。

### 1. 筹资活动现金流量小于或等于零

"筹资活动现金流量小于或等于零"是指筹资活动所产生的现金流入量小于或者等于筹资活动的现金流出量。这种情况的出现，可能是因为企业的筹资达到了一定目的，利用经营活动产生的现金流量或者投资活动产生的现金流量在到期时偿还贷款，也可能是因为企业的投资活动或经营活动出现失误，需要变卖资产偿还债务。

【例5-6】（筹资活动现金流量分析）根据表1-8及相关资料，对SYZG公司的筹资活动现金流量进行分析。

根据表1-8并结合报表附注可知，SYZG公司2015年筹资净额由正转为负，主要是公司借款净增加额减少所致。

### 2. 筹资活动现金流量大于零

"筹资活动现金流量大于零"是指筹资活动所产生的现金流入量大于筹资活动的现金流出量。在企业的初创期和成长期，内部资金不足以满足大规模的投资，需要从外部筹集资金。分析一个企业的筹资活动现金流量大于零是否正常，关键看筹集资金的目的，可能是因为企业扩大规模，也可能是因为企业投资失误而出现亏损或者经营活动现金流量长期入不敷出。

**案例 5 - 3**

## FF 公司的现金流量

　　根据 FF 上市公司 2015 年年报显示，现金流量表中"购建固定资产、无形资产和其他长期资产支付的现金"为 6 600 万元，而细心的分析人员不难发现，结合资产负债表信息，当年固定资产和无形资产的增加额为 200 万元，全部非流动资产增加额不过 2 700 万元。看来 6 600 万元的"长期资产"并未形成长期资产。通过水平分析发现，当年企业存货项目有 5 500 万元的巨额增加，而"购买商品、提供劳务收到的现金"却未有显著增加。通过分析发现，应收账款的增长率要高于营业收入增长率。将这些信息放在一起综合分析不难得出结论：企业当年销售回款不畅，但为了维持经营活动净现金流量为正，该企业有可能将一部分经营活动现金流出量转移为投资活动现金流出量。

## 5.3.4　企业生命周期理论与现金流量分析

　　一般地，我们将企业经营周期分为初创期、成长期、成熟期和衰退期。各个周期的现金流量有其各自的特点，具体如下。

### 1. 初创期

　　在此期间，企业患有资金饥渴症，它们需要资金扩大生产规模，支付员工工资，加快产品生产和开拓市场。由于市场尚未打开，产品质量和品牌知名度不高，很难产生正的经营活动现金流量，企业面临的风险很高。投资活动消耗的现金流量远大于经营活动产生的现金流量，存在大量筹资需求，筹资活动产生的现金流量巨大。由于处于创业阶段，具有非常高的经营风险。从债权人角度看，不愿意贷款给企业。该阶段企业一般会采取低财务风险的筹资战略，即通过吸收权益资本进行筹资。

　　综上所述，初创期企业的财务特征主要表现为：

① 只有少量的销售收入；

② 经营亏损或勉强盈利；

③ 经营活动产生的现金流量入不敷出；

④ 投资活动产生的现金流出量巨大；

⑤ 筹资活动产生的现金流量是维持企业正常运转的首要资金来源。

### 2. 成长期

　　企业经过市场开拓、产品研发等措施取得一定的市场地位之后，已经逐渐掌握了良好的市场销售渠道，树立了良好的市场品牌，产品销售高速增长，经营活动产生的现金流量大为改观。但由于生产的快速增长，需要不断地追加投资，资本性支出仍然在持续。在成长期的前一阶段，经营活动产生的现金流量依然无法满足投资需要，企业需要寻求外部融资。

该阶段的财务特征是：

① 销售额和利润不断增加；

② 经营活动产生的现金流量在不断增加，但不会有很多的现金节余；

③ 设备投资继续进行，但相对于前阶段已减少，投资活动的现金净流量继续出现负值；

④ 筹资活动产生的现金净流量通常为负，但企业对筹资活动产生的现金流量的依赖大为降低。

### 3. 成熟期

这段时期，企业的经营活动相对稳定，生产成本逐步降低，生产的规模效应开始呈现，战略目标及竞争优势已显现出来，在行业中的地位也基本稳定。但此时的市场需求已达到饱和，销售增长开始放缓。由于企业试图通过提高市场占有份额求得增长，该阶段价格竞争通常趋于白热化。成熟期的企业对资本的需求较小，顾客对其产品的需求增长缓慢，企业不需要大幅度扩大生产。有些经营管理者开始尝试由单一化经营向多元化经营转化，以寻求新的商机。

企业处于成熟期的财务特征是：

① 经营活动产生的现金流量稳定，净流量很大，现金充足；

② 企业处于"负投资"的状态；

③ 企业倾向于向股东支付巨额股利，甚至回购股票，或者加速偿还银行借款。筹资活动产生的现金流量常常体现为巨额流出。

### 4. 衰退期

企业处于衰退期，通常面临惨烈的市场竞争，产品被淘汰或被新产品替代的风险很大。

在这一时期企业的财务特征主要表现为：

① 销售收入严重萎缩；

② 经营出现亏损，经营活动产生的现金流量急剧下降；

③ 投资活动产生的现金流量可能由于企业的战略撤退而呈现正数；

④ 筹资活动产生的现金流量枯竭。

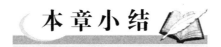

## 本 章 小 结

现金流量表是指反映企业在一定期间现金和现金等价物流入和流出情况的报表。而现金是指企业库存现金及可以随时用于支付的存款。现金等价物是指企业持有的期限短、流动性强、易于转换为已知金额现金、价值变动风险很小的投资。

　　现金流量表将现金流分为三类：经营活动现金流量、投资活动现金流量和筹资活动现金流量。经营活动是指企业投资活动和筹资活动以外的所有交易和事项，主要包括供产销等活动。投资活动是指企业长期资产的购建和不包括在现金等价物范围内的投资及其处置活动。筹资活动是指导致企业资本及债务规模和构成发生变化的活动。现金流量表分析包括以下基本步骤：①现金流量表的比较分析，包括水平分析、垂直分析和趋势分析等；②现金流量表的项目分析。

　　现金流量表水平分析主要是指分析人员通过对比现金流量表相同项目在前后不同期间的不同数值，计算它们之间的差异，并找出相关异常变动的原因。

　　现金流量表垂直分析也称结构分析，分为现金流入结构分析、现金流出结构分析和现金净流量结构分析。每种结构分析都有两种思路：可以以某项业务活动现金流入（流出）量占总现金流入（流出）量的比重来衡量，也可以以某项业务活动现金流入（流出）量占该项目所属业务活动的现金流入（流出）量的比重来衡量。

　　现金流量表趋势分析，即是将现金流量表各项目连续几年或几个时期的数据进行对比，以分析各有关项目的变动情况和趋势。

　　现金流量表的项目分析，是指按照现金流量表中现金流量的项目或者类别，分析该类现金流入与流出情况是否符合企业发展阶段的特征及是否符合企业发展战略中的预期目标，从而进一步分析其产生原因。

　　经营活动现金流量的充足性分析分为以下五种情况：经营活动产生的现金流量小于零；经营活动产生的现金流量等于零；经营活动产生的现金流量大于零，但是无法完全弥补非付现成本；经营活动产生的现金流量大于零并且刚好可以弥补非付现成本；经营活动产生的现金流量大于零并且在弥补非付现成本后仍有剩余。

　　财务分析人员应关注企业操纵经营活动现金流量的手段主要有：篡改现金流量性质、资金暂时回笼、应收票据贴现、利用应付项目。

　　投资活动现金流量小于或等于零，不能武断地认为是好还是坏，应该观察这个特征是否符合企业的发展阶段，是否与企业的发展战略和发展方向相一致，才能进一步作出判断。"投资活动现金流量大于零"可能出于两种原因：一是企业投资回收的资金大于投资的现金流出；二是企业迫于资金压力，处理在用的固定资产或者持有的长期投资等。

　　筹资活动现金净流量小于或等于零，可能是因为企业的筹资达到了一定的目的，利用经营活动或投资活动产生的现金流量在偿还贷款，也可能是因为企业因为投资活动或经营活动出现失误，需要变卖资产偿还债务。筹资活动现金净流量大于零是否正常，关键看筹资的目的是否合理。

一般地，将企业经营周期分为初创期、成长期、成熟期和衰退期。各个周期的现金流量有其各自的特点。

# 练 习 题

## 一、单项选择题

1. 下列指标中，最能反映企业盈利质量的指标是（      ）。

    A. 利息保障倍数             B. 流动比率

    C. 盈余现金保障倍数       D. 销售利润率

2. 下列不属于经营活动现金流量的是（      ）。

    A. 收回应收账款             B. 本期收到客户的预付款项

    C. 以现金支付的在建工程人员的工资    D. 向购买方收取的增值税销项税额

3. 企业支付股票股利时，（      ）。

    A. 影响当期经营活动现金流量

    B. 影响当期投资活动现金流量

    C. 影响当期筹资活动现金流量

    D. 不影响当期现金流量

4. 为了反映企业当期营业收入的现金收回情况，可以用来与营业收入对比分析的现金流量表项目是（      ）。

    A. 经营活动现金流入小计

    B. 经营活动产生的现金流量净额

    C. 现金及现金等价物的净增加额

    D. 销售商品、提供劳务收到的现金

5. 能反映企业自身生产活动创造现金流量水平的指标是（      ）。

    A. 经营活动产生的现金流量净额

    B. 投资活动产生的现金流量净额

    C. 筹资活动产生的现金流量净额

    D. 现金及现金等价物净增加额

## 二、多项选择题

1. 根据现行的会计准则，现金流量表将现金流分为三类，它们是（      ）。

A. 经营活动现金流量　　　　　　　B. 筹资活动现金流量

C. 投资活动现金流量　　　　　　　D. 营业现金流量

E. 自由现金流量

2. 现金流量表分析的目的有（　　　）。

A. 了解现金流变动情况及其原因　　B. 评价企业的支付能力

C. 评价企业各方面的经营业绩　　　D. 评价企业的盈利质量

E. 预测未来现金流量

3. 若企业的日常经营活动现金的流入量不足以支付企业日常经营活动现金的流出量，企业可以采取的措施包括（　　　）。

A. 提高销售收入的收现率

B. 向银行借入贷款

C. 加速应收账款的收回

D. 临时动用准备投资的现金

E. 抛售以公允价值计量且其变动计入当期损益的金融资产

4. 若企业的筹资活动现金净流量小于零，可能是由于（　　　）。

A. 企业处在无法取得贷款的困境中，同时需要偿还到期债务

B. 企业处于良好的运转状态，近期内不打算扩充规模，开始大规模偿还前期债务

C. 企业在良好的运转状态下，大量派发现金股利

D. 企业在良好的运转状态下，大量派发股票股利

E. 企业可能陷入财务危机

5. 下列关于企业现金流量与企业经营周期的关系说法正确的有（　　　）。

A. 在企业的初创期，投资活动活跃，投资活动消耗的现金流量远大于经营活动产生的现金流量

B. 在企业的成熟期，经营现金流稳定，净流量很大，现金流充足

C. 一般在企业的初创期存在大量筹资需求，筹资活动产生的现金流量巨大

D. 在企业的成长期，经营、筹资和投资的现金流量都为正

E. 在企业的衰退期，经营现金流稳定，净流量很大，现金流量充足

### 三、判断题

1. 在现金流量表中，股利支出属于投资现金流量。（　　　）

2. 现金流量表垂直分析，即通过对现金流量表中每个项目前后期的增减变动来观察企业现金流的变化情况，对异常变动的原因和后果进行分析。（　　　）

3. 除非企业可以完全弥补非付现成本，否则企业会从"经营活动产生的现金流量大于零但是无法弥补非付现成本"的情况变为"经营活动产生的现金流量等于零或小于零"的情况，进而破产。（　　　）

4. 经营活动现金流量大于零，企业一定处于盈利状态。（　　　）

5. 企业支付所得税将引起投资活动现金流出量的增加。（     ）

## 四、简答题

1. 试述利润和现金的含义，并结合两者的关系简述盈利质量分析的意义。

2. 简述现金流量表垂直分析的意义。

3. 如何评价经营活动现金净流量的变化？

4. 为什么说现金流量分析对企业而言非常重要？

## 五、综合题

甲股份有限公司 2016 年的现金流量表如表 5-5 所示。

### 表 5-5　现金流量表

编制单位：甲股份有限公司　　　　　　　　　　2016 年度　　　　　　　　　　单位：万元

| 项　　目 | 本期金额 | 上期金额 |
|---|---|---|
| 一、经营活动产生的现金流量 | | |
| 销售商品、提供劳务收到的现金 | 490 811 | 354 726 |
| 收到的税费返还 | | |
| 收到其他与经营活动有关的现金 | 3 | 1 029 |
| 　经营活动现金流入小计 | 490 814 | 355 755 |
| 购买商品、接受劳务支付的现金 | 436 825 | 335 736 |
| 支付给职工以及为职工支付的现金 | 9 236 | 7 836 |
| 支付的各项税费 | 9 547 | 5 805 |
| 支付其他与经营活动有关的现金 | 23 844 | 8 048 |
| 　经营活动现金流出小计 | (1) | 357 425 |
| 　　经营活动产生的现金流量净额 | 11 362 | (2) |
| 二、投资活动产生的现金流量 | | |
| 收回投资收到的现金 | | |
| 取得投资收益收到的现金 | 2 253 | 3 919 |
| 处置固定资产、无形资产和其他长期资产收回的现金净额 | 125 | 59 |
| 处置子公司及其他营业单位收到的现金净额 | | |
| 收到其他与投资活动有关的现金 | | |
| 　投资活动现金流入小计 | 2 378 | 3 978 |
| 购建固定资产、无形资产和其他长期资产支付的现金 | 8 774 | 6 689 |
| 投资支付的现金 | 6 898 | 21 117 |
| 取得子公司及其他营业单位支付的现金净额 | | |

| 项　目 | 本期金额 | 上期金额 |
|---|---|---|
| 　　支付其他与投资活动有关的现金 | | 56 |
| 　　投资活动现金流出小计 | 15 672 | 27 862 |
| 　　投资活动产生的现金流量净额 | （3） | －23 884 |
| 三、筹资活动产生的现金流量 | | |
| 　　吸收投资收到的现金 | | |
| 其中：子公司吸收少数股东投资收到的现金 | | |
| 取得借款收到的现金 | 19 500 | 14 750 |
| 收到其他与筹资活动有关的现金 | | |
| 　　筹资活动现金流入小计 | 19 500 | 14 750 |
| 偿还债务支付的现金 | 12 500 | 12 575 |
| 分配股利、利润或者偿付利息支付的现金 | 5 225 | 4 548 |
| 其中：子公司支付给少数股东的股利、利润 | | |
| 支付其他与筹资活动有关的现金 | | 21 |
| 　　筹资活动现金流出小计 | 17 725 | 17 144 |
| 　　筹资活动产生的现金流量净额 | 1 775 | －2 394 |
| 四、汇率变动对现金及现金等价物的影响 | | |
| 五、现金及现金等价物净增加额 | （4） | －27 948 |
| 　　加：期初现金及现金等价物余额 | 15 165 | 43 113 |
| 六、期末现金及现金等价物余额 | 15 008 | 15 165 |

要求：

（1）请利用钩稽关系将表中数字补充完整；

（2）请对上述现金流量表进行水平分析，并评价企业的运营状况；

（3）请对上述现金流量表进行垂直分析，并评价企业的运营状况；

（4）对上表进行现金流量表的项目分析，并结合企业的生命周期理论进行相关评价。

# 第6章

# 盈利能力分析

**学习目标:**

- 了解盈利能力分析的内涵与意义;
- 掌握营业盈利能力指标的计算与评价方法;
- 掌握资产盈利能力指标的计算与评价方法;
- 掌握资本盈利能力指标的计算与评价方法;
- 理解盈利能力的影响因素及其分析。

## 引 例

### 海澜之家逆势而上赶超报喜鸟

在服装消费行业整体低迷的大背景下,服装行业上市公司的营业收入和净利润的变动趋势也出现了较大分化。作为我国运作最规范、网络最为健全的男装专卖零售体系之一的报喜鸟近3年的业绩一路下滑,而具有"男人的衣柜"品牌形象的海澜之家却逆势而上,最终以绝对优势遥遥领先于报喜鸟。

通过对报喜鸟和海澜之家近3年财务数据进行分析(表6-1)不难看出,海澜之家的净资产收益率和销售净利率一路飙升,其盈利能力2013年开始领先于报喜鸟;2014年净资产收益率达到33.73%,比上年增长了27.16个百分点,远远超过行业优秀值14%。可见,海澜之家在同行业中的优势地位越来越明显。

**表6-1　报喜鸟与海澜之家盈利能力分析**

| 项　目 | | 2012 年 | 2013 年 | 2014 年 |
|---|---|---|---|---|
| 销售净利率/% | 报喜鸟 | 21.20 | 7.97 | 5.89 |
| | 海澜之家 | 7.64 | 10.38 | 19.25 |
| 净资产收益率/% | 报喜鸟 | 18.13 | 6.13 | 4.92 |
| | 海澜之家 | 5.19 | 6.57 | 33.73 |

　　到底是什么原因导致这两家企业的业绩有如此大的反差呢？应该如何正确分析企业的盈利能力呢？本章主要介绍盈利能力分析的基本原理。

# 6.1　盈利能力分析的内涵与意义

**名人名言**

　　公司市场价值之所以能增长得益于三个要素，那就是盈余增长、盈余增长、盈余增长。

——林奇

## 6.1.1　盈利能力分析的内涵

　　盈利是企业全部收入和利得扣除全部成本费用和损失后的盈余，是企业生产经营活动取得的财务成果。实现盈利是企业从事生产经营活动的根本目的，是企业赖以生存和发展的物质基础，是企业投资者、债权人、经营者和员工关心的焦点。

　　盈利能力是指企业在一定时期内赚取利润的能力。企业的业绩是通过盈利能力体现出来的。因此，分析盈利能力就要对利润额进行分析，但利润额的大小受投资规模、经营好坏的制约。所以，为了更合理地反映企业的盈利能力，一般采用利润率指标，利润率越高，说明盈利能力越强，利润率越低，说明盈利能力越差。

　　盈利能力分析，是指通过一定的分析方法，剖析、鉴别、判断企业能够获取利润的能力，也是对企业各环节经营结果的分析。就各种能力分析的关系来看，营运能力分析、偿债能力分析乃至发展能力分析都是以盈利能力分析为基础的，所以盈利能力分析是财务报表分析的核心内容，也是企业利益相关者从各个方面了解企业经营状况、提高企业经营管理水平的重要手段之一。

## 6.1.2　盈利能力分析的意义

不同的利益相关者，站在不同的角度，对盈利能力分析有着各自不同的要求和目的。因此，盈利能力分析对于不同利益相关者而言具有不同的意义。

对于债权人来说，出让资金使用权的目的是获取利息收入。而利润是举债企业偿还债务的资金来源，所以盈利能力直接影响到其偿债能力，即企业的盈利能力决定了债权人到期能否全额收回本息。由此可见，债权人进行盈利能力分析的目的就是考察并保证其债权的安全性。

对于投资者来讲，投资的直接目的就是获得股利和股票价格上涨带来的差价收入，以获取更多的利润。而实现净利润及盈利能力的不断增强是企业发放股利和股价上涨的基础和保证。投资者在进行投资前，往往通过判断盈利能力来预测未来收益或估计投资风险，并以此作为投资决策的主要依据。

对于企业的经营者来讲，盈利能力是经营的最终目的和最重要的业绩衡量标准，同时企业的盈利水平是经营者获取薪酬的主要依据和保证。经营者应用分析期的盈利能力指标与该企业的历史标准、预期计划及同行业其他企业的指标进行比较，来衡量各部门、各环节的业绩，并评价其工作效率和效果，从而找出差距，分析经营管理中存在的问题和不足，以便采取有效措施，提高企业的盈利能力，促进企业持续稳定发展，同时提高经营者个人收益。

## 6.1.3　盈利能力分析的内容

盈利能力分析是财务分析的重点，盈利能力是营运能力分析的目的和归宿，也是偿债能力和增长能力的保障和表现。本章就反映盈利能力的各种相对指标进行分析，同时进行横向和纵向比较，找出差异，分析其变动原因及相关影响因素。我们将从以下几个方面来分析盈利能力。

### 1. 营业盈利能力分析

营业盈利能力是指企业在生产经营过程中获取利润的能力，具体来说是指单位营业收入中所实现利润的多少。企业的利润归根结底来源于企业的营业盈利能力，它是决定企业最终利润大小的关键，也是其他因素发挥贡献的前提。所以，营业盈利能力指标是衡量净资产收益率、总资产报酬率的基础，也是同行业企业比较经营业绩、考察管理水平的重要依据。因此，关注企业盈利能力的报表使用者都非常重视营业盈利能力指标的变动，其主要指标包括销售毛利率、销售净利率、成本费用利润率、主营业务利润率等。

营业盈利能力分析主要研究利润与收入或者成本之间的比率关系，反映企业在生产经营过程中实现的各项盈利的能力和水平。

**2. 资产盈利能力分析**

资产盈利能力是指企业通过生产要素的优化配置和产业结构的动态调整，对企业的有形资产和无形资产进行综合有效运营以获取利润的能力，具体地说就是每单位资产运营所获取的利润。

资产盈利能力分析主要研究利润与占用和消耗的资产之间的比率关系，反映企业的各项资产在营运过程中实现的盈利水平。分析指标主要包括流动资产利润率、固定资产利润率、总资产利润率、总资产报酬率等。

**3. 资本盈利能力分析**

资本盈利是指围绕投资者投入资本的保值增值进行经营管理，从而使企业以一定的资本投入取得尽可能多的资本收益。资本盈利能力是指企业的所有者投入资本在生产经营过程中取得利润的能力。

资本盈利能力分析主要研究所有者投入资本创造利润的能力。反映资本盈利能力的指标主要有所有者权益利润率、资本保值增值率、净资产收益率及上市公司的市盈率和普通股权益报酬率等。

# 6.2　营业盈利能力

---

**名人名言**

企业的兴衰与其说是依靠其评估各种投资机会的能力，还不如说是取决于创造盈利机会的能力。

——派克和多宾斯

---

企业营业盈利能力是指企业在生产经营过程中获取利润的能力。反映企业营业盈利能力的主要指标如下。

## 6.2.1　销售毛利率计算与分析

销售毛利率是企业的营业毛利润与营业收入的对比关系，表示营业收入净额扣除营业成本后，有多少钱可以用于支付各项期间费用及形成盈利。其计算公式如下。

$$销售毛利率＝\frac{营业毛利}{营业收入净额}\times100\%$$

其中，营业毛利是指企业的营业收入净额扣除营业成本后的差额，它可以在一定程度上反映企业生产环节效率的高低。营业收入净额是指企业主营业务的销售收入和非主营业务销售收入扣除销售折扣、销售折让及销售退回后的余额，反映了销售实际取得的收入。一般来说，大部分的管理费用和部分的销售费用都具有一定的刚性，当企业在一定规模和范围内经营时，这些费用不会随着企业产品产量和销售量发生变化，利息费用也比较稳定，与生产量或销售量没有太大的关系。所以，在进行该指标变动分析时一般不考虑三项期间费用。毛利是企业最基本的或初始的利润，是企业获取净利润的起点。销售毛利率是企业销售净利率的最初基础，没有足够高的毛利率便不能形成之后的其他利润。

有关销售毛利率的分析应注意以下几点。

（1）销售毛利率反映了企业经营活动的盈利能力

企业只有取得足够高的销售毛利率，才能为形成企业的最终利润打下良好的基础。在分析该指标时，应从各成本项目入手，深入分析企业在成本费用控制、产品经营策略等方面的不足与成绩。

（2）销售毛利率具有明显的行业特点

一般而言，营业周期短、固定费用低的行业，销售毛利率比较低，比如零售业与物流业销售毛利率只有5％左右；反之，营业周期长、固定费用高的行业则具有较高的毛利率，以弥补巨大的固定成本，比如交通运输业销售毛利率达50％左右。销售毛利率随着行业的不同而不同，但同一行业的销售毛利率一般差别不大。在分析销售毛利率的时候，必须与企业以前各年度的销售毛利率、同行业的销售毛利率加以对比，以评价企业的盈利能力在同行业中所处的位置，并进一步分析差距形成的原因，从而找出提高盈利能力的途径。

一般情况下，企业的销售毛利率相对比较稳定，是一个比较可信的指标。如果销售毛利率连续上升，就说明企业产品市场需求强烈，产品竞争力不断增加；反之，销售毛利率连续下跌说明企业产品销售在走下坡路。如果销售毛利率发生较大的变化，应该引起管理者的警觉。

【例6-1】（销售毛利率计算与分析）根据SYZG公司年报资料，计算的销售毛利率如表6-2所示。

表6-2　销售毛利率计算表

| 项　目 | 2015年 | 2014年 | 2013年 |
|---|---|---|---|
| 营业收入净额/万元 | 2 336 687 | 3 036 472 | 3 732 789 |
| 营业成本/万元 | 1 757 677 | 2 253 867 | 2 755 269 |
| 营业毛利/万元 | 579 010 | 782 605 | 977 520 |
| 销售毛利率/% | 24.78 | 25.77 | 26.19 |

由表6-2可知，SYZG公司近三年销售毛利率持续下滑，说明企业市场需求及销售情况有所下降，营业盈利能力变弱。主要是在国内外经济复苏推动力不足的形势下，受固定资产投资特别是房地产投资持续放缓的影响，工程机械行业的市场需求依然较为低迷，行业整体盈利水平低于预期。

但同时也要注意，尽管高销售毛利率为补偿期间费用和形成最终利润奠定了基础，但适当降低销售毛利率、加速资金周转有时也是件好事，如日本大荣公司的案例。

---

**案例6-1**

### 日本大荣公司的"10-7-3薄利多销原则"

日本大荣公司创建于1957年，该店的指导思想是"更好的商品，更快更便宜地卖出去"。公司的"10-7-3原则"即商店经营毛利率为10％，经营费为7％，纯利率为3％。采取薄利多销的策略，商品销售得很快，销售额很高，资金周转得也很快，所以公司的利润还是相当可观的。如今该公司已成为全日本最有名的商业公司，年销售额突破千兆日元。

---

## 6.2.2　销售净利率计算与分析

销售净利率是指企业实现的净利润与营业收入净额的对比关系，用以衡量企业在一定时期的营业收入的获利能力。其计算公式如下。

$$销售净利率 = \frac{净利润}{营业收入净额} \times 100\%$$

销售净利率的大小主要受营业收入和净利润的影响，这两个项目分别是利润表中的第一项和最后一项，从利润的源泉到最终的净利润，中间要经过营业成本、税金及附加、三项期间费用、资产减值损失、公允价值变动损益、投资收益、营业外收入、营业外支出及所得税费用等多个环节。因此，这些项目的增减变化都会影响到销售净利率的大小。销售净利率是反映企业营业盈利能力的最终指标，该指标越高，说明企业的盈利能力越强。

分析销售净利率指标应注意以下问题。

（1）净利润中包括波动较大的营业外收支和投资收益

因为销售净利率指标的年度变化比较大，企业的短期投资者和债权人更关心该指标，但是对企业的经营者来说，应将该指标与净利润的内部构成结合起来进行分析，以此评价企业的管理水平是提高了还是下降了。

（2）不同行业的企业间销售净利率水平不具有可比性

因为不同行业的竞争状况、经济状况、行业经营特征不同，所以不同行业的销售净利率平均水平不同。一般来说，资本密集程度高的企业，销售净利率较高；反之，资本密集程度低的企业，销售净利率较低。

【例6-2】（销售净利率计算与分析）根据 SYZG 公司年报资料，计算销售净利率指标如表6-3所示。

表6-3　销售净利率计算表

| 项目 | 2015 年 | 2014 年 | 2013 年 |
| --- | --- | --- | --- |
| 营业收入净额/万元 | 2 336 687 | 3 036 472 | 3 732 789 |
| 净利润/万元 | 13 815 | 75 597 | 309 485 |
| 销售净利率/% | 0.59 | 2.49 | 8.29 |

由表6-3可知，受固定资产投资特别是房地产投资持续放缓的影响，SYZG 公司近三年营业收入、净利润同比持续下滑：2014 年营业收入较 2013 年下降 696 317 万元，降幅为 18.65%，2015 年营业收入较 2014 年下降 699 785 万元，降幅为 23.05%；2014 年净利润较 2013 年下降 233 888 万元，降幅为 75.57%；2015 年净利润较 2014 年下降 61 782 万元，降幅为 81.73%。从以上数据可以看出，无论是 2014 年还是 2015 年净利润降幅都明显大于营业收入降幅，导致销售净利率下降，企业盈利能力减弱，这是由于近年来公司所处行业产能过剩、市场萎缩、竞争程度更加激烈所导致的。

总之，企业要想提高销售净利率，一方面要扩大营业收入；另一方面要降低成本费用。而降低各项成本费用开支是企业成本费用管理的一项重要内容。通过计算企业各项成本费用开支，有利于进行成本费用的结构分析，加强成本费用控制，为寻求降低成本费用的途径提供依据。通过分析销售净利率的变动情况，促使企业在扩大销售的同时，注意改进经营管理，提高盈利水平。

案例6-2

## 华远地产的二次腾飞

华远地产的发展开始了二次腾飞，公司每股收益从 2003 年的 0.13 元增加到 2006 年的 0.47 元；净资产收益率从 11.28% 提高到 27.55%，销售净利率从 7.11% 增长到 24.95%。综合考虑 32 家房地产公司 2005 年年报，这些公司平均销售净利率为 11.09%，总资产周转率为 34%，净资产收益率为 9.58%。

通过对比可以看出，华远净资产收益率远远高出行业平均水平，而销售净利率比同行高出 1 倍以上则是重要原因。而销售净利率远远高于行业平均水平主要归于企业经营多元化、成熟的管理体系和较强的技术水平等原因。但是华远地产 2005 年的总资产周转率为 34%，远远低于竞争对手万科 56% 的水平。目前，随着地价的上涨，房地产行业销售净利率下降是大势所趋，依靠高净利率来实现的净资产收益率很难维持，相比之下保持现有的销售净利率、提高资产周转率将成为考验公司未来业绩的关键。

## 6.2.3　成本费用利润率计算与分析

成本费用利润率是指企业的利润总额与成本费用总额之间的比率，它是反映企业在经营过程中发生的耗费与获得的收益之间关系的指标。计算公式如下。

$$成本费用利润率 = \frac{利润总额}{成本费用总额} \times 100\%$$

其中

$$成本费用总额 = 营业成本 + 税金及附加 + 三项期间费用$$
$$（管理费用、销售费用和财务费用）$$

该项指标越高，表明企业生产经营的单位成本费用取得的利润越多，成本耗费的效益越高；反之，则表明单位成本费用实现的利润越少，成本耗费的效益越低。这是一个能直接反映增收节支效益的指标。

对于企业的管理者来讲，成本费用利润率是非常有益的指标，它可以告诉管理者生产经营在哪些方面存在问题，哪些环节需要改进。因此，成本费用利润率既可以评价企业盈利能力的强弱，也可以评价企业成本费用控制和管理水平的高低。

【例6-3】（成本费用利润率计算与分析）根据 SYZG 公司年报资料，计算成本费用利润率如表6-4所示。

表6-4　成本费用利润率计算表

| 项目 | 2015 年 | 2014 年 | 2013 年 |
|---|---|---|---|
| 成本费用总额/万元 | 2 296 116 | 2 935 686 | 3 410 047 |
| 利润总额/万元 | 11 989 | 98 513 | 345 041 |
| 成本费用利润率/% | 0.52 | 3.36 | 10.12 |

由表6-4可知，受固定资产投资特别是房地产投资持续放缓的影响，SYZG 公司近三年营业收入同比持续下滑，2014 年下滑幅度为 18.65%，2015 年下滑幅度为 23.05%，各项成本费用随之下降，但下降幅度小于营业收入下降幅度，其中 2014 年下降幅度为 13.91%，2015 年下滑幅度为 21.79%，可见两年的营业收入下降幅度均高于成本费用下降幅度，最终导致成本费用利润率持续下滑。这说明企业单位成本费用实现的利润减少，成本费用耗费的效益降低，企业在成本费用管控方面有待加强。

## 6.2.4 主营业务利润率计算与分析

主营业务利润率是指企业的主营业务利润与主营业务收入之间的比例关系，它反映了企业依靠主营业务赚取利润的能力。计算公式如下。

$$主营业务利润率 = \frac{主营业务利润}{主营业务收入} \times 100\%$$

其中

$$主营业务利润 = 主营业务收入 - 主营业务成本 - 主营业务税金及附加$$

该指标越高，说明企业的主营业务赚取利润的能力越强，企业的盈利越有保障。

【例6-4】（主营业务利润率计算与分析）根据 SYZG 公司年报资料，计算主营业务利润率如表6-5所示。

表6-5　主营业务利润率计算表

| 项目 | 2015 年 | 2014 年 | 2013 年 |
|---|---|---|---|
| 主营业务收入/万元 | 2 267 873 | 2 970 493 | 3 634 049 |
| 主营业务成本/万元 | 1 695 978 | 2 200 447 | 2 664 444 |
| 主营业务利润/万元 | 571 895 | 770 046 | 969 605 |
| 主营业务利润率/% | 25.22 | 25.92 | 26.68 |

注：因无法获取"主营业务税金及附加"数据，且考虑其影响不大，故在此忽略不计。

从该公司的营业盈利能力情况看，受宏观经济增速回落、固定资产投资特别是房地产投资持续放缓的影响，SYZG 公司近三年主营业务收入、主营业务利润同比持续下降，导致主营业务利润率从 26.68% 下降到 25.22%，说明 SYZG 公司主营业务的盈利能力略有下降。

当然，企业主营业务利润率的分析和评价不仅要结合企业的历史资料，更要结合行业平均水平判断。不同行业的主营业务盈利能力会出现差异。SYZG 公司属于建筑设备制造业，根据 2015 年数据统计得出，该行业平均主营业务利润率为 14.9%，良好值为 20.1%，优秀值为 26.3%，SYZG 公司的 25.22% 接近于行业优秀值，说明该公司尽管由于外部环境的影响主营业务的盈利能力略有下降，但仍然维持在较强的水平。

# 6.3　资产盈利能力分析

企业在一定时期内占用和耗费的资产越少，获取的利润越大，说明资产的盈利能力越强，经济效益越好。反映企业资产盈利能力的主要指标如下。

## 6.3.1 流动资产利润率计算与分析

流动资产利润率是指企业的利润总额与流动资产平均额之间的比率。它反映了企业生产经营中流动资产所实现的效益，即流动资产在一定时期内所带来的利润额。流动资产是企业资产中流动性最强的部分，在企业的生产经营中发挥着重要的作用。因此，流动资产利润率是企业分析资产盈利能力的一个重要指标。其计算公式如下。

$$流动资产利润率 = \frac{利润总额}{流动资产平均额} \times 100\%$$

其中

$$流动资产平均额 = （期初流动资产总额 + 期末流动资产总额） \div 2$$

流动资产利润率受利润总额和流动资产平均额两个因素的影响。在流动资产不变的情况下，利润总额越多，流动资产利润率就越高，说明其盈利能力越强；同样，在利润总额不变的情况下，流动资产平均额越少，流动资产利润率越高，盈利能力也越强。

【例6-5】（流动资产利润率计算与分析）SYZG 公司 2015 年流动资产平均额为 3 772 059.5万元 ［（3 732 883＋3 811 236）/2＝3 772 059.5 万元］，利润总额为11 989万元。

$$流动资产利润率 = （11 989/3 772 059.5） \times 100\% = 0.31\%$$

能够看出，企业流动资产盈利状况较差，不利于企业总资产盈利能力的提高。该指标还应结合行业水平进行分析。

## 6.3.2 固定资产利润率计算与分析

固定资产利润率是指利润总额与固定资产平均净额之间的对比关系。它反映了固定资产所实现的效益，即固定资产净值在一定时期内所带来的利润额。固定资产是企业生产经营中的物质技术基础，特别是在工业企业的总资产中占有的比重较大。因此，在分析资产的盈利能力时，固定资产利润率具有举足轻重的作用。其计算公式如下。

$$固定资产利润率 = \frac{利润总额}{固定资产平均净额} \times 100\%$$

其中，固定资产平均净额是指年初、年末固定资产原值减去相应的累计折旧和固定资产减值准备后的净值的平均值。这样，一方面体现了固定资产的实有价值，另一方面与企业的利润额在计算时期上保持一致。

固定资产利润率受利润总额和固定资产平均净额两个因素影响。在固定资产平均净额不变的条件下，利润总额越大，固定资产利润率越高，说明企业的盈利能力越强；在利润总额不变的条件下，企业占用的固定资产平均净额越低，固定资产利润率越高，说明企业盈利能力越强。所以，要想提高企业固定资产利润率，在生产经营过程中既要努力开拓市场，促进销售，提高利润额，又要提高固定资产使用效率，尽可能减少固定资产占用额。

【例6-6】（固定资产利润率计算与分析）SYZG公司2015年固定资产平均净额为1 565 413万元［（1 522 594＋1 608 232）/2＝1 565 413万元］，利润总额为11 989万元。

$$固定资产利润率＝（11\ 989/1\ 565\ 413）×100\%＝0.77\%$$

该指标越高，说明企业固定资产盈利能力越强。从计算结果看，SYZG公司的固定资产盈利能力较弱。当然，对该指标的分析还应该结合企业历史标准和行业标准。

## 6.3.3　总资产利润率计算与分析

总资产利润率是指企业的利润总额与总资产平均额之间的比率，即企业一定时期总资产所实现的利润额。总资产是指企业拥有并支配的全部经济资源，也就是资产负债表中所表现的资产总额。总资产利润率反映了企业综合运用所拥有的全部经济资源所获得的经济利益，是一个综合性的效益指标。其计算公式如下。

$$总资产利润率＝\frac{利润总额}{总资产平均额}×100\%$$

由公式可以看出，企业的总资产利润率与企业的利润总额成正比，与总资产平均额成反比，即在利润总额不变时，占用的总资产越少，总资产利润率就越高；在占用的总资产不变时，实现的利润总额越多，总资产利润率越高。

【例6-7】（总资产利润率计算与分析）SYZG公司2015年利润总额为11 989万元，占用的总资产平均额为6 211 859.5万元［（6 122 774＋6 300 945）/2＝6 211 859.5万元］。

$$总资产利润率＝（11\ 989/6\ 211\ 859.5）×100\%＝0.19\%$$

该指标越高，说明企业资产的运用效率越好。SYZG公司的总资产规模庞大且经营业绩不佳，总资产利润率有待提高。在评价总资产利润率时，需要与企业历史标准和行业标准进行比较，并进一步对该指标进行因素分析，找出有利因素和不利因素。

## 6.3.4　总资产净利率计算与分析

总资产净利率是指企业的净利润与总资产平均额之间的比率。净利润是指企业的税后利润；税后利润是在支付了利息和所得税后企业实际获得的利润额，也就是企业所有者投资的实际报酬。其计算公式如下。

$$总资产净利率 = \frac{净利润}{总资产平均额} \times 100\%$$

$$= \frac{营业收入净额}{总资产平均额} \times \frac{净利润}{营业收入净额}$$

$$= 总资产周转率 \times 销售净利率$$

总资产净利率是反映企业经营效率和盈利能力的综合指标，将其因素分解，可以看出该指标由总资产周转率和销售净利率构成。总资产周转率是反映企业资产营运能力的指标，用来说明资产的运用效率，该指标越高，说明企业对资产的运用越有效，可以直接体现出企业资产的经营效率；销售净利率是反映盈利能力的指标，销售净利率越高说明企业产品的盈利能力越强。总资产周转率的快慢和销售净利率的高低共同决定着总资产净利率的高低。

对于总资产净利率的分析应注意以下问题。

（1）加强企业的资产结构分析

企业应调整生产经营用资产、非生产经营用资产、不良资产、闲置资产、优质资产的结构，以加强资产管理，提高资产利用效率，从而提高总资产周转率。

（2）加强企业利润形成结构的分析

企业应加强销售管理，增加营业收入，节约成本费用，提高企业的盈利能力，从而提高总资产净利率。

【例6-8】（总资产净利率分析）根据 SYZG 公司资产负债表和利润表的有关数据，整理计算的总资产净利率分析表如表6-6所示。

表6-6　总资产净利率分析表

| 项目 | 2015 年 | 2014 年 | 差异 |
|---|---|---|---|
| 营业收入/万元 | 2 336 687 | 3 036 472 | −699 785 |
| 总资产平均额/万元 | 6 211 860 | 6 343 862 | −132 002 |
| 总资产周转率/次 | 0.376 2 | 0.477 9 | 0.101 7 |
| 净利润/万元 | 13 815 | 75 597 | −61 782 |
| 销售净利率/% | 0.59 | 2.49 | −1.90 |
| 总资产净利率/% | 0.22 | 1.19 | −0.97 |

根据表 6-6 的数据可知，该公司 2015 年的总资产净利率为 0.22%，2014 年的总资产净利率为 1.19%，2015 年比 2014 年下降 0.97 个百分点。

总资产净利率变动情况分析如下。

总资产周转率对总资产净利率的影响：$(37.62\% - 47.79\%) \times 2.49\% = -0.25\%$

销售净利率对总资产净利率的影响：$(0.59\% - 2.49\%) \times 37.62\% = -0.72\%$

两项因素共同影响的结果：$-0.25\% + (-0.72\%) = -0.97\%$

根据上述资料，该公司两年中总资产周转率处于下降的状态，从 2014 年的 0.477 9 下降到 2015 年的 0.376 2。主要原因是：由于本年的总资产周转率降低了 0.1017 次，使得总资产净利率下降 0.25%，而且由于本期的销售净利率也下降了 1.90%，从而使总资产净利率下降了 0.72%，两项合计共同导致总资产净利率下降了 0.97%。总体来看，SYZG 公司资金利用效率降低，营业盈利能力降低，因而企业未来应该大力增收节支，提高资金利用效率，从而提升企业竞争力。

## 6.3.5　总资产报酬率计算与分析

总资产报酬率是指企业息税前利润（EBIT）与总资产平均额之间的比率。它反映了企业总资产给社会带来的全部收益，它是评价企业资产综合利用效果、企业总资产盈利能力及企业经济效益的核心指标，是企业资产运用效果最直观的体现。其计算公式如下。

$$总资产报酬率 = \frac{利润总额 + 利息支出}{总资产平均额} \times 100\%$$

其中

$$总资产平均额 = （期初资产总额 + 期末资产总额）/2$$

因为该指标不仅要反映资产为企业带来的利润，而且也要反映企业为社会带来的经济利益，所以在计算该指标时要将从利润总额中扣掉的利息支出加回。这样分子中既包含了可分配给股东的净利润、可上交给国家的所得税，也包含了可支付给债权人的利息，体现了企业通过资产运营，为主要利益相关者带来的收益。

从计算公式中可以看出，总资产报酬率主要受企业总资产规模和实现的息税前利润的影响。在平均总资产规模不变的情况下，实现的息税前利润越多，说明总资产使用效率越高，总资产报酬率就越高；在实现的息税前利润不变的情况下，占用的总资产平均额越少，说明总资产使用效率越高，总资产报酬率就越高。但是，利用这一指标评价企业盈利能力时，还需要与企业历史标准、预算目标或同行业其他企业的标准进行比较，进一步找出该指标变动的原因和存在的问题，以便于企业加强经营管理。

提高总资产报酬率的途径如下。

（1）优化资产结构

企业在保证正常生产经营的前提下，减少流动资产的资金占用；对闲置或由于技术进步使用价值较小的固定资产及时进行处置或更新换代；提高资产管理水平，加强对资产的日常管理等。

（2）提高利润总额

采取科学有效的产品销售策略，努力扩大产品的市场份额，增加营业收入，控制成本费用的支出，不断提高企业的营业利润。在此基础之上，控制营业外支出，为提高利润总额打好基础。

【例6-9】（总资产报酬率计算与分析）根据 SYZG 公司年报资料，计算总资产报酬率如表6-7所示。

表6-7　总资产报酬率计算表

| 项目 | 2015 年 | 2014 年 | 2013 年 |
|---|---|---|---|
| 利润总额/万元 | 11 989 | 98 513 | 345 041 |
| 利息支出/万元 | 132 122 | 123 035 | 32 495 |
| 平均总资产/万元 | 6 211 860 | 6 343 862 | 6 416 459 |
| 总资产报酬率/% | 2.32 | 3.49 | 5.88 |

由表6-7可以看出，SYZG 公司近两年的总资产报酬率有所下滑：2014 年较 2013 年下滑 2.39 个百分点，2015 年较 2014 年下滑 1.17 个百分点，这说明该公司的总资产盈利能力有所下降，公司的经济效益不如从前。下降的主要原因是利润总额大幅度减少：2014 年较 2013 年下降 71.45％，2015 年较 2014 年下降 87.83％，且利润总额与利息支出的总和的减少速度超过总资产的减少速度。总体来看，SYZG 公司总资产的盈利能力遭受了较大的削弱。

# 6.4　资本盈利能力分析

**名人名言**

成功的经营管理绩效，便是获得较高的股东权益报酬率，而不只是每股收益的持续增加。

——巴菲特

资本盈利能力是指企业的所有者通过投入资本经营所取得利润的能力。反映企业资本盈利能力的主要指标如下。

## 6.4.1　所有者权益利润率计算与分析

所有者权益利润率也称权益利润率，是指企业利润总额与所有者权益平均额的比率。它表示单位所有者权益所获得的利润额。这一指标反映所有者的收益水平，表示所有者权益所获得的利润额，所有者权益利润率越高，说明企业盈利能力越强；反之，说明收益水平不高，盈利能力弱。其计算公式如下。

$$所有者权益利润率 = \frac{利润总额}{所有者权益平均额} \times 100\%$$

其中

$$所有者权益平均额 = （期初所有者权益总额 + 期末所有者权益总额）/2$$

该指标从投资者的角度来考察企业的盈利状况，反映了投入资本的盈利能力，是投资者及其潜在投资者关注的焦点。

【例6-10】（所有者权益利润率计算与分析）根据 SYZG 公司年报资料，计算的所有者权益利润率如表6-8所示。

表6-8　所有者权益利润率计算表

| 项目 | 2015 年 | 2014 年 | 2013 年 |
| --- | --- | --- | --- |
| 利润总额/万元 | 11 989 | 98 513 | 345 041 |
| 所有者权益总额/万元 | 2 363 072 | 2 474 083 | 2 500 884 |
| 所有者权益平均额/万元 | 2 418 578 | 2 487 484 | 2 481 115 |
| 所有者权益利润率/% | 0.50 | 3.96 | 13.91 |

由表6-10可知，SYZG 公司近三年所有者权益利润率呈现持续下降的态势：2014年较2013年下降9.95个百分点，2015年较2014年下降3.46个百分点。因此从投资者的角度来看，SYZG 公司投入资本的盈利能力减弱。

## 6.4.2　资本保值增值率计算与分析

企业通过资本的投入和周转，收回资产消耗后可能会产生净利润。如果企业在资本经营过程中产生盈利，资本就会增值；如果经过一定经营周期后发生亏损，企业的资本就会减值。

资本保值增值率反映了企业资本增值的程度：该指标大于100％，表明资本实现了增值；该指标等于100％，表明资本得到了保值；该指标小于100％，表明资本贬值。其计算公式如下。

$$资本保值增值率 = \frac{期末所有者权益总额}{期初所有者权益总额} \times 100\%$$

企业的资本有两个来源：一是来源于自有资金；二是来源于负债。在某一个时点上，企业的资本等于负债和所有者权益总和。企业的费用相当于企业资产的耗费和占用，企业的收入相当于企业的资金来源，因此得到下面的公式。

$$资产 + 费用 = 负债 + 期初所有者权益 + 收入$$

移项得

$$收入 - 费用 = 资产 - 负债 - 期初所有者权益 = 新增资产$$

由上面的公式可知，企业实现的利润在分配之前正好等于企业的新增资产，它说明了企业资本的保值增值程度，在一定程度上反映了企业的盈利能力。当企业利润为零时，企业实现了资本保值；当企业利润为正时，所有者权益中未分配利润增加，企业实现了资本增值；当企业利润为负时，企业发生亏损，所有者权益减少，企业资本减少。值得注意的是，有时企业的资本有较大的增长，有可能并不是企业自身生产经营的结果，而是投资者注入了新的资本。

【例6-11】（资本保值增值率计算与分析）根据SYZG公司年报资料，计算的资本保值增值率如表6-9所示。

表6-9　资本保值增值率计算表

| 项目 | 2015年 | 2014年 | 2013年 | 2012年 |
|---|---|---|---|---|
| 利润总额/万元 | 11 989 | 98 513 | 345 041 | |
| 所有者权益总额/万元 | 2 363 072 | 2 474 083 | 2 500 884 | 2 461 258 |
| 资本保值增值率/％ | 95.51 | 98.93 | 101.61 | |

由表6-9可知，SYZG公司近三年利润总额分别为345 041万元、98 513万元、11 989万元，利润为正，从利润的角度来看，企业实现了资本增值；2013年的资本保值增值率大于1，说明企业资本在生产经营过程中实现了增值。然而，2014年、2015年资本保值增值率都小于1，说明企业资本在生产经营过程中遭受了减值。

## 6.4.3　净资产收益率计算与分析

净资产收益率是指企业的税后利润与净资产平均额之间的比率。该指标是判断企业资本盈利能力的核心指标。一般来说，该指标越高，说明企业的盈利能力越强。其计算公式如下。

$$净资产收益率 = \frac{净利润}{净资产平均额} \times 100\%$$

其中

$$净资产平均额 = （期初所有者权益总额 + 期末所有者权益总额）/2$$

净资产收益率是评价企业自身资本获取报酬的最具有综合性和代表性的指标，它反映了企业资本运营的综合效益。一般来说，企业的净资产收益率越高，说明企业自身获取收益的能力越强，运营效率越好，对企业投资者、债权人的保证程度就越高。

净资产收益率是企业经营管理业绩的最终反映，是偿债能力、营运能力和盈利能力综合作用的结果。因此，要想对净资产的盈利状况作出客观、合理的评价，还需要对各方面的影响因素进行深入分析。将净资产收益率进行分解后发现，影响净资产收益率的因素之间的关系如下。

$$净资产收益率 = \left[ 总资产报酬率 + （总资产报酬率 - 负债利息率） \times \frac{负债}{净资产} \right] \times$$
$$（1 - 所得税税率）$$

从公式中可以看出，影响净资产收益率的因素主要有总资产报酬率、负债利息率、企业资本结构和所得税税率等。

（1）总资产报酬率

总资产报酬率对净资产收益率有重要的影响，因为净资产是总资产的重要组成部分，两者呈正向变动。总资产报酬率的高低直接影响净资产收益率的高低，是影响净资产收益率最基本的因素。

（2）负债利息率

在资本结构不变的情况下，由于负债比率的下降，使得总资产报酬率高于负债利息率，必将使净资产收益率提高，增强资本收益能力；反之，如负债利息率上升，使得总资产报酬率低于负债利息率，则必将使净资产收益率下降，削减资本收益能力。

（3）资本结构

资本结构是指所有者权益与负债的比例。在其他因素不变的前提下负债占净资产的比例越高，净资产收益率就越高；反之，净资产收益率越低。

（4）所得税税率

所得税税率的变动直接影响税后利润额，当然也必定影响净资产收益率。一般来讲，所得税税率越高，净利润会越少，净资产收益率会越低。

净资产收益率因素分析的方法有两种：第一种方法是分析净资产收益率的影响因素，在此基础之上进行因素分析；第二种方法是用杜邦财务分析法进行因素分析。

### 1. 分析净资产收益率的影响因素

【例 6 - 12】［净资产收益率影响因素分析（第一种方法）］根据 SYZG 公司年报资料，按照对净资产收益率进行因素分析的第一种方法，计算净资产收益率如表 6 - 10 所示。

表 6 - 10　净资产收益率因素分析表

| 项目 | 2015 年 | 2014 年 | 差异 |
| --- | --- | --- | --- |
| 平均总资产/万元 | 6 211 860 | 6 343 862 | −132 002 |
| 平均净资产/万元 | 2 418 578 | 2 487 484 | −68 906 |
| 平均负债/万元 | 3 793 282 | 3 856 379 | −63 097 |
| 平均负债/平均净资产 | 1.57 | 1.55 | 0.02 |
| 利息支出①/万元 | 132 122 | 123 035 | 9 087 |
| 负债利息率/%② | 3.48 | 3.19 | 0.29 |
| 利润总额/万元 | 11 989 | 98 513 | −86 524 |
| 息税前利润/万元 | 144 111 | 221 548 | −77 437 |
| 净利润/万元 | 13 815 | 75 597 | −61 782 |
| 所得税税率/%③ | −15.23 | 23.26 | −38.49 |
| 总资产报酬率/% | 2.32 | 3.49 | −1.17 |
| 净资产收益率/% | 0.57 | 3.04 | −2.47 |

注：① 利息支出按照财务费用计算。
② 负债利息率按利息支出/平均负债结算。
③ 所得税税率按所得税费用/利润总额推算。

其中

总资产报酬率＝［（利润总额＋利息支出）/平均资产总额］×100%

净资产收益率＝［总资产报酬率＋（总资产报酬率−负债利息率）×平均负债/平均净资产］×（1−所得税税率）

SYZG 公司各项指标的计算结果如下。

2015 年的净资产收益率＝［2.32%＋（2.32%−3.48%）×1.57］×（1＋15.23%）＝0.57%

2014 年的净资产收益率＝［3.49%＋（3.49%−3.19%）×1.55］×（1−23.26%）＝3.04%

分析对象为：$0.57\% - 3.04\% = -2.47\%$

替代总资产报酬率：$[2.32\% + (2.32\% - 3.19\%) \times 1.55] \times (1 - 23.26\%) = 0.74\%$

替代负债利息率：$[2.32\% + (2.32\% - 3.48\%) \times 1.55] \times (1 - 23.26\%) = 0.40\%$

替代负债/平均净资产：$[2.32\% + (2.32\% - 3.48\%) \times 1.57] \times (1 - 23.26\%) = 0.38\%$

替代所得税税率：$[2.32\% + (2.32\% - 3.48\%) \times 1.57] \times (1 + 15.23\%) = 0.57\%$

总资产报酬率的影响为：$0.75\% - 3.04\% = -2.29\%$

负债利息率的影响为：$0.4\% - 0.75\% = -0.35\%$

平均负债/平均净资产的影响为：$0.38\% - 0.4\% = -0.02\%$

所得税税率的影响为：$0.57\% - 0.385\% = 0.19\%$

最后检验结果：$-2.29\% - 0.35\% - 0.02\% + 0.19\% = -2.47\%$

根据以上分析结果可以看出，在 SYZG 公司净资产收益率的变动中，主要受总资产报酬率的影响，由于总资产报酬率的减少导致净资产收益率降低了 2.29 个百分点，负债利息率的减少导致净资产收益率降低了 0.35 个百分点，"平均负债/平均净资产"对净资产收益率的变动也带来了负面的影响。

负债经营对企业而言是一把"双刃剑"，如果盈利，那么其成果由所有投资者均享；但如果亏损，也须由所有投资者共同承担，因此也给企业带来了一定的财务风险。在总资产报酬率超出负债利息率的情况下，负债总额与净资产之比越大，则净资产收益率越大；反之，如果总资产报酬率低于负债利息率，负债总额与净资产之比越大，则净资产收益率越小。可见，企业经营管理者要想提高净资产收益率，一方面需要提高资产盈利能力，另一方面要把握负债经营程度。

**案例6-3**

### 中联重科净资产收益率分析

企业财务分析人员在企业盈利能力分析时发现中联重科 2015 年的净资产收益率有所下降，因此需进一步分析其下降的原因。下面根据中联重科 2015 年和 2014 年财务报表的相关数据（表 6-11），用因素分析法来分析该公司净资产收益率下降的原因。

表 6-11　中联重科净资产收益率因素分析表

| 项目 | 2015 年 | 2014 年 | 差异 |
|---|---|---|---|
| 平均总资产/万元 | 9 374 049 | 9 164 756 | 209 293 |
| 平均净资产/万元 | 4 092 851 | 4 164 974 | −72 123 |

续表

| 项目 | 2015 年 | 2014 年 | 差异 |
|---|---|---|---|
| 平均负债/万元 | 5 281 199 | 4 999 782 | 281 417 |
| 平均负债/平均净资产 | 1.29 | 1.20 | 0.09 |
| 利息支出/万元 | 170 638 | 126 052 | 44 586 |
| 负债利息率/% | 3.23 | 2.52 | 0.71 |
| 利润总额/万元 | 3 329 | 86 314 | −82 985 |
| 息税前利润/万元 | 173 967 | 212 366 | −38 399 |
| 净利润/万元 | 9 116 | 62 787 | −53 671 |
| 所得税税率/% | −173.84 | 27.26 | −201.10 |
| 总资产报酬率/% | 1.86 | 2.32 | −0.46 |
| 净资产收益率/% | 0.22 | 1.51 | −1.29 |

净资产收益率与各影响因素之间的关系如下。

净资产收益率＝净利润/平均净资产

＝（息税前利润－负债×负债利息率）×（1－所得税税率）/净资产

＝（总资产×总资产报酬率－负债×负债利息率）×（1－所得税税率）/净资产

＝（总资产报酬率＋总资产报酬率×负债/净资产－负债息率×负债/净资产）×（1－所得税税率）

＝［总资产报酬率＋（总资产报酬率－负债利息率）×负债/净资产］×（1－所得税税率）

2015 年净资产收益率＝［1.86％＋（1.86％－3.23％）×1.29］×［1－（−173.84％）］＝0.22％

2014 年净资产收益率＝［2.32％＋（2.32％－2.52％）×1.20］×（1－27.26％）＝1.51％

分析对象为：0.22％－1.51％＝−1.29％

替代总资产报酬率＝［1.86％＋（1.86％－2.52％）×1.20］×（1－27.26％）＝0.78％

替代负债利息率＝［1.86％＋（1.86％－3.23％）×1.20］×（1－27.26％）＝0.16％

替代负债/平均净资产＝［1.86％＋（1.86％－3.23％）×1.29］×（1－27.26％）＝0.07％

替代所得税税率＝［1.86％＋（1.86％－3.23％）×1.29］×［1－（−173.84％）］＝0.22％

总资产报酬率的影响为：0.78%－1.51%＝－0.73%

负债利息率的影响为：0.16%－0.78%＝－0.62%

负债/平均净资产的影响为：0.07%－0.16%＝－0.09%

所得税税率的影响：0.22%－0.07%＝0.15%

最后检验结果：－0.73%－0.62%－0.09%＋0.15%＝－1.29%

可见，中联重科2015年的净资产收益率和2014年相比下降了1.29个百分点，说明公司盈利能力有所下降。盈利能力下降是多方面因素共同导致的，其中两项主要因素为总资产报酬率及负债利息率，分别使净资产收益率下降了0.73个百分点及0.62个百分点。此外，由于递延所得税费用的影响，中联重科2015年所得税费用为负，使得净资产收益率上升0.15个百分点。

### 2. 杜邦财务分析法

【例6-13】［净资产收益率因素分析（第二种方法）］根据SYZG公司的年报资料，按照杜邦财务分析法，对净资产收益率进行因素分析，得到2015年净资产收益率杜邦财务分析体系分解图如图6-1所示。

结合表6-3、表6-6、表6-10和图6-1可以得到以下信息。

① 净资产收益率是一个综合性极强、最具有代表性的财务比率，它是杜邦财务分析体系的核心，反映了企业的财务目标，以及企业筹资、投资等各种经营活动的综合效率和效益。SYZG公司2015年的净资产收益率为0.57%，主要受总资产净利率和权益乘数的影响。

② 销售净利率是反映企业营业盈利能力的一个非常重要的财务比率。与2014年相比，2015年的销售净利率下降了1.9个百分点，给净资产收益率的提高带来了不利影响，可见SYZG公司需要加强营业盈利能力的提升。

③ 总资产周转率是反映企业营运能力的一个非常重要的财务比率。与2014年相比，2015年的总资产周转率降低了0.101 7次，这不利于净资产收益率的提高。但是负面影响不是很大。由此可见，SYZG公司在2015年对资产的利用效率不尽如人意，需要采取更有效的措施。

④ 权益乘数既是反映企业偿债能力的指标，也反映了企业筹资活动的结果。这里计算的权益乘数是用平均资产总额除以平均所有者权益总额得到的。与2014年相比，2015年的权益乘数呈小幅上升，从2.56上升到2.59，从而导致了净资产收益率的提高。

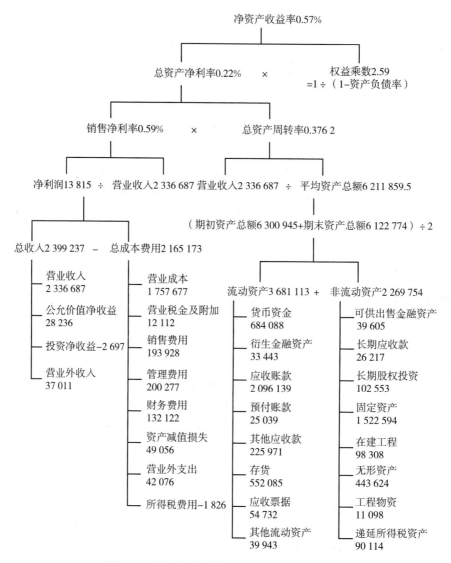

图 6-1　按杜邦分析体系分解的净资产收益率

## 杜邦公司"利润最大、风险最小"的经营战略

　　著名的美国杜邦化学公司创建于 1802 年，距今已有 200 多年的历史了。它的创始人爱理迪尔·伊涅·杜邦 1802 年创建了第一个制造火药的工厂，以此为起点发展成为目前世界上最大的化工跨国公司。据 1984 年统计，杜邦公司当年营业额为 359.15 亿美元，居世界化学工业企业的第一位。

杜邦公司的成功，重要原因之一就是他们始终坚持"利润最大、风险最小"的经营决策，始终谨慎而坚定地保证预定的净资产收益率。杜邦公司对投资收益率的考核采取的是一套综合标准，而并非只对企业的经营效果进行评价，包括对新开发项目的特别评价。

如果一个企业不能达到10％的净资产收益率，不论其他方面有多大的优势，也必须关闭，无一例外，这是杜邦公司绝对不能违反的"法律"和无情的"执法"，也是"保证利润最大"经营决策的具体措施。创业初期，杜邦公司根据这一决策对所有生产火药和炸药的企业做过一次全面考核，净资产收益率低于10％的企业被当即关闭。相反，杜邦公司设在意大利的聚丙烯工厂因获取丰厚的利润而扩大了生产规模。这是杜邦公司基本经营决策之一，即把获得最大利润放在第一位。

杜邦公司另一个经营决策是"风险最小"，即把安全放在第一位，这主要体现在财务管理上。杜邦公司不论在任何情况下绝对禁止举债，这是杜邦公司另一个"法律"条文。无论是创立新厂还是对老厂进行技术改造和设备更新，必须全部采用公司自己的资金，绝不借款或贷款。这些措施是为了确保"风险最小"。杜邦公司在英国、法国、卢森堡、荷兰、瑞士、瑞典、意大利等国建立的工厂，都是公司自投资金。公司每年要投入约1.10亿美元的科研经费，也是公司全额投资。总之，决不冒险的经营决策是杜邦公司成功的又一重要原因。到1966年，杜邦公司先后在世界21个国家成立了61个工厂，31个分公司。1966年杜邦公司在美国以外的营业额为5.97亿美元，1970年增至10亿美元。杜邦公司在世界市场扩展的速度之快、效率之高，令世界各国化工企业赞叹。这不能不说是"利润最大、风险最小"的经营决策的成功。

## 案例6-5

## 净资产收益率的缺陷

长期以来，我国上市公司对净资产收益率指标非常重视，因为它是决定企业配股资格的唯一硬指标。围绕净资产收益率的达标问题（以前是连续三年平均10％，现在是连续三年平均6％），衍生出不少问题。研究表明，上市公司净资产收益率分布于10％～11％的企业比重明显偏大，将配股资格线降低为6％以后，这种局面同样存在。近年来，上市公司配股结束就"变脸"的情况越来越多，有的公司配股当年就亏损，这种现象不能不引起重视。仅从单项指标的考核来看，净资产收益率并不是最优的选择，因为净资产收益率作为一项财务指标，虽然有一定的考核作用，但也有着明显的缺陷。

第一，净资产收益率的计算，分子是净利润，分母是净资产，由于企业的净利润并非仅是净资产所产生的，因而分子、分母的计算口径并不一致，从逻辑上看不合理。

第二，净资产收益率可以反映企业净资产（股东权益）的收益水平，但并不能全面反映一个企业的资产运用能力。道理十分明显，全面反映一个企业资产运作整体效果的指标应当是总资产报酬率，而非净资产收益率。

第三，净资产收益率作为考核指标不利于企业的横向比较。由于企业负债率的差别，如某些企业负债奇高，虽然微利，但企业净资产收益率却偏高，甚至达到了配股要求，而有些企业尽管效益不错，但由于财务结构合理，负债较低，净资产收益率却较低，有可能达不到配股要求。

## 6.4.4  上市公司资本盈利能力分析指标

我国的证券市场还处于发展阶段，在信息披露上存在严重的信息不对称。投资者要规避投资风险、获取较好的投资收益、作出正确的投资决策，对上市公司盈利能力的正确分析与判断是非常必要和关键的。对上市公司除分析以上指标外，还需要增加一些特殊的指标。

### 1. 每股收益

每股收益（EPS），也称每股盈余或每股利润，是企业股东每持有一股普通股权益所能获得的利润（或承担的亏损），是衡量上市公司盈利能力最重要的财务指标之一。一般来说，每股收益指标值越高，表明股东的投资效益越好，股东获取高额股利的可能性也就越大。因此，人们普遍有这么一个观点：如果一个企业的每股收益增幅令人满意，那么它的股票市价就会上涨，企业的价值、股东的财富就会增加。每股收益的计算公式如下。

$$每股收益 = \frac{净利润 — 优先股股利}{普通股的加权平均数}$$

公式中的分子，就上市公司而言，应该使用归属于母公司所有者的净利润，分母是已发行普通股的加权平均数。每股收益越高，反映上市公司的盈利能力越强；反之，相反。

【例6-14】（每股收益计算与分析）通过查阅SYZG公司2015年的年报资料，可知本期归属于母公司所有者的净利润是13 859万元，普通股的加权平均数是761 650万股，则

$$每股收益 = \frac{13\ 859}{761\ 650} = 0.02\ 元/股$$

对于每股收益指标的分析，应该注意以下问题。

① 每股收益不反映股票所含有的风险，高风险的行业往往有高收益，但利润指标本身没有考虑风险因素，同时利润指标也不能反映资金的时间价值。

② 每股收益的多少并不能决定股利的多少，还取决于股利支付率；而股利支付率取决于公司的股利分红政策，收益多的年份，可能分红少，收益少的年份，反而有可能分红多。

③ 每股收益可以进行横向和纵向的比较。通过与同行业平均水平或竞争对手的比较，可以考察公司每股收益在整个行业中的状况及与竞争对手相比的优劣。通过与公司以往各期的每股盈余进行比较，可以了解该公司盈利能力的变化趋势。

我国实行新会计准则后，要求企业把每股收益作为利润表的一部分内容予以列示，每股收益成为资产负债表和利润表两张报表的"桥梁"。每股收益是衡量上市公司最基本的指标，还是分析市盈率、股利支付率等重要盈利指标的依据和基础。总之，每股收益作为上市公司盈利能力分析的核心指标，具有引导投资、增加市场评价功能、简化指标体系的作用。

### 2. 市盈率

市盈率是指普通股每股市价与每股收益的比值。它反映了投资人相对于每股收益所愿意支付的股票价格，可以用来估计股票的投资报酬和风险。投资者非常关注上市公司的市盈率，金融机构和资本市场的中介机构都会定期发布此指标值，有关证券刊物也报道各类股票的市盈率。其计算公式如下。

$$市盈率 = \frac{每股市价}{每股收益}$$

其中，每股市价一般采用年度平均价格，即全年每天收盘价的简单平均数，从证券市场发布的证券交易资料即可获得。为简单起见，也为了增加适时性，也可以采用报告日当天的现时收盘价。

【例6-15】（市盈率计算与分析）SYZG公司2015年12月最后一个交易日的收盘价为6.58元，该股票的每股收益是0.02元，则市盈率=6.58元/0.02元/股=329。说明投资者愿意为取得1元/股的投资收益投资329元。

市盈率可以用来估计股票的投资报酬和风险，它是市场对企业的共同期望指标。一般来讲，市盈率越高，表明市场对企业的未来越看好，企业价值就越大。

由于一般的期望报酬率为5%～20%，所以市盈率的合理区间为5～20。仅从市盈率高低的横向比较看，高市盈率说明企业能够获得社会信赖，具有良好的前景；反之，相反。充满扩展机会的新兴行业市盈率普遍较高，而成熟工业的市盈率普遍较低，这并不说明后者的股票没有投资价值，也并不是说股票的市盈率越高就越好。我国股市尚处在发展阶段，庄家肆意拉抬股价，造成市盈率奇高，市场风险巨大的现象时有发生，投资者应该从公司背景、基本素质等方面多加分析，对市盈率水平进行合理判断。该指标不能用于不同行业的企业的比较。

市盈率的高低受净利润的影响，而净利润受可选择的会计政策的影响，从而使得企业之间的比较受到限制。在每股收益很小或亏损时，市价不会降至零，此种情况下市盈率会很高，但已没有实际意义。SYZG 公司 2015 年的市盈率就属于这样的一种情形。因此，观察市盈率的长期趋势很重要。这也要求投资者应结合其他有关信息，更好地运用市盈率指标判断股票的价值。

另外，影响市盈率变动的因素之一是股票市价，但是股票市价的变动除了企业本身的经营状况以外，还受到宏观经济形势和经济环境等多种因素的影响，所以要对股票市场进行全面了解和分析后方可作出正确评价。

### 3. 普通股权益报酬率

优先股股利相对固定，且优先发放。但优先股股东不参与企业管理且不承担风险，所以普通股股东才是企业资产真正的所有者和风险的主要承担者。普通股权益报酬率对于投资者来讲，具有非常好的综合性，概括了企业的经营业绩和财务业绩。其计算公式如下。

$$普通股权益报酬率 = \frac{净利润 - 优先股股利}{普通股权益平均额} \times 100\%$$

该指标受企业净利润、优先股股利和普通股权益平均额三个因素制约，一般来讲优先股股利比较稳定，普通股权益报酬率变动主要受其他两个因素变动的影响。该指标应结合会计政策的选择、股东权益的变动进行分析。

普通股权益报酬率从普通股股东的角度来观察企业的资本盈利能力，报酬率越高，表明企业盈利能力越强，普通股股东可获得的收益也就越多。

【例 6 - 16】（普通股权益报酬率计算与分析）SYZG 公司 2015 年归属于母公司所有者的净利润是 13 859 万元，普通股权益平均额是 2 418 577.5 万元，则普通股权益报酬率为（13 859/2 418 577.5）×100% = 0.57%。该指标还应该结合上市公司行业标准或历史标准进行对比分析。

### 4. 每股净资产与市净率

每股净资产通常被认为是股价下跌的底线，如果股价低于每股净资产，那么企业的发展前景一般而言极度堪忧。每股净资产越高，表明企业内部积累越雄厚，在经济不景气时期拥有较强的抗风险能力。在企业并购中，每股净资产也是估算并购企业价值的重要依据。

每股净资产的计算公式如下。

$$每股净资产 = \frac{所有者权益总额 - 优先股权益}{普通股股数} \times 100\%$$

市净率是指企业普通股每股市价与普通股每股净资产之间的对比关系。其计算公式如下。

$$市净率 = \frac{普通股每股市价}{普通股每股净资产} \times 100\%$$

每股净资产是股票的账面价值，它主要是以历史成本计量的，而每股市价是这些资产的现行市值，它是证券市场上交易的结果。一般而言，市价高于账面价值时反映上市公司资产的质量较好，有发展潜力，未来创造价值的能力较强；反之，则说明上市公司资产质量差，没有发展前景。优质股票的市价会超出每股净资产很多，一般说来市净率达到 3，可以树立较好的企业形象。市价低于每股净资产的股票，就像售价低于成本的商品一样，属于"处理品"。当然，"处理品"也不是没有投资价值，问题在于该上市公司今后是否有转机，或者购入后经过资产重组能否提高盈利能力。

如果同时考虑市盈率和市净率指标，就可以进一步洞察资本市场对企业未来获利能力的预期。表 6-12 概括了不同市净率和市盈率组合所代表的含义。

表 6-12    不同市净率和市盈率组合所代表的含义[①]

|  | 低市净率 | 高市净率 |
|---|---|---|
| 低市盈率 | 同当期盈利水平相比，预期盈利增长缓慢或有所下降，且预期的股东权益报酬率较低 | 同当期盈利水平相比，预期盈利增长缓慢或有所下降，但预期的股东权益报酬率较高 |
| 高市盈率 | 同当期盈利水平相比，预期盈利增长迅速，但预期的股东权益报酬率较低 | 同当期盈利水平相比，预期盈利增长迅速，且预期的股东权益报酬率较高 |

### 5. 每股股利

每股股利是指企业普通股股利总额与普通股流通股数之比。其计算公式如下。

$$普通股每股股利 = \frac{普通股股利总额}{普通股流通股数}$$

普通股每股股利是普通股股东获得投资收益的方式之一。按照公司价值评估的股利折现模型，上市公司的价值取决于未来的股利发放能力。每股股利的高低一方面取决于企业获利能力的强弱，另一方面还受到企业股利发放政策的影响。例如处于朝阳产业的企业为了扩大再生产、增强发展后劲，可能采取保守的股利政策，而处于夕阳产业的企业可能由于缺乏投资机会而派发较多的每股股利。

### 6. 股票获利率

股票获利率是指企业普通股股利与普通股每股市价之比。其计算公式如下。

$$股票获利率 = \frac{普通股每股股利}{普通股每股市价} \times 100\%$$
$$= \frac{股利收益率}{市盈率}$$

---

① 佩因曼．财务报表分析与证券定价．刘力，陆正飞，译．北京：中国财政经济出版社，2002.

$$= \frac{每股股利}{每股收益} \times \frac{每股收益}{每股市价}$$

股票获利率是衡量普通股股东当期股利收益情况的指标，其高低取决于市盈率和股利收益率（实际上就是股利支付率）指标的大小，通常长期投资者比较注重市盈率，短期投资者比较注重股利收益率。

在引入了资本市场数据后，可以重新构建新的上市公司盈利能力财务指标体系，如图6-2所示。

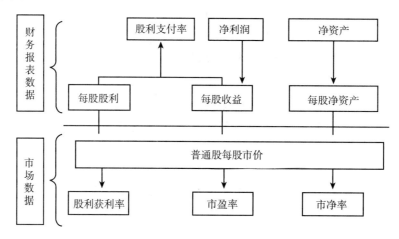

图6-2 基于资本市场的上市公司盈利能力财务指标体系

【例6-17】（SYZG公司盈利能力分析）以SYZG公司为例，对其2013—2015年的盈利能力进行分析，并与ZLZK公司和XGJX公司两家同行业竞争对手进行比较。三家公司的盈利能力主要指标如表6-13所示。

表6-13 盈利能力指标

单位：%

| 年份 | SYZG公司 | | | ZLZK公司 | | | XGJX公司 | | |
|---|---|---|---|---|---|---|---|---|---|
| | 2015年 | 2014年 | 2013年 | 2015年 | 2014年 | 2013年 | 2015年 | 2014年 | 2013年 |
| 总资产报酬率 | 2.32 | 3.49 | 5.88 | 1.44 | 1.50 | 4.27 | 2.17 | 2.03 | 4.70 |
| 净资产收益率 | 0.57 | 3.04 | 12.47 | 0.22 | 1.51 | 9.50 | −0.31 | 2.02 | 8.31 |
| 销售毛利率 | 24.78 | 25.77 | 26.19 | 27.02 | 27.89 | 29.17 | 20.50 | 22.62 | 21.80 |
| 销售净利率 | 0.59 | 2.49 | 8.30 | 0.44 | 2.43 | 10.25 | −0.38 | 1.75 | 5.73 |
| 资本保值增值率 | 95.51 | 98.93 | 101.61 | 98.45 | 98.09 | 102.09 | 100.81 | 103.69 | 112.49 |

SYZG公司、ZLZK公司和XGJX公司同属工程机械行业，排名位列行业前三。由表6-13可知，这三家公司近三年各项盈利能力指标均有所下降，原因在于受固定资产投资特别是房地产投资持续放缓的影响，工程机械行业的市场需求较为低迷，行业整体

盈利水平低于预期。就 2015 年来看，SYZG 公司除销售毛利率、资本保值增值率低于同行业主要竞争对手外，其余指标均高于同行业主要竞争对手，说明 SYZG 公司盈利能力较强，在同行业竞争者中有一定的优势。

## 本章小结

盈利是企业全部收入和利得扣除全部成本费用和损失后的盈余，是企业生产经营活动取得的财务成果。实现盈利是企业从事生产经营活动的根本目的，是企业赖以生存和发展的物质基础，是企业投资者、债权人、经营者和员工关心的焦点。盈利能力是指企业在一定时期内赚取利润的能力。为了更合理地反映企业的盈利能力，一般采用利润率指标进行分析，利润率越高，说明盈利能力越强，利润率越低，说明盈利能力越差。盈利能力分析是指通过一定的分析方法，剖析、鉴别、判断企业能够获取利润的能力，也是对企业各环节经营结果的分析。不同的利益相关者，站在不同的角度，对盈利能力分析有着各自不同的要求和目的。

盈利能力分析的内容包括营业盈利能力分析、资产盈利能力分析和资本盈利能力分析。

营业盈利能力是指企业在生产经营过程中获取利润的能力，具体来说就是每百元销售额中所实现的利润的多少。企业的利润归根结底来源于企业的营业盈利能力，它是决定企业最终利润大小的关键，也是其他因素发挥贡献的前提。因此，营业盈利能力指标是衡量净资产收益率、总资产报酬率的基础，也是同行业企业比较经营业绩、考察管理水平的重要依据。因此，关注企业盈利能力的报表使用者都非常重视营业盈利能力指标的变动，其主要指标包括销售毛利率、销售净利率、成本费用利润率、主营业务利润率等。

资产盈利能力是指企业通过生产要素的优化配置和产业结构的动态调整，对企业的有形的资产和无形的资产进行综合有效运营来获取利润的能力，具体地说就是每一元资产运营所获取利润的百分比。资产盈利能力是指企业运营资产所产生利润的能力。资产盈利能力分析主要研究利润与占用和消耗的资产之间的比例关系，反映企业的各项资产在营运过程中实现的盈利水平，主要指标包括流动资产利润率、固定资产利润率、总资产利润率、总资产净利率及总资产报酬率等。

> 　　资本盈利是指围绕投资者投入资本的保值增值来进行经营管理，从而使企业以一定的资本投入取得尽可能多的资本收益。资本盈利能力是指企业的所有者投入资本在生产经营过程中取得利润的能力。资本盈利能力分析主要研究所有者投入资本创造利润的能力，反映资本盈利能力的指标是所有者权益利润率、资本保值增值率、净资产收益率及上市公司的每股收益、市盈率、普通股权益报酬率、每股净资产、市净率与股票获利率等。

# 练 习 题

## 一、单项选择题

1. 下列各项中，反映盈利能力的核心指标是（　　　）。

　　A. 总资产周转率　　　　　　　　　　B. 股利发放率

　　C. 净资产收益率　　　　　　　　　　D. 总资产报酬率

2. 下列各项中，反映普通股每股市价与每股收益的比例关系，以及投资人对每元净利润所愿意支付的价格的指标是（　　　）。

　　A. 市净率　　　　　　　　　　　　　B. 市盈率

　　C. 每股收益　　　　　　　　　　　　D. 每股净资产

3. 所有者权益利润率也称权益利润率，是指企业（　　　）与所有者权益平均额之间的比率。

　　A. 毛利润　　　　　　　　　　　　　B. 利润总额

　　C. 营业利润　　　　　　　　　　　　D. 净利润

4. 下列各项中，反映企业综合运用所拥有的全部经济资源为社会带来的经济利益，直观体现企业资产运用效果的指标是（　　　）。

　　A. 总资产报酬率　　　　　　　　　　B. 净资产收益率

　　C. 总资产净利率　　　　　　　　　　D. 流动资产利润率

5. 反映企业的营业毛利润与营业收入之间的对比关系，表示营业收入扣除营业成本后，有多少钱可以用于支付各项期间费用及形成盈利的指标是（　　　）。

　　A. 营业净利率　　　　　　　　　　　B. 总资产报酬率

　　C. 销售毛利率　　　　　　　　　　　D. 所有者权益利润率

## 二、多项选择题

1. 下列各项中，与净资产收益率密切相关的指标有（　　　）。

A. 销售净利率　　　　　　　　　　　B. 总资产周转率

C. 总资产增长率　　　　　　　　　　D. 权益乘数

E. 资产负债率

2. 下列各项中，属于营业盈利能力分析的指标有（　　　）。

A. 销售毛利率　　　　　　　　　　　B. 销售净利率

C. 成本费用利润率　　　　　　　　　D. 资本保值增值率

E. 净资产收益率

3. 下列各项中，直接影响总资产报酬率计算公式的两个因素为（　　　）。

A. 资本结构　　　　　　　　　　　　B. 销售利润率

C. 平均总资产　　　　　　　　　　　D. 销售息税前利润

E. 资产负债率

4. 下列各项中，属于影响普通股权益报酬率变化的因素有（　　　）。

A. 普通股股息　　　　　　　　　　　B. 净利润

C. 优先股股息　　　　　　　　　　　D. 普通股权益平均额

E. 销售毛利率

5. 下列各项中，反映上市公司盈利能力的专属指标有（　　　）。

A. 每股收益　　　　　　　　　　　　B. 市净率

C. 市盈率　　　　　　　　　　　　　D. 每股净资产

E. 总资产报酬率

### 三、判断题

1. 资本保值增值率是指期末所有者权益总额除以期初所有者权益总额。（　　　）

2. 市盈率是评价上市公司盈利能力的指标，它反映投资者愿意对公司每股收益支付的价格。（　　　）

3. 每股股利的高低一方面取决于企业获利能力的强弱，另一方面还受到企业股利发放政策与利润分配需要的影响。（　　　）

4. 总资产报酬率的高低直接影响净资产收益率的高低，与净资产收益率成反向变动，是影响净资产收益率最基本的因素。（　　　）

5. 影响净资产收益率的因素主要有总资产报酬率、负债利息率、企业资本结构和所得税税率等。（　　　）

### 四、简答题

1. 为什么说净资产收益率是反映盈利能力的核心指标？

2. 为什么计算总资产盈利能力指标时包括利息支出？

3. 什么是营业盈利能力分析？具体包括哪些指标？

4. 请分别说明市盈率和市净率这两个指标对于股票市场中的投资者的意义。

### 五、计算题

1. 某企业 2016 年的利润总额为 30 万元，营业收入净额为 150 万元，资产负债表上列示的年初总资产为 180 万元，年末总资产为 220 万元，该企业的所得税税率为 25%，该企业 2016 年共发生利息费用 2 万元。要求计算：

(1) 企业 2016 年的总资产报酬率；

(2) 企业 2016 年的总资产周转率；

(3) 企业 2016 年的销售净利率。

2. 已知某企业 2016 年财务报表的有关数据如下。

资产负债表：资产总额为 2 000 万元，负债总额为 1 060 万元，所有者权益期初数为 880 万元。

利润表：营业收入为 3 000 万元，营业成本为 2 644 万元，营业利润为 306 万元，利润总额为 203 万元，净利润为 136 万元。

此外企业不存在销售折让、折扣、退回，无优先股，普通股股数为 400 万股，市价为 6.8 元。

根据以上数据，分别计算如下指标：权益乘数、销售净利率、成本费用利润率、净资产收益率、每股收益、市盈率、市净率。

3. （上市公司盈利能力分析）某上市公司本年利润分配及年末股东权益的有关资料如下（单位：万元）。

| | |
|---|---|
| 净利润 | 3 150 |
| 加：年初未分配利润 | 600 |
| 可供分配利润 | 3 750 |
| 减：提取法定盈余公积 | 500 |
| 可供股东分配的利润 | 3 250 |
| 减：提取任意盈余公积 | 300 |
| 已分配普通股股利 | 1 800 |
| 未分配利润 | 1 150 |
| 股本（每股面值） | 4 500 |
| 资本公积 | 3 300 |
| 盈余公积 | 1 800 |
| 未分配利润 | 900 |
| 所有者权益合计 | 10 500 |

该公司每股市价 10.5 元，年初流通在外的普通股股数为 3 500 万股，1 月 1 日发行普通股 1 000 万股，年末流通在外的普通股股数为 4 500 万股。

分析要求：

(1) 计算普通股每股收益。

（2）计算市盈率、每股股利、股利发放率、股票获利率。

## 六、综合题

已知某公司 2016 年财务报表的有关资料如表 6-14 所示。

**表 6-14　资料**

单位：万元

| 资产负债表项目 | 年初数 | 年末数 |
|---|---|---|
| 资产 | 8 000 | 10 000 |
| 负债 | 4 500 | 6 000 |
| 所有者权益 | 3 500 | 4 000 |
| 利润表项目 | 上年数 | 本年数 |
| 营业收入净额 | （略） | 20 000 |
| 净利润 | （略） | 500 |

要求：

（1）计算杜邦财务分析体系中的下列指标（凡计算指标涉及资产负债表项目数据的，均按平均数计算，且保留两位小数）：

① 净资产收益率；

② 总资产净利率；

③ 销售净利率；

④ 总资产周转率；

⑤ 权益乘数。

（2）用文字列出净资产收益率与上述其他各项指标之间的关系式，并用本题数据加以验证。

# 第7章

# 营运能力分析

学习目标：

- 了解营运能力分析的内涵和目的；
- 掌握流动资产营运能力指标的计算与评价方法；
- 掌握固定资产营运能力指标的计算与评价方法；
- 掌握总资产营运能力指标的计算与评价方法；
- 理解营运能力的影响因素及其分析。

## 引 例

### 中联重科应收账款周转率缘何持续下降[①]

近年来，中联重科应收账款居高不下且增幅超过营业收入，对其经营活动现金流量及利润质量产生了重大影响。2013 年至 2015 年中联重科的应收账款周转率分别为 1.65、0.89、0.69，呈逐年下降趋势；应收账款周转天数分别为 221.16 天、411.19 天、529.24 天。由此可知中联重科的应收账款资金回笼速度较慢。

据统计，2013—2015 年工程机械行业上市公司的应收账款周转率普遍呈逐年下降趋势，表明在这一时期内工程机械行业将应收账款转换为现金的平均次数减少，应收账款周转期越来越长，资金回笼速度变慢，应收账款占用的资金成本越来越高。可见，中联重科应收账款周转率下降不仅与自身的应收账款管控水平有关，还与行业现状有着较大的联系。

那么，如何衡量企业资产的营运能力，如何确定其影响因素进而对企业营运能力作

---

① 案例来源：改编自王敏，吴武玲．中联重科巨额应收款背后的隐痛．财会月刊，2014（1）．

出评价呢？本章主要介绍营运能力分析的基本原理。

# 7.1　营运能力分析的内涵与意义

**名人名言**

如果我们不给仓库留地方，就不会有库存。

———迈克尔·戴尔

## 7.1.1　营运能力分析的内涵

### 1. 营运资产的概念

企业的营运资产，主体是流动资产和固定资产。虽然，无形资产也是企业资产的重要组成部分，并且随着知识经济的发展，无形资产在企业资产中的比例越来越大，在提高企业经济效益方面发挥的作用越来越重要。但是，无形资产的作用必须通过或依附有形资产才能发挥出来。从这个意义上说，企业营运资产的利用及其能力如何，从根本上决定了企业的经营状况和经济效益。

### 2. 营运能力的概念

营运能力有广义和狭义之分。广义的营运能力是指企业所有要素共同发挥的营运作用，即企业各项经济资源，包括人力资源、财力资源、物力资源、技术信息资源和管理资源等，通过配置、组合与相互作用而生成推动企业运行的物质能量。狭义的营运能力是指企业资产的利用效率。

本书介绍的营运能力主要指狭义的营运能力，即企业资产营运的效率，反映企业的资产管理水平和资产周转情况。营运能力通常以各类资产的周转速度来衡量，而周转速度又通常可以用周转率和周转期两种指标予以反映。资产周转率也叫资产周转次数，是指给定会计期间资产所占用的资金可以循环利用的次数，次数越多，速度越快，说明资产营运能力越强；反之，相反。资产周转期也叫资产周转天数，是指资产所占用的资金循环利用一次所需要的天数，天数越短速度越快，说明资产营运能力越强；反之，相反。

### 3. 营运能力分析的概念

营运能力分析主要是对反映企业资产营运效率的指标即资产周转速度进行计算和分析，评价企业资产的营运状况，为企业提高经济效益指明方向。营运能力分析的内容主要包括流动资产营运能力分析、固定资产营运能力分析和总资产营运能力分析三个方面。

## 7.1.2　营运能力分析的意义

营运能力不仅反映企业的盈利水平，而且反映企业基础管理、经营策略、市场营销等方面的状况。因此，对企业营运能力进行分析十分必要。

**1. 评价企业资产利用的效率**

企业营运能力的实质就是以尽可能少的资产占用、尽可能短的时间周转，生产出尽可能多的产品，实现尽可能多的销售收入，创造出尽可能多的利润。通过对企业资产营运能力分析，能够了解并评价资产利用的效率。

**2. 确定合理的资产存量规模**

随着企业生产规模的不断变化，资本存量也处于经常变化之中。营运能力分析可以帮助了解企业经营活动对资产的需要情况，以便根据企业生产经营的变化调整资产存量，使资产的增减变动与生产经营规模变动相适应，为下一期资产增量决策提供依据。

**3. 促进企业资产的合理配置**

各项资产在经营中的作用各不相同，对企业的财务状况和经营成果的影响程度也不同。在企业资产存量一定的情况下，如果其配置不合理，营运效率就会降低。通过对企业资产营运能力的分析，可以了解资产配置中存在的问题，不断优化资产配置，以改善企业的财务状况。

**4. 提高企业资产的使用效率**

通过对资产营运能力的分析，能够了解资产利用过程中存在的问题，进一步挖掘资产利用能力，提高企业资产的利用效率，以最少的资产占用获得最大的经济效益。

# 7.2　流动资产营运能力分析

## 7.2.1　流动资产周转速度指标计算与分析

企业经营成果的取得，主要依靠流动资产的形态转换。流动资产是企业全部资产中流动性最强的资产。流动资产完成从货币到商品再到货币这一循环过程，表明流动资产周转了一次。

流动资产周转速度指标主要包括流动资产周转率（也叫流动资产周转次数）和流动资产周转期（也叫流动资产周转天数），这两项指标分别指在一定时期内（通常是季度或年度）流动资产的周转次数和周转一次所需要的时间。

### 1. 流动资产周转率

流动资产周转率表示企业在一定时期内完成几次从货币到商品再到货币的循环。其计算公式如下。

$$流动资产周转率 = \frac{营业收入净额}{流动资产平均余额}$$

其中

$$营业收入净额 = 营业收入总额 - （销货折扣 + 销货退回）$$
$$流动资产平均余额 = （期初流动资产余额 + 期末流动资产余额）/2$$

在一定时期内，企业流动资产周转次数越多，表明企业流动资产周转速度越快，流动资产的营运效率越高。

### 2. 流动资产周转天数

流动资产周转天数表示企业完成一次从流动资产投入到营业收入收回的循环所需要的时间。其计算公式如下。

$$流动资产周转期 = \frac{360}{流动资产周转率}$$

在一定时期内，企业流动资产周转天数越少，表明企业流动资产周转速度越快，流动资产的营运效率越高。流动资产周转次数和周转天数成反方向变动。

【例 7 - 1】（流动资产周转速度指标的计算与分析）根据 SYZG 公司年报及其他有关资料，计算流动资产周转速度指标如表 7 - 1 所示。

**表 7 - 1   SYZG 公司流动资产周转速度指标计算表**

| 项目 | 2015 年 | 2014 年 | 2013 年 |
| --- | --- | --- | --- |
| 营业收入净额/万元 | 2 336 687 | 3 036 472 | 3 732 789 |
| 期初流动资产总额/万元 | 3 811 236 | 3 886 981 | 3 988 315 |
| 期末流动资产总额/万元 | 3 732 883 | 3 811 236 | 3 886 981 |
| 平均流动资产总额/万元 | 3 772 060 | 3 849 109 | 3 937 648 |
| 流动资产周转率/次 | 0.62 | 0.79 | 0.95 |
| 流动资产周转天数/天 | 580.65 | 455.70 | 378.95 |

其中

$$2015 年流动资产周转率 = \frac{2\ 336\ 687}{3\ 772\ 060} \approx 0.62（次）$$

$$流动资产周转天数 = \frac{360}{0.62} \approx 580.65（天）$$

从表 7-1 可以看出，SYZG 公司近三年流动资产周转速度持续下降。该公司 2015 年流动资产周转率较上年降低了 21.52%，周转天数较上年增加了 27.42%。其中，营业收入净额减少了 23.05%，平均流动资产总额同期下降了 2%，营业收入净额的减少幅度高于流动资产的减少幅度，反映了企业流动资产的使用效率有所下降。

当然，企业流动资产周转率的分析和评价还应结合企业的历史资料和行业平均水平判断。不同行业的流动资产周转水平会出现差异，如零售业物流的流动资产周转率一般要快些，白酒业、房地产行业的流动资产周转率相对慢些。同时，流动资产周转率指标还受企业资产结构的影响，如银行业的资产以流动资产为主，其流动资产周转速度就慢。SYZG 公司属于建筑设备制造行业，根据 2014 年数据统计得出，该行业平均流动资产周转率为 1.2 次，而良好值为 1.7 次，2013 年与 2014 年 SYZG 公司的流动资产周转率均低于行业平均值，说明流动资产营运效率较差。

## 7.2.2 主要流动资产项目周转速度指标计算与分析

### 1. 存货周转速度分析

存货是企业在生产经营中为销售或耗用而储备的资产，它属于流动资产中变现能力最弱、风险最大的资产，但存货又是流动资产中收益率最高的资产。

存货周转速度分析一般有两个指标，即存货周转率（也叫存货周转次数）和存货周转期（也叫存货周转天数）。通过存货周转率和存货周转天数的计算与分析，可以判断企业在一定时期内存货资产的周转速度。

存货周转率的计算有两种方法：一种是以存货成本为基础，另一种是以营业收入为基础。以存货成本为基础和以营业收入为基础的存货周转率有各自不同的意义：以存货成本为基础的存货周转率运用较为广泛，因为与存货相关的是营业成本，它们之间的对比更符合实际，能够较好地表现存货的周转状况，反映了企业存货的管理业绩；以营业收入为基础的存货周转率既维护了资产运用效率比率各指标计算上的一致性，又因为由此计算的存货周转天数与应收账款周转天数建立在同一基础上，从而可直接相加并得出营业周期，并且能够评估资产的变现能力。本书采用以营业收入为基础的计算方法。具体计算公式如下。

$$存货周转率 = \frac{营业收入净额}{平均存货净额}$$

$$平均存货净额 =（期初存货净额 + 期末存货净额）/2$$

$$存货周转期 = \frac{360}{存货周转率}$$

通常情况下，计算存货周转率和周转期使用的是资产负债表中的存货净额数据，其前提是企业的存货跌价准备的计提金额不大或者前后期的计提比例没有发生明显的变化；否则，就应该采用企业计提存货跌价准备之前的存货账面余额，它可以反映企业存货资产所占用的真实投资额，而不受企业会计政策的影响。

**【例 7 - 2】**（存货周转速度指标的计算与分析）根据 SYZG 公司年报及其他有关资料，计算存货周转速度指标如表 7 - 2 所示。

表 7 - 2　SYZG 公司存货周转速度指标计算表

| 项目 | 2015 年 | 2014 年 | 2013 年 |
|---|---|---|---|
| 营业收入净额/万元 | 2 336 687 | 3 036 472 | 3 732 789 |
| 期初存货余额/万元 | 726 915 | 941 684 | 1 051 136 |
| 期末存货余额/万元 | 552 085 | 726 915 | 941 684 |
| 平均存货余额/万元 | 639 500 | 834 300 | 996 410 |
| 存货周转率/次 | 3.65 | 3.64 | 3.75 |
| 存货周转天数/天 | 98.63 | 98.90 | 96 |

其中

$$2015 \text{ 年存货周转率} = \frac{2\ 336\ 687}{639\ 500} \approx 3.65（次）$$

$$\text{存货周转天数} = \frac{360}{3.65} = 98.63（天）$$

从表 7 - 2 可以看出，SYZG 公司 2015 年存货周转水平较 2014 年有小幅度上升，存货周转次数增加了 0.01 次，存货周转天数减少了 0.27 天，说明该公司存货管理水平有所提高。

通常情况下，存货周转率越高，表明企业存货管理效率越佳，存货从资金投入到销售收回的时间越短，在销售净利率相同的情况下，获取的利润就越多；反之，存货周转率过低，表明企业的存货管理效率欠佳，产销配合不好，存货积压过多，致使资金冻结在存货上，仓储费用及利息负担过重。在企业经营管理中，增加存货量，一方面可以增加抵御市场不确定性因素对企业正常经营活动的影响，有利于提高企业盈利能力；但另一方面则增加了企业资金的占用量，使资金利用率降低，盈利能力降低，同时还会加大变现能力的风险。减少存货量，一方面减弱了抵御市场不确定因素对企业的冲击力，而且有碍企业营销能力的扩大和盈利的增加；但另一方面则减少了企业资金的占用量，提高了资金利用率，降低了变现风险。可见，存货的增减对企业有利有弊。因此，要在正确分析企业存货周转水平的基础上，对存货量的大小做出合理的设计，以便制定正确的经营决策。

**2. 应收账款周转速度分析**

应收账款是企业因对外销售产品、材料、劳务等而应向购货或接受劳务单位收取的款项。其周转速度主要通过计算和分析应收账款周转率（也叫应收账款周转次数）和应收账款周转期（也叫应收账款周转天数）两个指标而得出。这两个指标的具体计算公式如下。

$$应收账款周转率 = \frac{营业收入净额}{应收账款平均余额}$$

$$应收账款周转期 = \frac{360}{应收账款周转率}$$

其中

$$应收账款平均余额 = （年初应收账款净额 + 年末应收账款净额）/2$$

与存货和存货跌价准备类似，如果应收账款计提的坏账准备较大或者前后期计提比例有较大变化，则应选取应收账款余额计算而非净额计算，这样处理可以排除会计政策变更对指标计算的影响。

【例 7 - 3】（应收账款周转速度指标的计算与分析）根据 SYZG 公司年报及其他有关资料，计算应收账款周转速度指标如表 7 - 3 所示。

表 7 - 3　SYZG 公司应收账款周转速度指标计算表

| 项目 | 2015 年 | 2014 年 | 2013 年 |
| --- | --- | --- | --- |
| 营业收入净额/万元 | 2 336 687 | 3 036 472 | 3 732 789 |
| 期初应收账款净额/万元 | 1 985 131 | 1 872 766 | 1 497 445 |
| 期末应收账款净额/万元 | 2 096 139 | 1 985 131 | 1 872 766 |
| 平均应收账款净额/万元 | 2 040 635 | 1 928 949 | 1 685 106 |
| 应收账款周转率/次 | 1.15 | 1.57 | 2.22 |
| 应收账款周转天数/天 | 313.04 | 229.30 | 162.16 |

其中

$$2015 年应收账款周转率 = \frac{2\ 336\ 687}{2\ 040\ 635} \approx 1.15（次）$$

$$应收账款周转天数 = \frac{360}{1.15} \approx 313.04（天）$$

从表 7 - 3 可以看出，SYZG 公司近三年应收账款周转速度持续下降。2015 年的应收账款周转率比 2014 年减少了 0.42 次，应收账款周转天数增加了 83.74 天，说明应收账款的周转速度有所下降。2014 年全国建筑设备制造行业的平均应收账款周转率为 4.1 次，较差值为 1.7 次，SYZG 公司的应收账款周转率低于行业的较差值，远低于行业的平均水平，说明企业应加强对应收账款的管理。

应收账款金额的大小反映了企业资金被占用的程度。由于应收账款存在收不回来的可能性，过高的应收账款加大了未来损失的风险；过低的应收账款又对企业的销售产生影响，影响到企业的市场占有率，最终影响到企业的利润。在市场经济条件下，应收账款的存在是必然的，过高过低都可能对企业造成不利的影响，而化解这一不利因素的最佳途径就是加速应收账款的周转。一般来说，应收账款周转率越高，平均收现期越短，说明应收账款收回的速度越快；否则，企业的营运资金会过多地呆滞在应收账款上，影响企业资金的正常周转。

### 3. 现金转化周期

现金转化周期表示从现金投入生产经营开始到最终收回转化为现金的过程，它经历了存货周转期、应收账款周转期和应付账款周转期三个阶段。

---

**名人名言**

我坚持认为现金是最重要的。如果一个公司没有现金，公司的流动性就不存在，结果就是破产。……现金是衡量一个公司实力的重要标准，足够的现金储备能够为公司的投资提供支付保障。

——柯达公司前 CFO　毕盛

---

在为企业设置最佳现金持有量时可以采用现金周转模式，该模式从现金周转的角度出发，根据现金的周转速度来确定最佳现金持有量。

为了更直观地反映现金转化周期，还可以用图 7-1 表示如下。

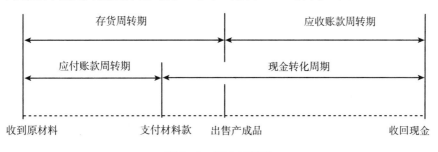

图 7-1　现金周转期

由图 7-1 可以看出，现金的周转经历了收到原材料、支付材料款、出售产成品和收回现金四个过程。其中，从收到原材料到出售产成品的过程称为存货周转期，从出售产成品到收回现金的过程称为应收账款周转期，从收到原材料到支付材料款称为应付账款周转期，从支付材料款到收回现金称为现金转化周期。

一个企业的现金转化周期越短，说明其供产销环节资金周转速度越快，企业的流动资金利用效率越高；反之，相反。

## 7.2.3　流动资产周转速度的影响因素分析

### 1. 影响因素

流动资产周转率受很多因素的影响，流动资产周转率分析主要包括以下影响因素。

（1）流动资产周转额的大小

在一定时期内，流动资产周转速度越快，实现的周转额就越多，表明企业实现销售的能力越强，对利润目标的贡献越大。

（2）流动资产占用额的大小

流动资产占用额与流动资产周转速度有着密切的制约关系。在销售额既定的条件下，流动资产周转速度越快，流动资产的占用额就越少，就会相对节约流动资产，相当于扩大了企业资产的投入，增强了企业的盈利能力；反之，若流动资产周转速度慢，为保证正常营业，企业必须不断补充流动资产，投入更多的资源，导致资产使用效率低，从而也降低了企业的盈利能力。

从流动资产周转率的计算公式可以看出，企业加速流动资产周转，必须从提高营业收入净额和降低平均流动资产占用额两个方面入手。在增加营业收入净额方面，企业要加强市场调查和预测，根据市场需要，开发适销对路的产品，并根据市场的变化情况，及时调整产品结构；还要强化销售工作，采取有效的销售策略开拓市场，提高市场占有率，加快产品的销售速度。在降低流动资产占用额方面，其基本的途径如下。

① 加强定额管理，制定和贯彻先进合理的流动资产消耗定额和储备定额，降低材料、能源等消耗量，降低各项存货的储备量。

② 强化上游供应链管理，努力降低材料采购成本和产品制造成本。

③ 采取技术措施和管理措施，提高生产效率和管理效率，缩短周转期，包括生产周期，存货的供应、在途、验收、整理准备和库存等环节的时间。

④ 制定合理的信用政策和应收账款的催收政策，加快货款结算，及时收回货款。

⑤ 定期清仓查库，及时处理积压产品和物资。

### 2. 评价方法

在分析、了解企业流动资产总体周转情况的基础上，为了对流动资产的周转状况作出更加详尽的分析，并进一步揭示影响流动资产周转速度变化的因素，还必须对流动资产中的主要构成项目（如应收账款、存货等）的周转率进行分析，以增强对企业经营效率的分析，并进一步查明流动资产周转率升降的原因。

# 行业环境对企业营运能力的影响

对企业营运能力分析必须考虑行业的特征，对零售企业来说，存货周转率是反映企业营运能力的一个十分重要的指标，实现库存的最小化、最优化，扩大营业收入是零售企业的经营目标。由于零售企业大部分是现金销售，应收账款的数额很小，应收账款周转率指标便无关紧要；但对于批发企业来说，情况往往相反，存货周转率往往是不重要的，但应收账款周转率却对企业的生存至关重要。

行业内不同的产业结构和发展战略也会造成不同的运营能力状况。企业获得竞争优势的基本方法有两种：低成本和差异化。对实施低成本战略的企业而言，由于其毛利率低，企业需要提高资产的运营效率才能获得满意的收益。因此，对此类企业进行财务分析时其资产周转率指标非常重要，资产周转率的下降往往意味着企业产品销售状况的恶化，而企业往往对此苦无良策。实施差异化战略的公司就有所不同，由于产品具有差异性，其毛利率较高，一般情况下对此类企业进行财务报表分析时更应该关注其产品差异化的基础是否牢固。例如，有的企业因为售后服务备受赞扬而具有差异性，相应的就需要企业留出足够的服务费用，也有的企业因为广告做得好而具有差异性，那么如果广告费用下降可能对企业的盈利产生不利影响。与实施低成本战略的企业不同，实施差异化战略的企业在销售恶化时，可以通过压缩研发费用、服务费用或是广告费用来谋求利润表的"好看"，尽管这会使企业丧失长期竞争优势，但对公司避免陷入财务困境却可以立竿见影，因此更应该关注其营销能力。

因此，在进行财务分析时，不仅要关注财务比率指标值的比较，同时也要关注行业特征与竞争战略对营运能力的影响。从以上分析来看，营运能力低不一定是坏事，营运能力低的公司可能具有更高的销售毛利率，因此也就不容易陷入困境。如果只会机械地照搬教科书对财务指标的解释，那就永远得不到答案。

# 7.3　固定资产营运能力分析

## 7.3.1　固定资产周转速度指标计算与分析

固定资产营运能力分析主要是判断企业管理固定资产的能力，其通常运用的指标是固定资产周转率（也叫固定资产周转次数）和固定资产周转期（也叫固定资产周转天数）。

销售量反映了企业资产的利用效果。通过销售量的价值指标——营业收入与固定资产占用金额的对比，可以反映出企业固定资产的利用效率。

固定资产周转率和固定资产周转期的具体计算公式如下。

$$固定资产周转率 = \frac{营业收入净额}{固定资产平均余额}$$

其中

$$固定资产平均余额 = （期初固定资产净额 + 期末固定资产净额）/2$$

$$固定资产周转期 = \frac{360}{固定资产周转率}$$

如果企业的固定资产减值准备金额不大，则直接使用资产负债表中的固定资产净额即可；如果企业的固定资产减值准备金额较大，则应使用固定资产净值，其原因与前面提到的存货跌价准备和应收账款坏账准备类似。减值准备的提取本身并不能提高资产的使用效率，它与会计政策相关。

**【例 7-4】**（固定资产周转速度指标的计算与分析）根据 SYZG 公司的年报及有关资料，计算固定资产周转速度指标如表 7-4 所示。

**表 7-4　SYZG 公司固定资产周转速度指标计算表**

| 项目 | 2015 年 | 2014 年 | 2013 年 |
|---|---|---|---|
| 营业收入净额/万元 | 2 336 687 | 3 036 472 | 3 732 789 |
| 期初固定资产净额/万元 | 1 608 232 | 1 618 880 | 1 491 739 |
| 期末固定资产净额/万元 | 1 522 594 | 1 608 232 | 1 618 880 |
| 平均固定资产净额/万元 | 1 565 413 | 1 613 556 | 1 555 310 |
| 固定资产周转率/次 | 1.49 | 1.88 | 2.40 |
| 固定资产周转天数/天 | 241.61 | 191.49 | 150 |

其中

$$2015 年固定资产周转率 = \frac{2\ 336\ 687}{1\ 565\ 413} \approx 1.49（次）$$

$$固定资产周转天数 = \frac{360}{1.49} \approx 241.61（天）$$

表 7-4 显示了 SYZG 公司近三年的固定资产周转情况。根据表中列示的数据计算得知，SYZG 公司 2015 年平均固定资产净额比上年减少了 2.98%；但由于 2015 年的营业收入净额比上年减少了 23.05%，其下降速度高于平均固定资产净额的下降速度，使得 2015 年固定资产周转率比 2014 年降低了 20.75%，固定资产周转天数比上年增加了 26.17%，说明公司固定资产的利用效率有所下降。

## 7.3.2　固定资产周转速度的影响因素及评价方法

### 1. 影响因素

运用和计算固定资产周转率时，应注意以下因素的变化或影响。

（1）会计政策

由于企业对固定资产所采用的折旧计提和减值准备计提政策不同，会导致固定资产的余额有所不同，从而对固定资产周转率的计算产生影响，造成指标的人为差异。

关于减值准备前已述及，在此讨论折旧政策。如果不采用固定资产净额反映固定资产占用金额，也会面临究竟采用固定资产原值还是固定资产净值更合理的问题。按固定资产的原值进行计算，其理由是固定资产的生产能力并非随着其价值的逐渐转移而相应降低；再者，使用原值便于企业不同时期或不同企业进行比较，如果采用净值，将失去可比性。按固定资产的净值进行计算，其理由是固定资产原值并非一直全部被企业占用着，其价值的磨损部分已逐步通过折旧收回，只有采用净值计算，才能真正反映一定时期内企业实际占用的固定资产。两种计算口径有各自的特点：按固定资产原值的平均余额计算，能够避免因所采用的折旧方法或折旧年限的不同而产生的人为差异，具有可比性；按固定资产净值的平均余额计算，一般适合于企业自身纵向比较。如果采用固定资产净值计算，在同其他单位横向比较时，则应注意两个企业的折旧方法是否一致。本书采用固定资产净额计算固定资产平均占用额。

（2）通货膨胀

固定资产一般采用历史成本法记账，因此在企业的固定资产、销售情况都没有发生变化的条件下，也可能由于通货膨胀导致物价上涨等因素而虚增营业收入，导致固定资产周转率提高，而企业固定资产的实际效率并未增加。

（3）营业收入

严格地说，企业的营业收入并不是直接由固定资产周转带来的。企业的营业收入只能直接来自于流动资产的周转，而且固定资产要完成一次周转必须经过整个折旧周期。因此，用营业收入除以固定资产平均占用额来反映固定资产的周转速度具有很大的缺陷，即它并非固定资产的实际周转速度。但如果从固定资产对流动资产周转速度和周转额的推动作用来看，固定资产又与企业的营业收入有着必然的联系，即流动资产规模、周转额的大小及周转速度的快慢在很大程度上取决于固定资产的生产能力及利用效率。

（4）固定资产突然上升

一般而言，固定资产的增加不是渐进的，而是突然上升的，这会直接导致固定资产周转率的变化。

（5）固定资产的来源

在进行固定资产周转率比较时，固定资产的不同来源将对该比率的大小产生重大影响。例如，如果一家企业的厂房或生产设备是通过经营性租赁得来的，而另一家企业的固定资产全部是自有的，那么对这两家企业固定资产周转率进行比较就会产生误导。所以，在评价企业固定资产周转率时，可以找资产结构类似的企业进行横向比较，这样才有意义。

**2. 分析方法**

在对固定资产营运能力进行分析时，必须充分结合流动资产的投资规模、周转额、周转速度才更有价值。固定资产周转率反映了既定质量的固定资产通过对流动资产价值转换规模与转换速率的作用而对实现营业收入所做出的贡献。一般而言，固定资产的质量和使用效率越高，其推动流动资产运行的有效规模越大，周转率越快，实现的周转额也就越多。因此，在不断提高流动资产自身营运能力的同时，如何卓有成效地提高固定资产的质量与使用效率，并相对节约固定资产投资，扩大流动资产规模，加速流动资产价值的转换效率，从而实现更多的营业收入，就成为固定资产营运效率分析的重点内容。

在进行固定资产周转率分析时，应以企业历史标准和行业标准作为标准，从中找出差距，努力提高固定资产周转速度。固定资产周转率越高，说明固定资产的利用效率越高；固定资产周转率越低，说明固定资产存量过多或设备闲置。与同行业其他企业相比，如果固定资产周转率较低，意味着企业生产能力过剩。固定资产周转率较高，一方面可能是由于企业较好地利用设备引起的；另一方面也可能是由于设备老化即将折旧完毕造成的。在后一种情况下，可能会导致较高的生产成本带来较低的企业利润，使企业将来固定资产的更新改造更加困难。企业一旦形成产能过剩的局面，除了想方设法充分利用以扩大销售外，没有其他有效的方法。由于机器设备等固定资产具有成套性和专用性特点，使其既不能拆散处理，又不能移作他用，因此企业拥有过多的固定资产处置起来比较困难。但如果固定资产使用效率极低，设备确实多余不需用，就必须想尽办法处置。

---

**案例7-2**

## "耐克"不做鞋，"戴尔"不生产计算机配件

提高资产周转率是提高企业资产营运效率的根本，其核心方式是尽量降低固定资产规模，降低资产的闲置率，并且充分发挥企业每一分钱的效益。很多企业为了降低固定资产占用规模，纷纷采取外包方式生产自己的产品，如"耐克"和"戴尔"就是这一经营模式的典型代表。

耐克公司1972年正式成立，是近50年来世界上新创建的经营消费品最成功的厂家之一，也是世界上最大的旅游鞋供应商。该公司把全部精力放在销售和设计上，它自己不设工厂，不雇用工人，不购置生产设备，不直接生产一双鞋，就连新设计出来的"样鞋"都是台湾生产的。耐克公司的经理人员跑遍世界各地，专门物色承包商，

寻找成本更低、质量更可靠、交货期更有保证的厂家。这样，一旦某厂因故质量不合格，或成本上升，"耐克"便立即停止订货，不再下订单，而与另一家伙伴合作。按照"耐克"公司的经营之道，它所关心的就是设计新式样，保证质量和交货期，并把包销成本尽可能地压低，至于厂房、设备、工人的工资等方面则完全不用关注。

戴尔公司的计算机生产模式和耐克公司一样。从世界计算机制造商的情况来看，戴尔公司在技术、资金等方面并不比别的公司好，IBM、HP等在这些方面还要远远强于戴尔。但戴尔公司状况极佳，发展前景十分看好，何以如此？该公司取得成功的关键就是其独特的经营模式，即大规模定制和直销的结合。"戴尔"通过直销的方式，使自己能够最有效和更明确地了解客户的需求，然后按照客户要求通过互联网络向其合作的配件制造商订购产品，再将世界各地的配件运到接近消费者市场的地点装配成整机，最后直接发货给顾客。在这整个过程中，戴尔公司只负责计算机的销售、售后服务及整机装配工作，而配件的生产完全由其他配件制造商承担。

# 7.4　总资产营运能力分析

## 7.4.1　总资产周转速度指标计算与分析

为了综合分析全部资产的营运能力，运用的指标主要有总资产周转率（也叫总资产周转次数）和总资产周转期（也叫总资产周转天数）。它们的计算公式具体如下。

**1. 总资产周转率**

总资产周转率是指企业在一定时期内完成几次从资产投入到资产收回的循环，其计算公式如下。

$$总资产周转率＝\frac{营业收入净额}{总资产平均余额}$$

其中

$$总资产平均余额＝（期初总资产余额＋期末总资产余额）/2$$

总资产周转率的直接经济含义是，单位总资产能够产出多少营业收入净额。该比率越高，说明企业运用全部资产产出收入的能力越强，企业对资产的管理效率越高，经营风险相对较小。如果该比率较低，说明企业在资产运用方面存在问题，经营风险相对较大。

### 2. 总资产周转天数

总资产周转天数表示企业完成一次总资产周转所需要的时间，其计算公式如下。

$$总资产周转天数 = \frac{360}{总资产周转率}$$

【例7-5】（总资产周转速度指标的计算与分析）根据 SYZG 公司年报及其他有关资料，计算总资产周转速度指标如表7-5所示。

表7-5　SYZG公司总资产周转速度指标计算表

| 项目 | 2015 年 | 2014 年 | 2013 年 |
| --- | --- | --- | --- |
| 营业收入净额/万元 | 2 336 687 | 3 036 472 | 3 732 789 |
| 期初资产总额/万元 | 6 300 945 | 6 386 778 | 6 446 140 |
| 期末资产总额/万元 | 6 122 774 | 6 300 945 | 6 386 778 |
| 平均资产总额/万元 | 6 211 860 | 6 343 862 | 6 416 459 |
| 总资产周转率/次 | 0.38 | 0.48 | 0.58 |
| 总资产周转天数/天 | 947.37 | 750 | 620.69 |

其中

$$2015 年总资产周转率 = \frac{2\ 336\ 687}{6\ 211\ 860} \approx 0.38（次）$$

$$总资产周转天数 = \frac{360}{0.38} \approx 947.37（天）$$

根据表7-5的数据计算得知，SYZG 公司平均资产总额减少了 2.08%，营业收入净额下降了 23.05%，使得 2015 年总资产周转率比 2014 年减少 0.10 次，总资产周转天数比上年增加 197.37 天，公司在 2015 年的总资产周转水平有一定幅度的下降，说明公司的资产管理能力有所减弱。当然，仅以总资产周转率一个指标还不能说明企业的营运能力，还应结合流动资产周转率、固定资产周转率等有关资产组成部分的使用效率进行分析。

2014 年全国建筑设备制造业总资产周转率的平均值为 0.8 次，较差值为 0.4 次，SYZG 公司的总资产周转率仅略高于较差值，说明公司在资产管理方面的能力差强人意，需要进一步提升企业的资产管理能力。

## 7.4.2　总资产周转速度的影响因素分析

### 1. 影响因素

影响总资产营运能力的主要因素是企业营业收入水平和各项分类资产的利用状况。

所以，要提高企业总资产的营运能力，首先要确定各项资产的合理比例，尤其是流动资产和固定资产的比例关系，防止流动资产或固定资产出现闲置。其次，要提高各项资产的利用效率，尤其是流动资产中的应收账款和存货的周转速度（或周转率）及固定资产的利用效率。固定资产利用效率的提高主要取决于固定资产是否全部投入使用，投入使用的固定资产是否满负荷运转，因此必须结合企业的生产能力、生产规模确定固定资产的投资规模。最后，应做到在总资产规模不变的情况下尽可能地扩大营业收入。为此，企业要面向市场，努力开发新产品，提高市场占有率。

在总资产中，周转速度最快的应属流动资产，因此总资产周转速度受流动资产周转速度的影响较大。流动资产周转速度往往高于其他类别资产的周转速度，加快流动资产周转，会使总资产周转速度加快。流动资产占总资产的比重越大，越有利于总资产周转速度的加快。

**2. 分析方法**

对总资产周转率的分析评价要考虑企业的行业特征和经营战略，对于同行业企业总资产周转率的分析，要结合企业的销售净利率和权益乘数、净资产收益率来综合衡量。总资产周转率是一个包容性很强的综合指标，从分析评价的角度来说，它受到流动资产周转率、应收账款周转率和存货周转率等指标的影响。

**【例7-6】**（SYZG公司营运能力分析）以SYZG公司为例，对其2013—2015年的营运能力进行分析，并与ZLZK公司和XGJX公司两家同行业竞争对手进行比较。三家公司的营运能力主要指标如表7-6所示。

**表7-6　营运能力指标**

单位：次

| 年份 | SYZG | | | ZLZK | | | XGJX | | |
|---|---|---|---|---|---|---|---|---|---|
| | 2015年 | 2014年 | 2013年 | 2015年 | 2014年 | 2013年 | 2015年 | 2014年 | 2013年 |
| 应收账款周转率 | 1.15 | 1.57 | 2.22 | 0.69 | 0.89 | 1.65 | 0.88 | 1.13 | 1.40 |
| 存货周转率 | 3.65 | 3.64 | 3.75 | 1.24 | 1.95 | 2.67 | 1.97 | 2.31 | 3.17 |
| 流动资产周转率 | 0.62 | 0.79 | 0.95 | 0.28 | 0.36 | 0.56 | 0.48 | 0.60 | 0.72 |
| 固定资产周转率 | 1.49 | 1.88 | 2.40 | 2.99 | 4.52 | 7.75 | 2.34 | 3.23 | 4.50 |
| 总资产周转率 | 0.38 | 0.48 | 0.58 | 0.22 | 0.28 | 0.43 | 0.36 | 0.46 | 0.57 |

SYZG公司、ZLZK公司和XGJX公司同属工程机械行业，位列行业前三。由表7-6可知，这三家公司近三年各项营运能力指标均有所下降，原因在于受固定资产投资特别是房地产投资持续放缓的影响，工程机械行业整体处于低迷状态。SYZG公司除固定资产周转率低于同行业主要竞争对手外，其余指标均高于同行业主要竞争对手，说明SYZG公司应收账款回款情况较好、存货管理能力较强，企业营运能力在同业竞争者中具有一定的优势。

**案例 7-3**

## 总资产周转率指标刍议

总资产周转率是衡量企业资产管理效率的重要财务比率，在财务分析指标体系中具有重要地位。这一指标通常被定义为营业收入与平均资产总额之比。该计算公式虽然计算简便、易于操作，但含义模糊，主要是因为该计算公式中分子和分母计算口径不一致。公式中的分子是营业收入，是企业从事营业活动所取得的收入净额；而分母是指企业的各项资产的总和，包括流动资产（这其中包括交易性金融资产）、投资性房地产、可供出售金融资产、长期股权投资、固定资产等。众所周知，总资产中的对外投资（即交易性金融资产、可供出售金融资产、长期股权投资），给企业带来的应该是投资收益，不能形成营业收入。可见，公式中的分子、分母口径不一。这一指标前后各期及不同企业之间会因资产结构的不同失去可比性。随着资本市场的发展，我国企业对外投资所占比重会逐渐提高，但各企业的发展又很不平衡。在这种情况下，如果仍按原方法计算总资产周转率已无多大参考价值，应进行必要的改进。

既然总资产中的对外投资与营业收入并无直接关系，就可把它从资产总额中剔除，使分母改为营业资产（总资产－对外投资总额），这样就可以得到一个新的反映资产周转率的指标——营业资产周转率，其计算公式为

营业资产周转率＝营业收入/平均营业总资产

## 本章小结

　　企业的营运资产，主体是指流动资产和固定资产。企业营运资产的利用能力如何，从根本上决定了企业的经营状况和经济效益。营运能力是指企业资产的利用效率，即企业资产营运的效率，反映企业的资产管理水平和资产周转情况。营运能力通常以各类资产的周转速度来衡量，而周转速度又通常可以用周转率和周转期两种指标予以反映。资产周转率也叫资产周转次数，是指给定会计期间资产所占用的资金可以循环利用的次数，次数越多，速度越快，说明资产营运能力越强；反之，相反。资产周转期也叫资产周转天数，是指资产所占用的资金循环利用一次所需要的天数，天数越短，速度越快，说明资产营运能力越强；反之，相反。

营运能力分析主要通过计算和分析反映企业资产营运效率与效益的指标，从而评价企业的营运能力，为企业提高经济效益指明方向。营运能力分析的主要内容包括流动资产营运能力分析、固定资产营运能力分析和总资产营运能力分析三个方面。

流动资产周转速度指标主要包括流动资产周转率和流动资产周转期，这两个指标分别指在一定时期内（通常是季度或年度）流动资金周转次数和周转一次所需要的时间。流动资产周转速度分析还包括主要流动资产项目周转速度分析，具体包括存货周转速度分析、应收账款周转速度分析和现金转化周期。流动资产周转率受流动资产周转额和流动资产占用额等因素影响。

固定资产营运能力分析主要是判断企业管理固定资产的能力，其通常运用的指标是固定资产周转率和固定资产周转期。固定资产周转率受会计政策（主要是指折旧政策和减值准备计提政策）、通货膨胀、营业收入、固定资产突然上升和固定资产的来源等方面的影响。

综合分析总资产的营运能力，主要是分析总资产周转率和总资产周转期这两个指标。影响总资产营运能力的主要因素是企业营业收入水平和各项分类资产的利用状况。所以，要提高企业总资产的营运能力，首先要确定各项资产的合理比例，尤其是流动资产和固定资产的比例关系，防止流动资产或固定资产出现闲置；其次，要提高各项资产的利用效率，尤其是流动资产中的应收账款和存货的周转速度（或周转率），以及固定资产的利用效率。总资产周转速度受流动资产周转速度的影响较大，流动资产占总资产的比重越大，越有利于总资产周转速度加快。

# 练 习 题

## 一、单项选择题

1. 狭义的营运能力是指（　　　）。

    A. 流动资产营运的效率　　　　　　　　B. 企业资产营运的效率

    C. 速动资产营运的效率　　　　　　　　D. 固定资产营运的效率

2. 在下列各项中，属于直接受全部资产营运能力提高影响的盈利能力是（　　　）。

    A. 资本经营盈利能力　　　　　　　　　B. 资产经营盈利能力

    C. 商品经营盈利能力　　　　　　　　　D. 产品经营盈利能力

3. 在下列各项中，属于计算流动资产周转率应选择的流动资产周转额是（    ）。

   A. 营业收入                     B. 销售成本费用

   C. 全部收入                     D. 销售成本

4. 某公司年末财务报表数据为：流动负债 60 万元，流动比率为 3，速动比率为 2，营业收入为 100 万元，年初存货 50 万元，则本年度存货周转率为（    ）。

   A. 1.82 次                     B. 2.65 次

   C. 2.57 次                     D. 1.84 次

5. 某公司 20×6 年和 20×7 年的流动资产平均占用额分别为 2 100 万元和 2 800 万元，流动资产周转率分别为 7 次和 9 次，则 20×7 年比 20×6 年的营业收入增加了（    ）。

   A. 20 000 万元                 B. 3 650 万元

   C. 41 200 万元                 D. 10 500 万元

## 二、多项选择题

1. 在下列各项中，属于企业营运资产的有（    ）。

   A. 无形资产                   B. 固定资产

   C. 流动资产                   D. 总资产

   E. 闲置资产

2. 在下列各项中，属于反映企业营运能力的指标有（    ）。

   A. 总资产报酬率              B. 总资产周转率

   C. 存货周转天数              D. 应收账款周转率

   E. 固定资产利润率

3. 在下列各项中，属于影响企业营业收入净额的因素有（    ）。

   A. 营业收入总额             B. 销货退回金额

   C. 销货折让金额             D. 坏账准备

   E. 营业成本

4. 在下列各项中，能够体现流动资产占用额与流动资产周转速度关系的有（    ）。

   A. 在销售额既定的条件下，流动资产周转速度越快，流动资产的占用额就越少

   B. 在销售额既定的条件下，流动资产周转速度越快，流动资产的占用额就越多

   C. 在销售额既定的条件下，流动资产周转速度越慢，流动资产的占用额就越少

   D. 在销售额既定的条件下，流动资产周转速度越慢，流动资产的占用额就越多

   E. 两者之间没有关系

5. 在下列各项中，属于影响固定资产周转速度的因素有（    ）。

   A. 折旧方法和折旧年限       B. 通货膨胀

   C. 营业收入                   D. 固定资产突然上升

   E. 固定资产的来源

### 三、判断题

1. 企业资产的营运效益主要指企业的产出额与资产占用额之间的比率。资产运用的效率高、循环快，企业就可以以较少的投入获得较多的收益。（　　）

2. 营运能力分析的内容主要包括流动资产营运能力分析和固定资产营运能力分析。（　　）

3. 在销售净利率相同的情况下，存货周转率越高，获取的利润就越多。（　　）

4. 应收账款周转天数分析与应收账款账龄分析是相同的。（　　）

5. 影响总资产营运能力的主要因素是企业营业收入水平和各项分类资产的利用状况。（　　）

### 四、简答题

1. 营运能力分析的意义是什么？

2. 简述流动资产周转能力的评价方法。

3. 简要分析企业经营管理中，存货量增减变动所带来的利弊得失。

4. 如何提高企业总资产的营运能力？

5. 简述总资产周转速度的影响因素。

### 五、计算分析题

1. 分析资料：某企业上年存货平均占用额为 150 000 元，流动资产平均占用额为 300 000 元；本年存货平均占用额为 180 000 元，流动资产平均占用额为 450 000 元；产品营业收入净额上年为 210 000 元，本年为 360 000 元。

分析要求：计算流动资产周转率和存货周转率。

2. 分析资料：某企业有关固定资产占用和总收入资料如表 7-7 所示。

**表 7-7　固定资产占用和总收入资料**

单位：万元

| 项　　目 | 2014 年 | 2015 年 |
|---|---|---|
| 营业收入净额 | 7 600 | 8 900 |
| 固定资产平均余额 | 7 800 | 8 000 |

分析要求：对固定资产营运能力进行分析。

3. 已知：某企业上年营业收入净额为 6 900 万元，全部资产平均余额为 2 760 万元，流动资产平均余额为 1 104 万元；本年营业收入净额为 7 938 万元，全部资产平均余额为 2 940 万元，流动资产平均余额为 1 323 万元。

要求：计算上年与本年的全部资产周转率、流动资产周转率和资产结构（流动资产占全部资产的百分比）。

### 六、综合题

光华公司 20×6 年度销售净利率为 16%，总资产周转率为 0.5，权益乘数为 2.2，净资产收益率为 17.6%。光华公司 20×7 年度营业收入为 840 万元，净利润为 117.6 万元。光华公司的资产负债表如表 7-8 所示。

**表 7-8　光华公司资产负债表**

20×7 年 12 月 31 日　　　　　　　　　　　　　　　　　　　　　　　　　　　　　单位：万元

| 资产 | 年初 | 年末 | 负债及所有者权益 | 年初 | 年末 |
|---|---|---|---|---|---|
| 流动资产 | | | 流动负债合计 | 450 | 300 |
| 货币资金 | 100 | 90 | 长期负债合计 | 250 | 400 |
| 应收账款净额 | 120 | 180 | 负债合计 | 700 | 700 |
| 存货 | 230 | 360 | 所有者权益合计 | 700 | 700 |
| 流动资产合计 | 450 | 630 | | | |
| 固定资产净值 | 950 | 770 | | | |
| 总　　计 | 1 400 | 1 400 | 总　　计 | 1 400 | 1 400 |

要求：

（1）计算 20×7 年年末速动比率、资产负债率和权益乘数；

（2）计算 20×7 年总资产周转率、销售净利率和净资产收益率；

（3）分析销售净利率、总资产周转率和权益乘数变动对净资产收益率的影响。

# 第 8 章

# 偿债能力分析

**学习目标:**
- 理解偿债能力的内涵及意义;
- 了解长期偿债能力分析与短期偿债能力分析的关系;
- 掌握短期偿债能力的含义和衡量指标;
- 掌握长期偿债能力的含义和衡量指标;
- 理解影响短期偿债能力、长期偿债能力的因素;
- 应用偿债能力指标综合分析、评价企业的偿债能力。

## 引 例

### "长航凤凰"缘何破产重整

长航凤凰股份有限公司(以下简称"长航凤凰")是上市公司,是长江及沿海干散货航运主要企业之一。自 2008 年全球金融危机以来,受财务费用负担沉重、航运运价长期不高等因素影响,"长航凤凰"经营逐步陷入困境。截至 2013 年 6 月 30 日,"长航凤凰"合并报表项下的负债总额合计达 58.6 亿元,净资产为—9.2 亿元,已严重资不抵债。又因连续三年亏损,"长航凤凰"于 2014 年 5 月 16 日起暂停上市。

稳健经营是公司永恒不变的法则,债务杠杆的运用必须以一定的现金获取能力和盈利能力作后盾,并牢记"有理、有利、有节"。"长航凤凰"管理层明知航运市场低迷仍然过度使用杠杆,大量举借银行贷款进行固定资产投资,其结局可想而知。因此,偿债能力对于企业的可持续发展至关重要。

那么如何有效衡量企业偿债能力并正确分析其影响因素呢？本章主要介绍偿债能力分析的基本原理。

# 8.1　偿债能力分析的内涵与意义

## 8.1.1　偿债能力分析的内涵

企业在生产经营过程中，为了弥补自身资金不足就需要对外举债。举债经营的前提必须是能够按时偿还本金和利息，否则就会使企业陷入困境，甚至危及企业的生存。

**1. 偿债能力的概念**

偿债能力是指企业对到期债务清偿的能力或者对债务偿还的保障程度。负债的基本特点是：第一，它将在未来时期付出企业的经济资源或未来的经济利益；第二，它必须是过去的交易或事项所发生的，其债务责任能够以货币确切地计量或者合理地估计。企业的偿债能力按其债务到期时间的长短可分为短期偿债能力和长期偿债能力。

（1）短期偿债能力

短期偿债能力是指企业以其流动资产偿还流动负债的保障程度。一个企业的短期偿债能力大小，要看流动资产与流动负债的多少和质量情况。流动资产的质量是指其"流动性"和"变现能力"。流动性是指流动资产转换为现金所需要的时间。资产转换为现金需要的时间越短，资产的流动性越强，越能尽快地转换为偿还债务的资金。变现能力是指资产是否能很容易地、不受损失地转换为现金。如果流动资产的预计出售价格与实际出售价格的差额很小，则认为资产的变现能力较强。金融资产容易变现，存货则差一些。对于流动资产的质量，应着重理解以下三点。

① 资产转变成现金是经过正常交易程序变现的。

② 资产流动性的强弱主要取决于资产转换成现金的时间长短，而变现能力主要取决于资产预计出售价格和实际价格之间的差额。

③ 流动资产的流动性期限一般在一年以内或在一个营业周期之内。

流动负债也有"质量"问题。一般来说，企业的所有债务都是要偿还的，但是并非所有债务都需要在到期时立即偿还，债务偿还的强制程度和紧迫性被视为负债的质量。债务偿还的强制程度越高，紧迫性越强，负债的质量就越高；反之，则越低。企业流动资产的数量和质量超过流动负债的数量和质量的程度，就是企业的短期偿债能力。

短期偿债能力是企业的任何利益相关者都应重视的问题。对企业管理者来说，短期偿债能力的强弱意味着企业承受财务风险能力的大小。对投资者来说，短期偿债能力的强弱意味着企业盈利能力的高低和投资机会的多少。对企业的债权人来说，企业短期偿债能力的强弱意味着本金与利息能否按期收回的保障程度的高低。对企业的供应商和消费者来说，企业短期偿债能力的强弱意味着企业履行合同能力的大小。

总之，短期偿债能力是十分重要的。当一个企业丧失短期偿债能力时，它的持续经营能力将受到质疑。

（2）长期偿债能力

长期偿债能力是指企业偿还长期债务的保障程度。企业的长期债务是指偿还期在一年以上或者超过一个营业周期的负债，包括长期借款、应付债券、长期应付款等。企业对一笔债务总是负有两种责任：一是偿还债务本金的责任；二是支付债务利息的责任。分析一个企业长期偿债能力，主要是为了确定该企业偿还债务本金和支付债务利息的能力。由于长期债务的期限长，企业的长期偿债能力主要取决于企业的盈利能力和资本结构，而不是资产的短期流动性。

企业的长期偿债能力与盈利能力密切相关。企业能否有充足的长期现金流入，以偿还长期负债，在很大程度上取决于企业的盈利能力。一个长期亏损的企业，要保全其权益资本很难，但要保持正常的长期偿债能力更难。而一个长期盈利的企业，如果有着良好的现金流入，则必然能保持正常的长期偿债能力。与短期负债不同，企业的长期负债大多用于长期资产投资，形成企业的固定资产。在企业正常生产的情况下，不可能靠出售长期资产偿还债务的本金和利息，只能依靠生产经营所得。企业支付给长期债权人的利息，主要来自于企业创造的利润和现金流。一般来说，企业的盈利能力越强，长期偿债能力就越强；反之，则越弱。

资本结构是指企业各种长期资本来源的构成及它们之间的比例关系。长期资本的来源主要是权益筹资和长期负债。在不同的资本结构下，企业承担的资金成本和财务风险是不同的。债务筹资可以起到抵税作用，可以使企业承担相对较低的融资成本，调剂企业资金余缺，并增加资本结构的弹性，但企业需要承担到期还本付息的责任，财务风险较大；权益筹资对企业来说没有到期归还的压力，但企业需承担相对较高的融资成本，且不能税前抵税，资本结构的弹性小。此外，权益资本是承担长期债务的基础。可以说企业的资本结构从一定程度上说明了企业的长期偿债能力。企业管理人员的职责之一在于优化企业的资本结构，提高企业防控财务风险的能力。

**2. 长期偿债能力分析与短期偿债能力分析的关系**

长期偿债能力分析与短期偿债能力分析之间既有联系，又有区别，财务分析人员既不要把二者割裂开来进行分析，也不能混为一谈。

（1）长期偿债能力分析与短期偿债能力分析的联系

长期偿债能力分析与短期偿债能力分析的目的都是衡量企业偿还债务的能力。任何长期债务在到期当年都已经转化为短期债务，影响企业的短期偿债能力，有时即使企业有很强的长期偿债能力，但如果其流动资产不足或变现能力差，也有可能无法偿付到期债务而陷入财务危机。

从企业长远的发展来看，长期偿债能力是短期偿债能力的基础，企业的长期偿债能力与盈利能力密切相关，良好的长期偿债能力能够说明企业的实力强、效益好，也是偿还短期债务的根本保障。因此，分析企业的短期偿债能力时应结合企业的长期偿债能力，综合把握企业的偿债能力。

（2）长期偿债能力分析与短期偿债能力分析的区别

① 分析的影响因素不同。流动负债是指一年内到期或在一个营业周期内到期的债务，必须由变现能力较强的流动资产来偿还。所以，分析企业的短期偿债能力，主要是分析流动资产与流动负债之间的关系，核心问题是企业的现金流量分析。

偿还长期负债的资产，一般情况下不是固定资产和其他长期资产，因为固定资产和其他长期资产主要用于企业的生产经营活动。长期债务是指一年或若干年以后才需要以现金偿付的债务，因此盈利能力是分析企业长期偿债能力的前提。

② 分析的指标不同。短期偿债能力分析主要是利用企业资产负债表提供的数据，计算流动比率、速动比率、现金比率等指标，来考察企业偿还短期债务的能力和水平。

长期偿债能力分析要分别利用资产负债表和利润表提供的数据，计算资产负债率、利息保障倍数等指标，进而分析这些指标所反映的企业偿还长期债务的能力，同时结合企业的盈利能力，来全面综合评价企业的长期偿债能力。

## 8.1.2　偿债能力分析的意义

企业的安全性是其健康发展的基本前提。在财务分析中能够体现企业安全性的主要方面就是企业的偿债能力分析。所以，一般情况下总是将企业的安全性和企业偿债能力分析联系在一起。因为对企业安全性威胁最大的是"财务失败"现象的发生，即企业无力偿还到期债务导致诉讼或破产。由于债务管理不善导致企业经营失败或陷入困境的案例比比皆是，因此分析企业偿债能力具有十分重要的意义。

### 1. 正确认识和评价企业的财务状况

偿债能力是企业的一个敏感问题，偿债能力的强弱反映着企业资产与负债状况的好坏、企业支付能力的强弱和信誉度的高低。偿债能力降低往往预示着企业财务状况、营运状况不佳，企业如果在短时间内不能改善财务状况的"风向标"，必将引起企业利益相关者的广泛关注。通过对企业偿债能力的分析和评价，可以较深入地了解企业的财务状况和经营管理状况，这也是偿债能力分析的出发点和基本目的。

### 2. 为改善企业经营管理提供可靠信息

偿债能力分析为企业管理者提供购销、生产、存货、筹资、资金往来等方面的具体信息，既可以看到企业已取得的业绩，也能暴露企业生产经营各环节中存在的问题。通过对企业偿债能力的分析和评价，可以使管理者有针对性地采取措施，改进企业经营管理，改善财务状况，最终目的是合理组织资金，及时偿还到期债务，消除企业债务风险，化解企业和债权人之间的矛盾。

### 3. 为相关的投资、信贷决策提供依据

偿债能力分析，不仅直接反映了到期债务偿还的可能性，还间接反映了企业的盈利能力和发展能力。如果连到期债务都不能偿还，那么投资效益、利息支付就更谈不上了。因此，企业的投资者、债权人、供应商和客户都十分关注企业偿债能力信息的披露。偿债能力指标是投资和信贷决策的重要指标，这些指标对决策往往起着决定性的作用，是投资和信贷决策最基本的依据。

## 8.1.3  偿债能力分析的内容

企业偿债能力分析的内容受企业负债类型和偿债所需资产类型的制约，不同的负债，其偿还所需要的资产不同，或者说不同的资产可用于偿还的债务也有所区别。因此，对企业偿债能力分析包括短期偿债能力分析和长期偿债能力分析两个方面。

### 1. 短期偿债能力分析

短期偿债能力是指企业偿还流动负债的能力，或者说是指企业在短期债务到期时用可以变现为现金的资产偿还流动负债的能力。通过对反映短期偿债能力的主要指标和辅助指标的分析，可以了解企业短期偿债能力的高低及其变动情况，并判断企业的财务状况和风险程度。衡量企业短期偿债能力的指标主要有流动比率、速动比率和现金比率等。

### 2. 长期偿债能力分析

长期偿债能力是指企业偿还本身所欠长期负债的能力，或者说是指企业长期债务到期时，企业的盈利或资产可用于偿还长期负债的能力。对企业长期偿债能力进行分析，要结合长期负债的特点，在明确影响长期偿债能力因素的基础上，从企业盈利能力和资产规模两个方面对企业偿还长期负债的能力进行分析和评价。通过对反映企业长期偿债能力指标的分析，可以了解企业长期偿债能力的高低及其变动情况，并判断企业整体财务状况和债务负担及偿债能力的保障程度，为企业进行正确的负债经营指明方向。衡量企业长期偿债能力的指标主要有资产负债率、利息保障倍数、本息保障倍数等。

# 8.2　短期偿债能力分析

## 8.2.1　短期偿债能力指标的计算与分析

分析企业短期偿债能力，通常可运用一系列反映短期偿债能力的指标来进行。从企业短期偿债能力的含义及影响因素可知，短期偿债能力主要可通过企业流动资产和流动负债的对比得出。因此，对企业短期偿债能力的指标进行分析，可采用流动负债和流动资产对比的指标，包括营运资金、流动比率、速动比率、现金比率、企业支付能力系数、现金流量比率等。

### 1. 营运资金

营运资金是指流动资产减去流动负债后的差额，也称净营运资本，表示企业的流动资产在偿还全部流动负债后还有多少剩余。其计算公式为

$$营运资金＝流动资产－流动负债$$

从财务观点看，如果流动资产高于流动负债，表示企业具有一定的短期偿债能力。该指标越高，表示企业可用于偿还流动负债的资金越充足，企业的短期偿债能力越强，企业所面临的短期流动性风险越小，债权人的安全程度越高。因此，可将营运资金作为衡量企业短期偿债能力的绝对数指标。对营运资金指标进行分析，可以从静态上评价企业当期的短期偿债能力状况，也可从动态上评价企业不同时期短期偿债能力的变动情况。

**【例 8-1】**（营运资金的计算与分析）根据 SYZG 公司的资产负债表资料，可以运用营运资金指标从静态上分析公司的短期偿债能力。

$$2015 年年末的营运资金＝3\ 732\ 883－2\ 780\ 400＝952\ 483（万元）$$

SYZG 公司 2015 年年末营运资金占流动资产的 25.52％，流动资产可以抵补流动负债，公司短期偿债能力较强。从动态上分析公司的短期偿债能力，就是要将 2014 年年末或 2015 年年初的营运资金与 2015 年年末的营运资金进行对比，以反映公司偿债能力的变动情况。

$$2014 年年末的营运资金＝3\ 811\ 236－2\ 084\ 963＝1\ 726\ 273（万元）$$

2014 年年末公司的营运资金占流动资产的比例为 45.29％，流动资产能够抵偿流动负债。从数额上看 2014 年的营运资金比 2015 年多出 773 790 万元，财务状况更为稳定，短期偿债压力更小。2015 年流动资产呈下降趋势，而流动负债呈上升趋势。流动负债

增加会使企业财务压力加大。进一步分析，2015 年流动负债内部项目变化可知，比较突出的是短期借款增加了 696 860 万元，这对企业短期资金周转提出了更高的要求。由于营运资金只反映可用于偿还短期负债剩余资金的绝对量，在企业流动资产和流动负债都发生变化时，运用相对数指标反映企业的偿债能力就显得更加必要。

### 2. 流动比率

流动比率是指流动资产与流动负债的比率，表示每单位的流动负债，有多少流动资产作为偿还的保证。其计算公式如下。

$$流动比率 = \frac{流动资产}{流动负债} \times 100\%$$

一般认为，从债权人立场上说，流动比率越高越好，表示企业的偿债能力越强，企业所面临的短期流动性风险越小，债权越有保障，借出的资金越安全。但从经营者和所有者的角度看，并不一定要求流动比率越高越好，在偿债能力允许的范围内，根据经营需要，进行负债经营也是现代企业经营的策略之一。因此，从一般经验看，流动比率为 200% 时是比较合适的，此时企业的短期偿债能力较强，对企业的经营也比较有利。

对流动比率的分析，可以从静态和动态两个方面进行。从静态上分析，就是计算并分析某一时点的流动比率，同时可将其与同行业的平均流动比率进行比较；从动态上分析，就是将不同时点的流动比率进行对比，研究流动比率变动的特点及其合理性。

【例 8-2】（流动比率的计算与分析）根据 SYZG 公司的资产负债表资料，计算 2015 年年末和年初的流动比率如下。

$$年末流动比率 = \frac{3\,732\,883}{2\,780\,400} \times 100\% = 134.26\%$$

$$年初流动比率 = \frac{3\,811\,236}{2\,084\,963} \times 100\% = 182.80\%$$

可以看出，SYZG 公司流动比率有所下降，且均未达到 200%。按照经验标准来判断，该公司短期偿债风险增大，短期偿债能力减弱。但是在具体评价企业偿债能力时，还应结合同行业情况做进一步的分析。

运用流动比率分析、评价企业的短期偿债能力，应注意以下几个问题。

① 企业短期偿债能力取决于流动资产与流动负债的相互关系，而与企业规模无关。如果仅以流动比率作为偿债能力的评价标准，当企业规模大、流动资产多时，并不一定表明企业短期偿债能力强；反之，企业规模小、流动资产少也不等于其偿债能力弱。从根本上决定企业短期偿债能力强弱的是流动资产与流动负债金额的对比关系。

② 对企业短期偿债能力的判断必须结合所在行业的平均标准。流动比率为 200%，只是就一般情况而言，并不是绝对标准。不同行业因其资产、负债占用情况

不同，流动比率会有较大差别，一些行业的流动比率达到 100％时，就可能说明其有足够的偿债能力，而其他行业的流动比率达到或超过 200％时，也不一定表明其偿债能力很强。

③ 对企业短期偿债能力的判断必须结合其他有关因素。即使在同行业内，一些流动比率较低的企业，也不一定表示其偿债能力较低。如果企业有大量充裕的现金，或随时能变现的有价证券，或具有相当强的融资能力等，企业实际的偿债能力要比流动比率指标所表示的偿债能力强得多；反之，如果一个企业的流动比率超过 200％的标准，但流动资产中存货占相当大比例，也不能说明其偿债能力很强。所以，分析时一定要结合各种因素，最终对企业的短期偿债能力作出综合评价。

④ 要注意人为因素对流动比率指标的影响。流动比率是根据资产负债表的资料计算出来的，体现的仅仅是企业账面上的支付能力。如果企业管理人员出于某种目的，运用各种方式对其进行调整，那么流动比率所表现出来的偿债能力就会与实际偿债能力产生较大差异。

### 案例 8-1

## 流动比率的经验值可靠吗

一般认为流动比率在 2∶1 左右比较合适。但如今大多数企业的流动比率指标均达不到 2 或者是大于 2。下面我们以几个有代表性的行业和比较典型的企业为例，进行比较分析。

1. 房地产开发企业

大连 A 房地产开发企业和沈阳 B 房地产开发企业 2013 年、2014 年、2015 年财务报表截取如表 8-1 所示。

表 8-1　大连 A 房地产开发企业和沈阳 B 房地产开发企业的流动比率

|  | 2013 年 | 2014 年 | 2015 年 |
|---|---|---|---|
| 大连 A 房地产开发企业 | 1.10 | 1.25 | 1.54 |
| 沈阳 B 房地产开发企业 | 1.17 | 1.00 | 1.40 |

通过表 8-1 可以看出，对房地产开发项目来说，2∶1 流动比率的理想值在这里并没有得到应验。因为房地产开发项目所需开发资金较多，且企业本身并不拥有大量的资本金，其资金一般来源于借款。流动比率的大小，最重要的是取决于存货比率大小，房地产开发企业的存货一般高达 75％，甚至更高。此外，房地产开发项目通常采取预售期房（预收账款）的方式筹集资金，且营业周期较长，前期开发一次性投入较大。这些特点使得房地产开发项目的流动负债数额也较大，故流动比率相对较低。

2. 建筑安装（装修）企业

大连 C 建筑企业和鞍山 D 装修公司 2013 年、2014 年、2015 年财务报表截取如表 8-2 所示。

表 8-2　大连 C 建筑企业和鞍山 D 装修公司的流动比率

|  | 2013 年 | 2014 年 | 2015 年 |
|---|---|---|---|
| 大连 C 建筑企业 | 1.15 | 1.16 | 1.15 |
| 鞍山 D 装修公司 | 1.31 | 1.56 | 1.37 |

对于建筑安装业，一般来说，工程承包额和垫资量巨大，资金占用多、周转慢、生产周期长、工程量大，经营状况受不确定因素的影响大，对建筑安装企业的经营能力与实力要求较高，所以流动比率指标也相对较低。

3. 酒店、餐饮等服务型企业

大连 E 酒店和大连 F 餐饮服务企业 2013 年、2014 年、2015 年财务报表截取如表 8-3 所示。

表 8-3　大连 E 酒店和大连 F 餐饮服务企业的流动比率

|  | 2013 年 | 2014 年 | 2015 年 |
|---|---|---|---|
| 大连 E 酒店 | 1.16 | 0.64 | 0.33 |
| 大连 F 餐饮服务企业 | 0.43 | 1.23 | 0.99 |

酒店、餐饮等服务型行业的营业周期较短，几乎没有应收账款，且不需要大量的存货储备，流动资产的主要组成部分为货币资金和变现能力较强的必要周转存货，因而其流动比率非常低。

通过以上分析可以看出：由于行业、地域、所处经营周期的不同，企业经营周转所需的资金必然存在差别，所以其合理的流动比率也不尽相同。通常，制造业较其他行业高，交通不发达地区较发达地区高，经营旺季比淡季高。所以，判定一个企业流动比率是否合理只有与同行业平均流动比率、本企业历史流动比率进行比较，才可能得出科学合理的结论。

### 3. 速动比率

速动比率又称酸性试验比率，是指企业的速动资产与流动负债的比率，用来衡量企业流动资产中速动资产变现偿付流动负债的能力。其计算公式如下。

$$速动比率 = \frac{速动资产}{流动负债} \times 100\%$$

其中

$$速动资产 = 流动资产 - 存货$$

速动比率可以用作流动比率的辅助指标。用速动比率来评价企业的短期偿债能力，消除了存货等变现能力较差的流动资产项目的影响，可以部分地弥补流动比率指标存在的缺陷。当企业流动比率较高时，如果流动资产中可以立即变现用来偿付债务的资产较少，其偿债能力也不理想；反之，即使流动比率较低，但流动资产中的大部分项目都可以在较短的时间内转化为现金，其偿债能力也会很强。因此，用速动比率来评价企业的短期偿债能力相对更准确一些。

一般认为，在企业的全部流动资产中，存货大约占 50%。所以，速动比率的经验标准为 100%，就是说，每一元的流动负债，都有一元几乎可以立即变现的资产来作保障。如果速动比率低于 100%，一般认为偿债能力较差，但分析时还要结合其他因素进行评价。

【例 8 - 3】（速动比率的计算与分析）根据 SYZG 公司的资产负债表资料计算该企业速动比率如下。

$$年末速动比率 = \frac{3\ 180\ 798}{2\ 780\ 400} \times 100\% = 114.40\%$$

$$年初速动比率 = \frac{3\ 084\ 321}{2\ 084\ 963} \times 100\% = 147.93\%$$

从计算结果可以看出，SYZG 公司年末短期偿债能力弱于期初，说明公司的短期偿债能力减弱，但速动比率一直高于 100%。从经验值来看，一般认为 SYZG 公司短期偿债能力较好。

需要特别指出的是，一个企业的流动比率和速动比率较高，虽然能够说明企业有较强的短期偿债能力，反映企业的财务状况良好，但过高的流动比率和速动比率则会影响企业的盈利能力。当企业大量储备存货时，特别是有相当比例的超额积压物资时，流动比率就会较高，可是存货的周转速度会降低，形成流动资金的相对固定化，会影响流动资产的利用效率。过高的货币资金存量能使速动比率提高，但货币资金的相对闲置会使企业丧失许多获利的投资机会。流动资产及速动资产中均包括货币资金、应收票据、应收账款等项目，应收票据和应收账款并不能保证按时收回，有些应收账款的回收期可能超过一年，甚至几年；应收票据即使可以随时贴现，但当对方到期不承兑时，实际上等于增加了企业的流动负债。所以，流动比率和速动比率必须辩证分析，以进行风险和收益的权衡。

### 4. 现金比率

现金比率是指现金类资产对流动负债的比率，该指标有两种计算方式。

（1）现金类资产仅指货币资金

当现金类资产仅指货币资金时，现金比率的计算公式如下。

$$现金比率 = \frac{货币资金}{流动负债} \times 100\%$$

（2）现金类资产包括货币资金和现金等价物

当现金类资产除包括货币资金以外，还包括现金等价物时，即企业把持有的期限短、流动性强、易于转换为已知金额的现金、价值变动风险很小的投资视为现金等价物。按照这种理解，现金比率的计算公式如下。

$$现金比率＝\frac{现金＋现金等价物}{流动负债}×100\%$$

现金比率可以准确地反映企业的直接偿付能力，当企业面临支付工资日或大宗进货日等需要大量现金时，这一指标更能显示出其重要作用。

【例8-4】（现金比率的计算与分析）根据 SYZG 公司的资产负债表资料，采用第一种方式计算该企业的现金比率如下。

$$年末现金比率＝\frac{684\ 088}{2\ 780\ 400}×100\%＝24.60\%$$

$$年初现金比率＝\frac{604\ 927}{2\ 084\ 963}×100\%＝29.01\%$$

从计算结果可以看出，SYZG 公司期末现金比率较期初现金比率低，表明公司短期偿债能力有所减弱。

现金比率越高，表示企业可立即用于支付债务的现金类资产越多。由于企业现金类资产的盈利水平较低，企业不可能也没有必要保留过多的现金类资产。如果这一比率过高，表明企业通过负债方式所筹集的流动资金没有得到充分利用，所以并不鼓励企业保留更多的现金类资产。

（3）流动比率、速动比率和现金比率之间的关系

流动比率、速动比率和现金比率三者之间存在密切的联系，其相互关系如图 8-1 所示。

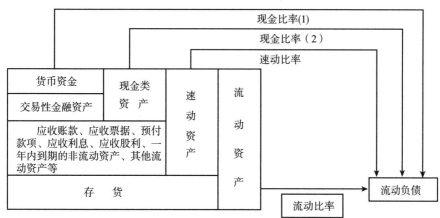

图 8-1  流动比率、速动比率和现金比率关系图

由图 8-1 可以看出，运用现金比率评价企业的短期偿债能力，其结果是相对保守的；而在运用速动比率和流动比率评价企业的短期偿债能力时，了解存货和应收账款各自占流动资产的比例、二者的周转速度是非常必要的。因为假如存货或应收账款占流动资产的比重很大，但周转速度缓慢，那么即使企业表面上拥有巨额的流动资产，实际上企业的短期偿债能力并不强。

流动比率、速动比率和现金比率都是以企业某一时点上的流动资产存量和流动负债来反映企业的短期偿债能力，但不能说明企业短期偿债能力动态变化情况。所以，通过对各项短期偿债能力比率进行趋势分析，可以进一步反映企业短期偿债能力的动态变化，从而弥补流动比率、速动比率和现金比率本身的不足。

### 5. 企业支付能力系数

企业支付能力系数是从动态上反映企业短期偿债能力的重要指标。根据企业支付能力反映的具体时间差异，支付能力系数可以分为期末支付能力系数和近期支付能力系数两种。

期末支付能力系数是指期末货币资金与急需支付款项之比。其计算公式如下。

$$期末支付能力系数 = \frac{期末货币资金}{急需支付款项}$$

其中，急需支付款项包括逾期未缴款项、逾期银行借款、逾期应付款项等。该指标大于或等于 1 说明企业有支付能力；反之，说明企业支付能力差。期末支付能力系数的值越低，说明企业支付能力越差。

近期支付能力系数是指在近期可用于支付的资金与近期需要支付的资金之间的比率。其计算公式如下。

$$近期支付能力系数 = \frac{近期可用于支付的资金}{近期需要支付的资金}$$

近期支付能力系数在计算时必须注意以下 4 个问题。

① 这里所说的近期，可根据企业的实际支付情况而定，可以是三天、五天，也可以是十天或半月，当然也可计算企业当天的支付能力。

② 该指标分子和分母的口径应一致，即分子和分母所说的近期相同，企业可用于支付的资金数额，包括现金、银行存款、近期可收回的应收款、近期现销收入、其他可收回的资金等。

③ 近期需要支付的资金，是指到最后支付时点，企业需要支付的资金数额，包括已经到期需要归还的各种负债、近期将要到期的负债及近期其他应付款或预交款等。

④ 企业近期支付能力系数对于评价企业短期或近期的偿债能力状况有着重要的作用。当近期支付能力系数大于或等于 1 时，说明企业近期支付能力较好；反之，则说明企业近期支付能力较差。该指标越低，说明企业近期支付能力越差。

### 6. 现金流量比率

现金流量比率是指经营活动的现金流量净额与平均流动负债之间的比例关系。经营活动的现金流量真实地反映了企业当期收到的实际现金数量，能更真实地说明企业当期的实际偿债能力。其计算公式如下。

$$现金流量比率 = \frac{经营活动的现金流量净额}{平均流动负债} \times 100\%$$

其中

$$平均流动负债 = （年初流动负债余额 + 年末流动负债余额）/2$$

【例 8-5】（现金流量比率的计算与分析）根据 SYZG 公司的财务报表资料，计算该企业的现金流量比率如下。

$$2015 年的现金流量比率 = \frac{213\ 598}{2\ 432\ 681.5} \times 100\% = 8.78\%$$

$$2014 年的现金流量比率 = \frac{123\ 194}{1\ 940\ 074} \times 100\% = 6.35\%$$

根据以上的计算结果可以看出，SYZG 公司 2015 年的现金流量比率由 2014 年的 6.35% 上升到 8.78%，有所提高，说明企业的短期偿债能力变强。该指标的上升原因是经营活动现金流量净额的增长幅度大于流动负债的增长幅度。对于引起该现象的具体原因应该结合企业的具体情况分析。

同时分析该指标时，还应该结合行业数据来进行。

### 7. 反映企业短期偿债能力的辅助指标分析

（1）应收账款周转率和应付账款周转率的比较分析

一般来说，应收账款周转速度越快，表明企业回款迅速，收账费用和坏账损失越少；同时也表明企业的流动资产流动性高、偿债能力强。如果应收账款占流动资产比重很大，即使流动比率和速动比率指标都很高，其短期偿债能力仍值得怀疑，需要进一步分析具体原因。通常，应收账款周转率越高、平均收账期越短，说明应收账款的收回越快；否则，企业的营运资金会过多地呆滞在应收账款上，影响正常的资金运转。

企业购入材料等物资的目的在于通过企业的加工制成产品，然后通过销售收回现金，并实现价值的增值。从这个意义上讲，因赊购商品所产生的应付账款，应由赊销商品回收的现金来偿付。在资金周转上，二者与资金周转期密切相关，而且必须相互配合。应收账款与应付账款这种相互关系会对企业的短期偿债能力产生如下影响。

① 应收账款与应付账款的周转期相同。在这种情况下，通过赊销商品所回收的现金恰好能满足偿付因赊购业务而产生的债务，不需动用其他流动资产来偿还，企业的短

期偿债能力指标不会因应收账款和应付账款的存在而改变。

② 应收账款的周转速度快于应付账款的周转速度。假定企业应收账款的平均收账期为 30 天，而应付账款的平均付款期为 60 天。在这种情况下，企业的流动比率就会降低，以流动比率反映的企业静态短期偿债能力就会相对差一些。但是由于流动资产中的应收账款周转速度快，而流动负债中的应付账款周转速度慢，从动态上看，企业的实际偿债能力较强，因为在企业的应收账款回收两次的情况下，才支付一次现金去偿付应付账款。

③ 应收账款的周转速度低于应付账款的周转速度。假定企业应收账款的平均收账期为 60 天，应付账款的平均付款期为 30 天。在这种情况下，企业的流动比率就会提高，以流动比率反映的企业静态短期偿债能力就比较强。如果从动态上看，企业的实际短期偿债能力其实低于以流动比率表示的企业短期偿债能力水平。这是因为，每当企业将其赊销商品所产生的应收账款转化为一次现金时，就要支付两次现金去偿付因赊购业务产生的应付账款。这样，只有在动用其他流动资产的情况下，才能按期偿付因赊购而形成的债务。

以上仅就应收账款和应付账款的周转速度进行了分析，当其规模不同时，也会相对增强或减弱因周转速度不同对短期偿债能力的影响。这种对比不仅可以就流动资产与流动负债之间的对应项目进行，也可以按流动资产和流动负债整体进行分析，因为短期偿债能力分析本身就是建立在流动资产与流动负债的关系基础之上的。

（2）存货周转率分析

就一般企业而言，存货在流动资产中占有相当比重。尽管存货不能直接用于偿还流动负债，但是如果企业的存货变现速度较快，意味着资产的流动性良好，会有较大的现金流量在未来注入企业。企业投资于存货的目的在于通过存货销售过程而获得利润。一般的制造企业为了配合销售的需要，都要维持相当数量的存货。存货对企业经营活动的变化非常敏感，这就要求企业应将存货控制在一定的水平上，使其与经营活动基本上保持一致。因此，分析企业短期偿债能力时，必须考虑存货变现速度。存货周转率是衡量和评价企业购入存货、投入生产、销售收回等各环节管理状况的综合性指标。

一般来讲，在销售规模一定的情况下，存货周转速度越快，存货的占用水平越低，流动性越强，存货转换为现金和应收账款的速度越快；反之，存货的周转速度越慢。

存货周转率分析的目的是从不同角度和环节找出存货管理中存在的问题，使存货管理在保证生产经营连续性的同时，尽可能少占用流动资金，以提高流动资金的使用效率，增强企业短期偿债能力，促进企业存货管理水平的提高。

应当指出的是，进行短期偿债能力分析时，不能孤立地根据某一指标分析就妄下结论，而应根据分析的目的和要求并结合企业的实际情况，将各项指标结合起来综合考虑，这样才有利于得出正确的结论。

## 8.2.2　短期偿债能力的影响因素分析

进行短期偿债能力分析，首先必须明确影响短期偿债能力的因素，这是企业短期偿债能力分析的基础。影响短期偿债能力的因素，应从以下方面进行分析。

### 1. 流动资产规模与结构

在企业的资产结构中，如果流动资产所占比重较大，则企业短期偿债能力相对大些，因为流动负债一般要通过流动资产变现来偿还。如果流动资产所占比重较大，但其内部结构不合理，其实际偿债能力也会受到影响。在流动资产中，如果存货资产所占比重较大，而存货资产的变现速度通常又低于其他类别的流动资产，所以其偿债能力是要打折扣的。从这个意义上讲，流动资产中应收账款、存货资产的周转速度也是反映企业偿债能力强弱的辅助性指标。因此，在进行企业短期偿债能力分析时，考虑流动资产的规模和构成是非常必要的。

### 2. 流动负债规模与结构

企业的流动负债有些必须以现金偿付，如短期借款、应缴款项等，有些则可以用商品或劳务来偿还，如预收货款等。需要用现金偿付的流动负债对资产的流动性要求最高，刚性最强的企业只有拥有足够的现金才能保证其偿债能力。如果在流动负债中预收货款的比重较大，则企业只要拥有充足的存货就可以保证其偿还能力。此外，流动负债中各项负债的偿还期限是否集中，都会对企业的短期偿债能力产生影响。分析时，不仅要看各种反映偿债能力指标的数值，还要根据各项影响因素考察其实际的偿债能力。

### 3. 经营活动现金流量

企业负债的偿还方式可以分为两种：一种是以企业本身所拥有的资产去偿还，另一种是以新的收益和负债去偿还，但最终还是要以企业的资产去偿还。无论如何，现金流量都是决定企业偿债能力的重要因素。企业的现金流量状况主要受企业的经营状况和融资能力两方面影响，因此企业经营业绩的状况也影响着企业的短期偿债能力。当企业经营业绩良好时，就会有持续和稳定的现金收入，从而从根本上保障了债权人的权益。当企业经营业绩差时，其现金的流入不足以抵补现金的流出，造成营运资本缺乏，现金短缺，偿债能力必然下降。

另外，企业的财务管理水平、母公司与子公司之间的资金调拨等也影响偿债能力。同时，企业外部因素也影响企业的短期偿债能力，如宏观经济形势、证券市场发展、银行信贷政策等。

# 8.3　长期偿债能力分析

## 8.3.1　长期偿债能力指标的计算与分析

盈利能力是清偿债务的经营收益保障，资产是清偿企业债务的最终物质保证，现金流量是清偿债务的支付保障。所以，只有将这些因素加以综合分析，才能真正揭示企业的长期偿债能力。

**1. 从盈利能力角度分析长期偿债能力**

企业的盈利状况对其长期偿债能力的影响主要体现在利润越多，企业偿还负债本息的能力越强。因此，通过对反映企业盈利能力与负债本息之间关系指标的计算与分析，可以评价企业的长期偿债能力状况。通常，盈利能力对短期偿债能力和长期偿债能力都有影响，但由于利润按权责发生制计算，当期实现的利润并不一定在当期获得现金，因此并不能将利润或盈利能力与短期偿债能力画等号。而从长远看，利润与经营现金净流量成正比，利润越多，企业偿债能力就越强。从盈利能力角度对企业长期偿债能力进行分析评价的指标主要有利息保障倍数、债务本息保证倍数、固定费用保证倍数等。

（1）利息保障倍数

任何企业为了保证再生产的顺利进行，在取得营业收入后，首先需要补偿企业在生产经营过程中的耗费。所以，营业收入虽然是利息支出的资金来源，但利息支出的真正资金来源是营业收入补偿生产经营中的耗费之后的余额，若其余额不足以支付利息支出，企业的再生产就会受到影响。利息保障倍数，也叫利息赚取倍数，是指企业生产经营所获得的息税前利润与利息支出之比。其计算公式如下。

$$利息保障倍数 = \frac{息税前利润}{利息支出总额}$$

其中，"息税前利润"是指营业利润加利息支出；"利息支出总额"是指本期发生的全部应付利息，不仅包括财务费用中的利息支出，还应包括资本化利息。

利息保障倍数指标反映了企业盈利与利息支出之间的特定关系。一般来说，该指标越高，说明企业的长期偿债能力越强；该指标越低，说明企业的长期偿债能力越差。运用利息保障倍数分析、评价企业长期偿债能力时，从静态上看，一般认为该指标至少要大于1，否则说明企业偿债能力很差，无力举债经营；从动态上看，如果利息保障倍数提高，则说明企业偿债能力增强，否则说明企业偿债能力下降。

【例8-6】（利息保障倍数的计算与分析）根据SYZG公司利润表及附表的数据，

计算与分析该公司的利息保障倍数，具体如表 8-4 所示。

**表 8-4　SYZG 公司利息保障倍数计算与分析表**

| 项目 | 2015 年 | 2014 年 | 2013 年 |
|---|---|---|---|
| 营业利润/万元 | 17 054 | 71 743 | 274 761 |
| 利息支出/万元 | 132 122 | 123 035 | 32 495 |
| 息税前利润/万元 | 149 176 | 194 778 | 307 256 |
| 利息保障倍数 | 1.13 | 1.58 | 9.46 |

从表 8-4 可以看出，SYZG 公司近三年的利息保障倍数持续下滑：由 2013 年的 9.46 到 2014 年的 1.58 再到 2015 年的 1.13，说明企业偿债能力不断降低，主要原因是受固定资产投资特别是房地产投资持续放缓的影响，公司营业利润大幅下降，而利息支出却大幅上涨，最终导致利息保障倍数不断下降。

（2）债务本息保证倍数

债务本息保证倍数比利息保障倍数能更精确地表达企业偿债能力的保证程度。对债权人来说，如果连本金都不能收回，那就不敢奢求利息了。债权人借款给企业，目的虽然是为了获取利息收入，但基本前提是能够按期收回本金。而企业的偿债义务是按期支付利息和到期归还本金，所以其偿债能力的高低不能仅看偿付利息的能力，更重要的是还要看其偿还本金的能力。

债务本息保证倍数是指企业一定时期息税前利润与折旧之和与还本付息金额的比率，它是现金流入量对财务支付需要的满足程度，即现金流出的保证程度的比率，通常用倍数来表示。其计算公式如下。

$$债务本息保证倍数 = \frac{息税前利润 + 折旧}{利息额 + 本金额 / (1 - 所得税税率)}$$

在计算债务本息保证倍数时之所以考虑折旧和所得税税率，是因为折旧作为当期现金流入量可用于偿还长期负债；本金额按所得税税率进行调整是由于归还长期借款的利润是企业的税后利润。另外，在计算该指标时，应注意分子和分母的口径一致。如果计算某一年度的债务本息保证倍数，则各项目都是按年度口径计算，即偿还本金数额应是当年到期的长期负债额；如果计算的是一个时期的债务本息保证倍数，则各项目都应使用这一时期的数据。

债务本息保证倍数最低标准为 1，该指标越高，表明企业偿债能力越强。如果该指标低于 1，说明企业偿债能力较弱，企业会因为还本付息而造成资金周转困难、支付能力下降，进而使企业信誉受损。

（3）固定费用保证倍数

固定费用是指类似利息支出的固定性支出，是企业必须保证的固定开支。任何企业如果不能按期支付这些费用，就会发生财务困难。固定费用保证倍数是指企业息税前利润、折旧及租赁费用之和与固定费用的比率，通常用倍数表示。该指标是利息保障倍数的演化，是一个比利息保障倍数更严格的衡量企业偿债能力保证程度的指标。该指标的计算公式如下。

$$固定费用保证倍数 = \frac{息税前利润 + 折旧 + 租赁费用}{利息总额 + 租赁费用 + 本金额 / (1 - 所得税税率)}$$

运用固定费用保证倍数指标反映企业的长期偿债能力，其内涵比利息保障倍数和债务本息保证倍数指标更广泛、更综合，因其将所有长期债务都考虑了。计算固定费用保证倍数的方法多种多样。经常被当作这一指标中固定费用的项目有利息费用、租赁费用中的一部分或全部、支付的债务本金等，优先股股利也可能包括进去。不管固定费用包括多少项内容，其原则是一致的，包括的内容越多，指标就越稳健。

固定费用保证倍数至少要等于1，否则说明企业无力偿还到期债务。该指标越高，说明企业的偿债能力越强。分析时，可以采用前后期对比的方式，考察其变动情况，也可以同其他同行业企业进行比较，或与同行业的平均水平进行比较，以了解企业偿债能力的保证程度。该指标没有一个固定的判断标准，可根据企业的实际情况来掌握，评价时还应结合其他指标进行。

对上述3个从盈利角度反映企业长期偿债能力的指标进行分析时，还可以结合行业特点，依据行业标准进行，当企业长期偿债能力高于行业标准时，说明企业在同行业中有一定的优势。另外，还可对这几个指标进行趋势分析，以反映企业长期偿债能力的变动情况和规律。

**2. 从资产规模角度分析长期偿债能力**

负债表明一个企业的债务负担，资产则是偿债的物质保证，单凭负债或资产不能说明一个企业的偿债能力。负债少并不等于说企业偿债能力强，同样资产规模大也不表明企业偿债能力强。企业的偿债能力体现在资产与负债的对比关系上。由这种对比关系中反映出来的企业长期偿债能力的指标主要有资产负债率、所有者权益比率、净资产负债率等。

（1）资产负债率

资产负债率是综合反映企业长期偿债能力的重要指标，它通过负债与资产的对比，反映了在企业的总资产中有多少是通过举债取得的。其计算公式如下。

$$资产负债率 = \frac{负债总额}{资产总额} \times 100\%$$

该指标越大，说明企业的债务负担越重；反之，说明企业的债务负担越轻。对债权人来说，该比率越低越好，因为企业的债务负担越轻，其总体偿债能力越强，债权人权益的保证程度越高。对企业来说则希望该指标大些，虽然这样会使企业债务负担加重，但企业也可以通过扩大举债规模获得较多的财务杠杆利益。如果该指标过高，会影响企业的筹资能力。因为人们认识到，该企业的财务风险较大，当经济衰退或不景气时，企业经营活动所产生的现金收入可能满足不了利息支出的需要，所以人们不会再向该企业提供借款或购买其发行的债券。如果这一比率超过100％，则表明企业已资不抵债，视为达到破产的警戒线。因此，一般认为，该指标在40％～60％范围内时有利于风险与收益的平衡。

通过对不同时期该指标的计算和对比分析，可以了解企业债务负担的变化情况。任何企业都必须根据自身的实际情况确定一个适度的标准。当企业债务负担持续增长并超过这一适度标准时，企业应注意加以调整，不能只顾获取杠杆利益而不考虑可能面临的财务风险。

**案例8-2**

## IPO过会指南：资产负债率警惕70％和20％两条红线[①]

2010年9月，深圳市东方嘉盛供应链股份有限公司过会被否，原因之一便是资产负债率过高。此前的4月，杭州先临三维科技股份有限公司被否，却是因为资产负债率过低。在发审委委员眼中，IPO公司究竟什么样的资产负债率才符合过会标准呢？

众所周知，企业经营过程中，资产负债率是非常重要的财务指标，也是衡量企业经营是否正常的关键数据。"对于负债率的判断，我们针对不同的行业有不同的判断标准，而且针对不同公司的具体情况，债务的组成结构，都会有不同标准。"11月29日，一位不愿透露姓名的发审委成员向记者坦承。"一般行业企业的正常负债率在30％～50％，部分行业可以放宽在60％左右，而70％的负债率则是我们普遍认为的警戒线，除金融业和航空业外，超过这个负债水平的公司，我们会特别谨慎判断其财务可能出现的风险，但对于负债率在20％以下的企业，我们又会重点考虑其融资的必要性。衡量一个公司负债率的高低，我们通常先拿它的有关数据与同行业公司类比。类比后，过高或过低的资产负债率都可能遭遇质疑。并不能说资产负债率绝对值高，公司的财务风险就大，不适合上市；当然也不能说一个公司的资产负债率低，就适合上市。除这个指标外，还要综合看其上市前三年资产负债率的变化，是否有风险不断缩小的趋势。"这位人士还表示，资产负债率指标数据固然重要，但还要看债务的具体组成情况及其相关联的财务指标，比如公司现金流量情况等。"资产负债率对于公司IPO的影响主要从两方面考核，过高的话，是否会给企业带来财务风险；过低的话，该企业是否存在IPO融资必要性，是否存在'不差钱'而利用资本市场圈钱的嫌疑。不是说负债率越低，IPO一定被否，关键要看账面流动资金，看其是否有融资的必要。"上述发审委委员告诉记者。

① 罗诺.IPO过会指南：负债率警惕70％、20％两条红线.21世纪经济报道，2010-12-01.

案例 8-3

## 东航 2008 年净亏 140 亿元，创中国航空史最大亏损

据东方航空发布的 2008 年年报显示，东航营业收入为 418.42 亿元，同比降幅为 4%；营业成本为 430.76 亿元，同比增长 14%。此外，东航去年的航油成本上升了 184.88 亿元，同比增长 22.30%。2008 年东航共计消耗航油约 241 万吨，同比减少约 5%，航油支出约占本公司营业成本的 43%；其净利润为 -139.28 亿元，净亏损为 140.46 亿元，相当于 8 架 A380，而该亏损也成为中国航空史上最大的一笔亏损。截至 2008 年 12 月 31 日，公司资产总额为 731.84 亿元，比年初增加了 10%。但其负债总额为 842.49 亿元，同比增长 33%。这意味着东航已经资不抵债，而且债务高达 130 亿元！资产负债率高达 115.12%，这种杠杆效应加大了公司的亏损，导致最后不得不依赖政府注资才渡过难关。

【例 8-7】（资产负债率的计算与分析）根据资产负债表的资料，计算 SYZG 公司 2015 年年末与年初的资产负债率分别如下。

$$年末资产负债率 = \frac{3\ 759\ 702}{6\ 122\ 774} \times 100\% = 61.41\%$$

$$年初资产负债率 = \frac{3\ 826\ 862}{6\ 300\ 945} \times 100\% = 60.73\%$$

SYZG 公司 2015 年资产负债率比 2014 年资产负债率上升了 0.68%。根据统计资料，2014 年建筑设备制造业的资产负债率的平均值为 60%，SYZG 公司 60.73% 的资产负债率接近行业平均值，说明偿债能力位于行业中等水平。由于该指标值越小，企业债务负担越轻，因而相较于年初，SYZG 公司债务负担稍有增加，偿债能力略有减弱，债权人的权益保证程度有所降低。SYZG 公司的该指标值体现了公司风险与收益比较均衡。

（2）所有者权益比率

所有者权益比率是指所有者权益同资产总额的比率，反映了企业全部资产中有多少是投资人投资所形成的。其计算公式如下。

$$所有者权益比率 = \frac{所有者权益}{资产总额} \times 100\%$$
$$= 1 - 资产负债率$$

所有者权益比率是衡量长期偿债能力保证程度的重要指标。该指标越高，说明企业资产中由投资人投资所形成的资产越多，偿还债务的保证程度越大。从"所有者权益比

率＝1－资产负债率"来看，该指标越大，资产负债率越小。债权人对这一比率是非常感兴趣的。当债权人将其资金借给所有者权益比率较高的企业，由于企业有较多的自有资产作为偿债保证，债权人全额收回债权就不会有问题，即使企业清算时资产不能按账面价值收回，债权人也不会有太大的损失。由此可见，所有者权益比率能够明显表达企业对债权人的保护程度。如果企业处于清算状态，该指标对偿债能力的保证程度就显得更重要。

所有者权益比率的倒数称为权益乘数，是指资产总额与所有者权益的比率。所有者权益比率和权益乘数都是对资产负债率的补充说明，可以结合起来运用。

【例 8－8】（所有者权益比率的计算与分析）根据 SYZG 公司年报资料，计算与分析该公司的所有者权益比率和权益乘数，具体如表 8－5 所示。

**表 8－5  SYZG 公司所有者权益比率与权益乘数计算表**

| 项目 | 2015 年 | 2014 年 | 2013 年 |
|---|---|---|---|
| 资产总额/万元 | 6 122 774 | 6 300 945 | 6 386 778 |
| 所有者权益总额/万元 | 2 363 072 | 2 474 083 | 2 500 884 |
| 所有者权益比率/% | 38.59 | 39.27 | 39.16 |
| 权益乘数 | 2.59 | 2.55 | 2.55 |

由表 8－5 可以看出，SYZG 公司近三年的所有者权益比率及权益乘数基本持平，说明企业的长期偿债能力相对稳定。

（3）净资产负债率

净资产负债率是指企业的负债总额与所有者权益总额之间的比率。其计算公式如下。

$$净资产负债率＝\frac{负债总额}{所有者权益总额}\times100\%$$

如果说资产负债率是反映企业债务负担的指标，所有者权益比率是反映偿债保证程度的指标，那么净资产负债率就是反映债务负担与偿债保证程度相对关系的指标，其数值越大，表示长期偿债能力越弱。它和资产负债率、所有者权益比率具有相同的经济意义，但该指标更直观地表示出负债受到股东权益的保护程度。由于资产等于负债加上所有者权益，所以这三个指标的计算结果一样，只是角度不同而已。一般认为净资产负债率的值为 100％比较合适。

【例 8－9】（净资产负债率的计算与分析）根据 2015 年资产负债表计算 SYZG 公司年末与年初的净资产负债率为

$$年末净资产负债率＝\frac{3\ 759\ 702}{2\ 363\ 072}\times100\%＝159.10\%$$

$$年初净资产负债率 = \frac{3\ 826\ 862}{2\ 474\ 083} \times 100\% = 154.68\%$$

从净资产负债率的计算结果可以看出，公司连续两年的净资产负债率均高于100%，债权受到股东权益的保护程度不强，而且该指标由年初的154.68%提高到年末的159.10%，增长了4.42%，由此得出 SYZG 公司长期偿债能力略有下降。

## 8.3.2 长期偿债能力的影响因素分析

进行企业长期偿债能力分析，首先必须明确长期债务的内涵及相应的偿还长期债务的资产保证。企业长期偿债能力分析中的债务包括债务本金和债务利息两部分。企业债务本金及其利息的偿还与企业的非流动资产及盈利能力紧密相关。因此，了解长期债务与资产结构、资本结构盈利能力的关系，对于进行长期偿债能力分析是十分重要的。

### 1. 资产结构与资本结构

长期负债是企业除所有者权益之外的最主要资本来源。企业举债的目的就在于扩大企业的经营规模、购建固定资产及对外投资，争取更高的经济效益。分析长期偿债能力时，首先应分析负债特别是长期负债的规模和结构，看看企业从哪些渠道筹得了资金，又运用到哪些方面，发挥了什么作用。一般来说，流动负债主要用于流动资产方面，那些长期负债则必然以长期资产为物资保证。长期资产对企业长期债务的偿还能力有着重要影响，因为大部分长期债务的形成都是以长期资产抵押的。因此抵押资产的规模决定着长期债务的规模，当然也影响着长期偿债能力的强弱。到期债务用企业盈利还不足以清偿时，长期资产就是保证，因此说长期资产规模越大，其长期偿债能力也就越强。如果两者相差很大，则往往说明企业的债务没有保证。其次，长期偿债能力必须以权益性融资的多少为保证条件，也就是说企业必须保持合理的资本结构，才能保证到期债务的安全。为此，企业必须保有一定数量的自有资本，以确保在遇到经营风险时长期债务仍能按时偿还。

### 2. 盈利能力

企业的盈利能力对偿还企业长期债务有着十分重要的影响。一个经营正常的企业，长期债务的偿还主要靠企业获得的利润。如果不靠利润而是用资产来偿还长期债务，势必会减少资产、缩小经营规模，难以实现最初举债经营的目的。举债经营的一个重要前提就是企业的总资产报酬率高于长期债务的利息率，只有这样才能用企业的利润去偿还长期借款，才会使长期偿债能力有所保障。盈利是企业发展的基础和关键，盈利能力越强，说明企业的长期偿债能力越强。

### 3. 现金流量

企业的债务主要用现金来清偿，虽然说企业的盈利是偿还债务的根本保证，但是盈利毕竟不等同于现金。企业只有具备较强的变现能力，有充裕的现金，才能保证具有真正的偿债能力。因此，现金流量状况决定了企业偿债能力的保证程度。

### 4. 影响企业长期偿债能力的其他因素

在分析长期偿债能力时，除了研究资产结构、资本结构、盈利能力与长期偿债能力的关系外，还应注意一些影响企业长期偿债能力的其他因素，主要如下。

（1）长期租赁

当企业急需某种设备或其他资产而又缺乏足够的购买资金时，可以通过租赁的方式解决。资产租赁可以分为融资租赁和经营租赁两种形式。融资租赁是指由租赁公司垫付资金，按承租人要求购买设备，承租人按合同规定支付租金，所购设备一般于合同期满转归承租人所有的一种租赁方式。因而企业通常将融资租赁视同购入固定资产，并把与该固定资产相关的债务作为企业负债反映在资产负债表中。

不同于融资租赁，企业的经营租赁不在资产负债表上反映，只出现在报表附注和利润表的相关费用项目中。当企业经营租赁数额比较大、期限比较长或具有经常性时，经营租赁实际上就构成了企业的一种长期性筹资。因此必须考虑这类经营租赁对企业债务结构的影响。企业经营租赁虽不包括在长期负债之内，但到期时必须支付租金，这就使利息费用总额与实际固定费用产生了偏差。固定费用保障倍数的计算与分析，正是体现了这一因素对企业偿债能力造成的影响。此外，要把与经营租赁相关的未来租金反映在资产负债表中也是不现实的，因为租金中的一部分属于利润表的财务费用项目。这样，要分析经常性经营租赁对资产负债表相关偿债能力指标的影响，就必须对企业的资产和负债作出相应调整。

（2）或有事项

或有事项是指一些因不确定事件而最终可能产生的利得或损失。或有事项的关键是看这种事项发生与否。企业如发生或有资产将会提高其偿债能力，但如果发生或有负债，则将增大企业的债务，降低企业的偿债能力。例如，因销售产品可能产生的质量事故引起重大赔偿事件；因诉讼事件或经济纠纷败诉而引发的大额赔偿、罚款事件；或因生产经营事故造成的员工伤亡、受害等，都会降低企业的偿债能力。

（3）承诺

承诺是企业对外发出的将要承担的某种经济责任和义务。企业为了经营的需要，常常要作出某些承诺。例如，对参与合资的另一方承诺为其提供银行担保；对合资的另一方或供应商承诺保证长期购买其产品；向客户承诺提供产品保证或保修，等等。这种承诺有时会大量增加企业的潜在负债或承诺义务，但却没有通过资产负债表反映出来。在进行企业长期偿债能力分析时，报表分析者应根据报表附注及其他有关资料，判断企业承诺变成真实负债的可能性，判断承诺责任带来的潜在长期负债，并做相应处理。

（4）金融工具

金融工具是指形成一个企业的金融资产且形成其他单位的金融负债或权益的契约，如债券、股票、基金及金融衍生工具等。与偿债能力有关的金融工具主要是债券和金融衍生工具。企业为筹集资金发行的长期债券，包含以下两点承诺：第一，在约定日期偿还本金；第二，定期支付债券利息。

一旦公司破产，债券持有人的求偿权优于股票持有人。金融衍生工具包括远期合同、期货合同、互换和期权中一种或一种以上特征的工具。这种契约的义务于签订时在双方转移。例如，远期合同的持有人必须在契约合同指定的日期按指定的价格买进或卖出指定的资产。

金融工具对长期企业偿债能力的影响主要体现在以下两方面。

① 金融工具的公允价值与账面价值发生重大差异，但并没有在财务报表中或报表附注中揭示。因此报表使用者不能利用该信息分析与之相关的潜在风险。如果企业的金融工具代表的是资产，计价所采用的价格高于其应计的公允价值，则会造成企业资产的虚增；如果金融工具代表的是负债，计价采用的价格低于应计的公允价值，就会降低企业负债。这都将增大企业潜在损失发生的可能性。

② 未能对金融工具的风险程度予以恰当披露。风险大小不同，对企业未来损益变动的影响就不同。风险大的金融工具，其发生损失的可能性也大。

报表使用者在分析企业的长期偿债能力时，要注意结合具有资产负债表表外风险的金融工具记录，并分析信贷风险集中的信用项目和金融工具项目，综合对企业偿债能力作出判断。例如，对企业的应付债券，应重点分析企业信用等级、债券的发行规模、企业举债经营的程度、企业收益的稳定程度等。

**【例 8 - 10】**（SYZG 公司偿债能力分析）以 SYZG 公司为例，对其 2013—2015 年的偿债能力进行分析，并与 ZLZK 公司和 XGJX 公司两家同行业竞争对手进行比较。三家公司的偿债能力主要指标如表 8 - 6 所示。

表 8 - 6　偿债能力指标

| 年份 | SYZG 公司 | | | ZLZK 公司 | | | XGJX 公司 | | |
|---|---|---|---|---|---|---|---|---|---|
| | 2015 年 | 2014 年 | 2013 年 | 2015 年 | 2014 年 | 2013 年 | 2015 年 | 2014 年 | 2013 年 |
| 流动比率 | 1.34 | 1.83 | 2.17 | 2.47 | 2.93 | 2.11 | 1.70 | 1.85 | 1.96 |
| 速动比率 | 1.14 | 1.48 | 1.64 | 2.00 | 2.52 | 1.84 | 1.40 | 1.46 | 1.61 |
| 利息保障倍数 | 1.13 | 1.58 | 9.46 | 1.03 | 2.16 | −32.14 | 1.04 | 1.89 | 3.61 |
| 资产负债率/% | 61 | 61 | 61 | 57 | 56 | 53 | 52 | 58 | 60 |
| 权益乘数 | 2.59 | 2.55 | 2.55 | 2.31 | 2.27 | 2.13 | 2.07 | 2.39 | 2.49 |

SYZG 公司、ZLZK 公司和 XGJX 公司同属工程机械行业，位列行业前三。由表 8 - 6 可知，SYZG 公司 2015 年流动比率及速动比率均低于同行业主要竞争对手，说明企业短期偿债能力一般，企业存在一定财务风险。从长期偿债能力来看，SYZG 公司资产负债率始终高于同行业对比公司。相应地，权益乘数也处于较高水平，说明企业资本结构具有高风险，公司面临较大的财务风险。

# 本章小结

　　偿债能力是指企业对到期债务清偿的能力或者对债务偿还的保障程度。企业的偿债能力按其债务到期时间的长短分为短期偿债能力和长期偿债能力。

　　短期偿债能力是指一个企业以其流动资产偿还流动负债的保障程度。一个企业的短期偿债能力大小，要看流动资产与流动负债的多少和质量情况。流动资产的质量是指其"流动性"和"变现能力"。流动性是指流动资产转换为现金所需要的时间。而变现能力主要取决于资产预计出售价格和实际价格之间的差额。

　　长期偿债能力是指企业偿还长期债务的保障程度。企业对一笔债务总是负有两种责任：一是偿还债务本金的责任；二是支付债务利息的责任。分析一个企业的长期偿债能力，主要是为了确定该企业偿还债务本金和支付债务利息的能力。由于长期债务的期限长，企业的长期偿债能力主要取决于企业的盈利能力和资本结构，而不是资产的短期流动性。

　　长期偿债能力分析与短期偿债能力分析之间既有联系又有区别，财务分析人员既不要把二者割裂开来进行分析，也不能混为一谈。

　　企业偿债能力分析的内容受企业负债类型和偿债所需资产类型的制约，不同的负债其偿还所需要的资产不同，或者说不同的资产可用于偿还的债务也有所区别。因此，对企业偿债能力分析包括短期偿债能力分析和长期偿债能力分析两个方面。

　　短期偿债能力分析可以采用流动负债和流动资产对比的指标分析，以反映企业在短期债务到期时可以变现为现金用于偿还流动负债的能力。通过对反映短期偿债能力的主要指标和辅助指标的分析，可以了解企业短期偿债能力的高低及其变动情况，并判断企业的财务状况和风险程度。衡量企业短期偿债能力的指标主要有营运资金、流动比率、速动比率、现金比率、企业支付能力系数、现金流量比率等。反映企业短期偿债能力的辅助指标分析主要指应收账款周转率和应付账款周转率的比较分析、存货周转率分析等。

　　影响企业偿债能力的因素包括流动资产与规模、流动负债规模与结构、经营活动现金流量等。

　　长期偿债能力分析，要结合长期负债的特点，在明确影响长期偿债能力因素的基础上，从企业盈利能力和资产规模两个方面对企业偿还长期负债的能力进行分析和评价。通过对反映企业长期偿债能力指标的分析，可以了解企业长期偿债能力的高低及其变动情况，并判断企业整体财务状况和债务负担及偿债能力的保障程度，为企业进行正确的负债经营指明方向。从盈利能力角度对企业长期偿债能力进行分析、评价的指标主要有利息保障倍数、债务本息保证倍数、固定费用保证倍数等。从资产规模角度分析企业长期偿债能力的指标主要有资产负债率、所有者权益比率、净资产负债率等。

影响长期偿债能力的因素包括资产结构与资本结构、盈利能力、现金流量、长期租赁、或有事项、承诺、金融工具等。

# 练 习 题

## 一、单项选择题

1. 如果流动比率大于1，则下列结论成立的是（　　）。
　　A. 速动比率大于1　　　　　　B. 现金比率大于1
　　C. 营运资金大于0　　　　　　D. 短期偿债能力绝对有保障

2. 如果流动资产大于流动负债，则月末用现金偿还一笔应付账款会使（　　）。
　　A. 营运资金减少　　　　　　　B. 营运资金增加
　　C. 流动比率提高　　　　　　　D. 流动比率降低

3. 调整企业资金结构并不能（　　）。
　　A. 降低财务风险　　　　　　　B. 降低经营风险
　　C. 降低资金成本　　　　　　　D. 增强融资弹性

4. 下列项目中，不属于影响企业短期偿债能力的因素是（　　）。
　　A. 流动资产规模与结构　　　　B. 流动负债规模与结构
　　C. 经营活动现金流量　　　　　D. 长期租赁

5. 下列项目中，属于从动态方面反映企业短期偿债能力的指标是（　　）。
　　A. 流动比率　　　　　　　　　B. 现金比率
　　C. 速动比率　　　　　　　　　D. 支付能力系数

## 二、多项选择题

1. 下列项目中，属于短期偿债能力的分析指标有（　　）。
　　A. 营运资金　　　　　　　　　B. 流动比率
　　C. 速动比率　　　　　　　　　D. 现金比率

E. 现金流量比率

2. 下列项目中，属于速动资产的有（　　　）。

A. 现金　　　　　　　　　　　　B. 应收账款

C. 其他应收款　　　　　　　　　D. 存货

E. 以公允价值计量且其变动计入当期损益的金融资产

3. 下列项目中，属于影响流动比率过高的原因有（　　　）。

A. 存在闲置资金　　　　　　　　B. 存在存货积压

C. 应收账款周转缓慢　　　　　　D. 偿债能力很差

E. 盈利能力较强

4. 下列项目中，属于计算速动资产时从流动资产中扣除存货的原因有（　　　）。

A. 存货的变现速度慢　　　　　　B. 存货的成本与市价不一致

C. 有些存货可能已经报废　　　　D. 有些存货可能已经被抵押

E. 有些存货可能已经变质

5. 下列各项指标中，可用于分析企业长期偿债能力的有（　　　）。

A. 现金比率　　　　　　　　　　B. 产权比率

C. 利息保障倍数　　　　　　　　D. 资产负债率

E. 权益乘数

### 三、判断题

1. 对债权人而言，企业的资产负债率越低越好。（　　　）

2. 现销业务越多，应收账款周转率越高。（　　　）

3. 企业的负债最终要以企业的资产去偿还。（　　　）

4. 从稳健角度出发，现金比率用于衡量企业偿债能力最为保险。（　　　）

5. 企业偿债能力的高低主要看其偿付利息的能力。（　　　）

### 四、简答题

1. 简述偿债能力分析的目的与内容。

2. 流动比率与速动比率的优点与不足是什么？

3. 资产结构如何影响长期偿债能力？

4. 如何分析现金流量对企业偿债能力的影响？

### 五、计算分析题

1. 某企业流动负债为 200 万元，流动资产为 400 万元，其中：应收票据 50 万元，存货 90 万元，预付账款 9 万元，应收账款 200 万元（坏账损失率为千分之五）。

要求：计算该企业的流动比率和速动比率。

2. 某公司财务报表中部分资料如下。

货币资金　　　　　　　　　150 000（元）

固定资产　　　　　　425 250（元）
营业收入净额　　　　1 500 000（元）
净利润　　　　　　　75 000（元）
速动比率　　　　　　2
流动比率　　　　　　3
应收账款周转天数　　40（天）

假设企业的速动资产由货币资金和应收账款组成，总资产由流动资产和固定资产组成，期初和期末的应收账款相等。

要求：计算以下指标：（1）应收账款（保留两位小数）；（2）流动负债；（3）流动资产；（4）总资产；（5）总资产净利率。

3. 企业有关资料如表8-7所示。

表8-7　有关资料

| 项　目 | 期初数 | 期末数 | 本期数或平均数 |
|---|---|---|---|
| 存货/万元 | 2 400 | 3 200 | |
| 流动负债/万元 | 2 000 | 3 000 | |
| 速动比率 | 0.8 | | |
| 流动比率 | | 1.8 | |
| 总资产周转次数/次 | | | 1.5 |
| 总资产/万元 | | | 12 000 |

要求：

（1）计算该企业流动资产的期初数和期末数；（该企业流动资产等于速动资产加存货）

（2）计算该企业本期营业收入；

（3）计算该企业本期流动资产平均额和流动资产周转次数。（计算结果保留两位小数）

## 六、综合题

某公司2016年资产负债表如表8-8所示。

表8-8　某公司资产负债表
2016年12月31日
单位：万元

| 资产 | 年初数 | 年末数 | 负债及所有者权益 | 年初数 | 年末数 |
|---|---|---|---|---|---|
| 流动资产 | | | 应付账款 | 45 | 65 |
| 货币资金 | 50 | 45 | 应付票据 | 30 | 45 |
| 应收账款净额 | 60 | 90 | 其他流动负债 | 30 | 40 |
| 存货 | 92 | 144 | 流动负债合计 | 105 | 150 |

| 资产 | 年初数 | 年末数 | 负债及所有者权益 | 年初数 | 年末数 |
|---|---|---|---|---|---|
| 预付账款 | 23 | 36 | 长期负债 | 245 | 200 |
| 流动资产合计 | 225 | 315 | 负债合计 | 350 | 350 |
| 固定资产净额 | 475 | 385 | 实收资本 | 350 | 350 |
| | | | 所有者权益合计 | 350 | 350 |
| 总计 | 700 | 700 | 总计 | 700 | 700 |

该公司 2015 年度销售净利率为 16%，总资产周转率为 0.5 次，权益乘数为 2.5，净资产收益率为 20%，2016 年度营业收入为 350 万元，净利润为 63 万元。

要求：

(1) 计算公司 2016 年年末流动比率、速动比率、资产负债率和权益乘数；

(2) 计算公司 2016 年总资产周转率、销售净利率、净资产收益率。

# 第 9 章

# 增长能力分析

学习目标:
- ● 理解增长能力的内涵与反映形式;
- ● 了解增长能力分析的意义与内容;
- ● 理解各种增长率指标的内涵,并掌握各种增长率指标的计算和分析;
- ● 掌握并利用增长率指标分析的基本框架对企业的增长能力作出合理的评价。

**引 例**

## 蓝田股份不稳定增长的危害

1996 年 6 月 18 日,蓝田股份有限公司在上海证券交易所上市,为农业部首家推荐上市的企业,主管业务范围是农副水产品种养、加工,生产基地位于湖北洪湖。蓝田股份自上市以来,在财务数字上一直保持着快速的增长:1997 年至 2001 年,总资产增长近 2.6 倍,净利润增长近 6 倍,创造了"蓝田神话",被称作"中国农业第一股"。2002 年 1 月 21 日、22 日,生态农业(原蓝田股份)的股票突然被停牌,接着蓝田高级管理层受到公安机关调查、资金链断裂及受到证监会深入的稽查,这些预示着这只绩优股的神话正走向终结。

究竟"蓝田神话"出了什么问题? 通过深入分析可知,蓝田股份出现以上问题其中有一部分是蓝田固定资产巨额增加造成的。1997 年至 2001 年,蓝田资产逐年上升,且主要为固定资产的上升,2001 年资产中固定资产所占比例高达 66.55%。而在蓝田股份的财务报表附注中,没有记载固定资产的计价、折旧方法与盘点事宜,并且蓝田股份的资产折旧也没有固定标准。因此,不稳定的增长对企业而言也是有危害的。

蓝田神话的破灭昭示了企业唯一值得追求的增长，是可持续的、稳定的增长，那么如何分析企业的增长能力？怎样判断企业的增长是否属于可持续的增长呢？本章主要介绍增长能力分析的基本原理。

# 9.1 增长能力分析的内涵与意义

## 9.1.1 增长能力分析的内涵

企业增长能力通常是指企业未来生产经营活动的发展趋势和发展潜能，也可以称之为发展能力。从形成看，企业的增长能力主要是通过自身的生产经营活动，不断扩大积累而形成的，主要依托于不断增长的销售收入、不断增加的资金投入和不断创造的利润等。从结果看，一个增长能力强的企业，能够不断为股东创造财富，能够不断增加企业价值。

传统的财务分析仅仅是从静态的角度出发分析企业的财务状况，也就是只注重分析企业的盈利能力、营运能力、偿债能力，这在日益激烈的市场竞争中显然不够全面、不够充分。理由如下。

① 企业价值在很大程度上是取决于企业未来的盈利能力，而不是企业过去或者目前所取得的收益情况。对于上市公司而言，股票价格固然受多种因素的影响，但从长远看，公司的未来增长趋势是决定公司股票价格上升的根本因素。

② 增长能力反映了企业目标与财务目标，是企业盈利能力、营运能力、偿债能力的综合体现。无论是增强企业的盈利水平和风险控制能力，还是提高企业的资产营运效率，都是为了企业未来生存和发展的需要，都是为了提高企业的增长能力，因此要着眼于从动态的角度分析和预测企业的增长能力。

## 9.1.2 增长能力分析的意义

企业能否持续增长对股东、潜在投资者、经营者及其他相关利益团体至关重要，因此有必要对企业的增长能力进行深入分析。增长能力分析的意义主要体现在以下四个方面。

① 对于股东而言，可以通过增长能力分析衡量企业创造股东价值的程度，从而为采取下一步战略行动提供依据。

② 对于潜在的投资者而言，可以通过增长能力分析评价企业的成长性，从而选择合适的目标企业作出正确的投资决策。

③ 对于经营者而言，可以通过增长能力分析发现影响企业未来发展的关键因素，从而采取正确的经营策略和财务策略促进企业可持续增长。

④ 对于债权人而言，可以通过增长能力分析判断企业未来的盈利能力，从而作出正确的信贷决策。

**案例 9 - 1**

### 长寿企业与"巨婴型"的短命企业

有的企业如百年包子老店，每天只加工和销售 30 笼包子，多一个也不卖；有的企业成长迅速，短期内实现了资产的迅速膨胀，但是由于种种原因很快又从市场中销声匿迹，是"巨婴型"的短命企业。曾经红极一时的巨人集团、秦池集团就可归入此类。还有的是可持续成长型企业，企业在市场竞争中持续存活、成长性良好，由小到大、由弱到强。从美国《财富》杂志最近几年的统计数字看，世界 500 强企业中，排名前 50 位的企业寿命大都很长，甚至一些在百年以上，最长的长达 700 年。

## 9.1.3　增长能力分析的内容

与盈利能力一样，企业增长能力的大小同样是一个相对的概念，即分析期的股东权益、利润、销售收入和资产相对于上一期的股东权益、利润、销售收入和资产的变化程度。仅仅利用增长额只能说明企业某一方面的增减额度，无法反映企业在某一方面的增减幅度，既不利于不同规模企业之间的横向对比，也不能准确反映企业的增长能力，因此在实践中通常是使用增长率分析企业的增长能力。当然，企业不同方面的增长率之间存在相互作用、相互影响的关系，因此只有将各方面的增长率加以比较，才能全面分析企业的整体增长能力。

可见，企业增长能力分析的内容可分为以下两部分。

### 1. 企业单项增长能力分析

企业价值要获得增长，就必须依赖于股东权益、利润、销售收入和资产等方面的不断增长。企业单项增长能力分析就是通过计算和分析股东权益增长率、利润增长率、销售增长率、资产增长率等指标，分别衡量企业在股东权益、利润、销售收入、资产等方面所具有的增长能力，并对其在股东权益、利润、销售收入、资产等方面所具有的发展趋势进行评估。

**名人名言**

那些最好的公司，它们能长期繁荣，始终如一地获得收入增长，不断积累竞争优势来增加股东价值，原因就是它们一直在追求良性增长。所谓良性增长，就是指盈利性的、有组织的、差异性的、可持续的增长。而那些通过兼并、收购、降价等获得的增长只能是昙花一现，可谓是恶性增长。

——［美］拉姆·查兰

#### 2. 企业整体增长能力分析

企业要获得可持续增长，就必须在股东权益、利润、销售收入和资产等各方面谋求协调发展。企业整体增长能力分析就是通过对股东权益增长率、利润增长率、销售增长率、资产增长率等指标进行相互比较与全面分析，综合判断企业的整体增长能力。

过分地重视取得和维持短期财务结果，很可能使企业急功近利，在短期业绩方面投资过多，而在长期的价值创造方面关注甚少。在中国，甚至一些最优秀的企业都不能避免完全以财务结果为导向的短期行为。

很多类似案例向企业家提出一个深刻的问题：什么才是经营企业至关重要的东西——是利润？还是持续发展？的确，利润最重要，但对于高明的企业家来说，持续发展更重要，利润只是实现持续发展的基础。

# 9.2　单项增长能力分析

## 9.2.1　股东权益增长率计算与分析

#### 1. 股东权益增长率的内涵和计算

股东权益增加是驱动股东财富增长的因素之一。股东权益的增加就是期初余额到期末余额的变化，利用股东权益增长率能够解释这种变化。股东权益增长率是本期股东权益增加额与股东权益期初余额之比，也叫作资本积累率，其计算公式如下。

$$股东权益增长率 = \frac{本期股东权益增加额}{股东权益期初余额} \times 100\%$$

股东权益增加表示企业可能不断有新的资本增加，说明股东对企业前景充分看好，在资本结构不变的情况下，也增加了企业的负债筹资能力，为企业获取债务资本打开了空间，提高了企业的可持续增长能力。

股东权益增长率越高，表明企业本期股东权益增加得越多；反之，股东权益增长率越低，表明企业本年度股东权益增加得越少。

在实际中还存在三年资本平均增长率这一比率。三年资本平均增长率的计算公式如下。

$$三年资本平均增长率 = \left( \sqrt[3]{\frac{年末股东权益}{三年前年末股东权益}} - 1 \right) \times 100\%$$

该指标表示企业连续三期的资本积累增长情况，体现企业的发展趋势和水平。资本增长是企业发展壮大的标志，也是企业扩大再生产的源泉，在没有新的所有者资本投入的情况下，该指标反映了投资者投入资本的保全和增长情况。该指标越高，说明资本的保值增值能力越强，企业可以长期使用的资金越充裕，应付风险和持续发展的能力越强。

该指标设计的原意是为了均衡计算企业的三年平均资本增长水平，从而客观评价企业的股东权益增长能力状况。但是从该项指标的计算公式来看，并不能达到这个目的。因为其计算结果的高低只与两个因素有关，即与本年度年末股东权益总额和三年前年度年末股东权益总额相关，而中间两年的年末股东权益总额则不影响该指标的高低。这样，只要两个企业的本年度年末股东权益总额和三年前年度年末股东权益总额相同，就能够得出相同的三年资本平均增长率，但是这两个企业的利润增长趋势可能并不一致。因此，依据三年资本平均增长率来评价企业股东权益增长能力存在一定的缺陷。

对股东权益增长率、三年资本平均增长率等指标的分析还应该注意所有者权益不同类别的变化情况。一般来说，资本的扩张大都来源于外部资金的注入，反映企业获得了新的资本，具备了进一步发展的基础；如果资本的扩张主要来源于留存收益的增长，可以反映出企业在自身的经营过程中不断积累发展后备资金，即表明企业在过去经营过程的发展业绩，也说明企业具有进一步的发展后劲。

### 2. 股东权益增长率分析

股东权益的增长主要来源于经营活动产生的净利润和融资活动产生的股东净支付。所谓股东净支付，就是指股东对企业当年的新增投资扣除当年发放股利。这样股东权益增长率还可以表示如下。

$$\begin{aligned}
股东权益增长率 &= \frac{本期股东权益增加额}{股东权益期初余额} \times 100\% \\
&= \frac{净利润 + (股东新增投资 - 支付股东股利)}{股东权益期初余额} \times 100\% \\
&= \frac{净利润 + 对股东的净支付}{股东权益期初余额} \times 100\% \\
&= 净资产收益率 + 股东净投资率
\end{aligned}$$

公式中的净资产收益率和股东净投资率都是以股东权益期初余额作为分母计算的。从公式中可以看出股东权益增长率是受净资产收益率和股东净投资率这两个因素驱动的，其中净资产收益率反映了企业运用股东投入资本创造收益的能力，而股东净投资率反映了企业利用股东新投资的程度，这两个比率的高低都反映了对股东权益增长的贡献程度。从根本上看，一个企业的股东权益增长应该主要依赖于企业运用股东投入资本所创造的收益。尽管一个企业的价值在短期内可以通过筹集和投入尽可能多的资本来获得增加，并且这种行为在扩大企业规模的同时也有利于经营者，但是这种策略通常不符合股东的最佳利益，因为它忽视了权益资本具有机会成本、需要获得合理投资报酬的事实。

为正确判断和预测企业股东权益规模的发展趋势和发展水平，应将企业不同时期的股东权益增长率加以比较。因为一个持续增长型企业，其股东权益应该是不断增长的，如果时增时减，则反映企业发展不稳定，同时也说明企业并不具备良好的增长能力。因此仅仅计算和分析某个时期的股东权益增长率是不全面的，应采用趋势分析法将一个企业不同时期的股东权益增长率加以比较，才能正确评价企业增长能力。

【例9-1】（股东权益增长能力分析）以相关资料及 SYZG 公司年度报表为基础，分析该公司股东权益增长能力。其计算如表9-1所示。

表 9-1    SYZG 公司股东权益增长率计算表

| 项目 | 2012 年 | 2013 年 | 2014 年 | 2015 年 |
| --- | --- | --- | --- | --- |
| 股东权益总额/万元 | 2 461 346 | 2 500 884 | 2 474 083 | 2 363 072 |
| 本年股东权益增加额/万元 | — | 39 537 | −26 801 | −111 011 |
| 本年净利润/万元 | — | 309 485 | 75 597 | 13 815 |
| 股东权益增长率/% | | 1.61 | −1.07 | −4.49 |
| 净资产收益率/% | | 12.57 | 3.02 | 0.56 |
| 股东净投资率/% | | −10.96 | −4.09 | −5.05 |

\* 表中的净资产收益率和股东净投资率都是以股东权益期初余额作为分母计算的。

从表9-1可以看出，SYZG 公司自 2013 年以来，其股东权益总额总体呈现下降趋势，从 2013 年的 2 500 884 万元减少到 2015 年的 2 363 072 万元；公司 2013 年至 2015 年的股东权益增长率一直呈下降趋势，2015 年降到了 −4.49%，说明 SYZG 公司近几年股东权益不断减少。

股东权益增长率受净资产收益率和股东净投资率这两个因素驱动，其中净资产收益率反映了企业运用股东投入资本创造收益的能力，它是企业股东权益增长的根本来源。从表9-1可以看出，2013 年到 2015 年的净资产收益率从 12.57% 下降到 0.56%，这说明 SYZG 公司运用股东投入资本创造收益的能力在持续大幅度下滑，这也是 SYZG 公司股东权益不断减少的根本原因。

## 9.2.2  资产增长率计算与分析

### 1. 资产增长率的内涵和计算
资产是企业拥有或者控制的用于生产经营活动并取得收入的经济资源，同时也是企业进行融资、筹资，进行正常运营的物质保证。资产的规模和增长状况表明了企业的实力和发展速度，也是体现企业价值和实现企业价值扩大的重要手段。在实践中凡是表现为不断发展的企业，都表现为企业的资产规模稳定且不断增长，因此通常把资产增长率作为衡量企业增长能力的重要指标。

企业要增加销售收入，就需要增加资产投入。资产增长率就是本期资产增加额与资产期初余额之比，其计算公式如下。

$$资产增长率 = \frac{本期资产增加额}{资产期初余额} \times 100\%$$

资产增长率是用来考核企业资产投入增长幅度的财务指标。资产增长率为正数，则说明企业本期资产的规模增加，资产增长率越大，则说明资产规模增加的幅度越大；资产增长率为负数，则说明企业本期资产规模缩减，资产出现负增长。

**2. 资产增长率分析**

在对资产增长率进行具体分析时，应该注意以下几点。

(1) 企业资产增长率高并不意味着企业的资产规模增长就一定适当

评价一个企业的资产规模增长是否适当，必须与销售增长、利润增长等情况结合起来分析。如果资产增加，而销售收入和利润没有增长或减少，说明企业的资产没有得到充分的利用，可能存在盲目扩张而形成的资产浪费、营运不良等情况。所以只有在一个企业的销售增长、利润增长超过资产规模增长的情况下，这种资产规模增长才属于效益型增长，才是适当的、正常的。

(2) 需要正确分析企业资产增长的来源

因为企业的资产一般来自于负债和所有者权益，在其他条件不变的情形下，无论是增加负债规模还是增加所有者权益规模，都会提高资产增长率。如果一个企业资产的增长完全依赖于负债的增长，而所有者权益项目在年度里没有发生变动或者变动不大，这说明企业可能潜藏着经营风险或财务风险，因此不具备良好的发展潜力。从企业自身的角度来看，企业资产的增加应该主要取决于企业盈利的增加。当然，盈利的增加能带来多大程度的资产增加还要视企业实行的股利政策而定。

(3) 为了全面认识企业资产规模的增长趋势和增长水平，应将企业不同时期的资产增长率加以比较

因为一个健康的处于成长期的企业，其资产规模应该是不断增长的，如果时增时减，则反映企业的经营业务并不稳定，同时也说明企业并不具备良好的增长能力。所以只有将一个企业不同时期的资产增长率加以比较，才能正确评价企业资产规模的增长能力。

【例9-2】（资产增长能力分析）以相关资料及SYZG公司年度报表为基础，分析该公司的资产增长能力。其计算如表9-2所示。

表9-2  SYZG公司资产增长率计算表

| 项目 | 2012年 | 2013年 | 2014年 | 2015年 |
|---|---|---|---|---|
| 资产总额/万元 | 6 446 140 | 6 386 778 | 6 300 945 | 6 122 774 |
| 本年资产增加额/万元 | — | −59 362 | −85 834 | −178 171 |
| 资产增长率/% | — | −0.92 | −1.34 | −2.83 |
| 股东权益增加额/万元 | — | 39 537 | −26 801 | −111 011 |
| 股东权益增加额占资产增加额的比重/% | — | −66.60 | 31.22 | 62.31 |

从表9-2可以看出，SYZG公司的资产规模逐年下降，由2012年的6 446 140万元下降到2015年的6 122 774万元，资产增长率也由−0.92%下降到−2.83%。这表明企业资产规模在缩减，资产出现持续负增长。

**案例9-2**

## 西安达尔曼实业公司案例

西安达尔曼实业公司于1996年在上海证券交易所挂牌上市，募集资金共计7.17亿元人民币，该公司主要营运活动为珠宝、玉器的加工和销售。

从其报表数据看，在2003年之前，公司各项财务数据呈现均衡增长，公司2002年的资产总额已比上市时增长了将近5倍。这好像意味着公司的资产增长能力强，但事实并非如此。

2004年5月10日，达尔曼实业公司被列为特别处理，同时证监会对公司涉嫌虚假陈述行为立案调查。公司公告显示，仅2004年前半年亏损即高达14亿元，公司总资产也从2003年的22亿元锐减到2004年6月30日的13亿元。2005年3月25日，达尔曼实业公司被终止上市。

为什么会这样呢？究其原因，可发现达尔曼实业公司资产总额的增加都是靠关联交易、虚构工程项目和对外投资等手段。因此，在判断公司的增长能力时，不能仅仅看资产规模是否增加，还要正确分析资产增长的原因及其性质。

## 9.2.3  销售增长率计算与分析

### 1. 销售增长率的内涵和计算

市场是企业生存和发展的空间，销售增长是企业增长的源泉。一个企业的销售情况越好，说明其在市场所占份额越多，企业生存和发展的市场空间也越大，因此可以用销售增长率来反映企业在销售方面的发展能力。销售增长率就是本期营业收入增加额与上期营业收入净额之比。其计算公式如下。

$$销售增长率 = \frac{本期营业收入增加额}{上期营业收入净额} \times 100\%$$

需要说明的是，如果上期营业收入净额为负值，则应取其绝对值代入公式进行计算。该公式反映的是企业某期整体销售增长情况。销售增长率为正数，则说明企业本期销售规模增加，销售增长率越大，则说明企业销售收入增长得越快，销售情况越好；销售增长率为负数，则说明企业销售规模减小，销售出现负增长，销售情况较差。

**2. 销售增长率分析**

在利用销售增长率分析企业在销售方面的增长能力时，应该注意以下几个方面。

① 要判断企业在销售方面是否具有良好的成长性，必须分析销售增长是否具有效益性。如果销售收入的增加主要依赖于资产的相应增加，也就是销售增长率低于资产增长率，说明这种销售增长不具有效益性，同时也反映了企业在销售方面可持续增长能力不强。正常情况下，一个企业的销售增长率应高于其资产增长率，只有在这种情况下，才说明企业在销售方面具有良好的成长性。

② 要全面、正确地分析和判断一个企业销售收入的增长趋势和增长水平，必须将一个企业不同时期的销售增长率加以比较和分析。因为销售增长率仅仅针对某个时期的销售情况而言，某个时期的销售增长率可能会受到一些偶然的和非正常的因素影响，而无法反映企业实际的销售增长能力。

③ 判断企业销售增长率是否合理，一方面应将其与成本增长率、费用增长率进行比较，如果后者超过前者，则需要加强成本费用控制；另一方面应将销售增长率与应收账款增长率、存货增长率进行比较，如果应收账款增长率超过了销售增长率，说明信用风险开始产生，需要加强货款催收，而如果存货增长率超过了销售增长率，说明存货开始积压，需要采取措施加快存货周转。

④ 可以利用某种产品销售增长率指标，来观察企业产品的结构情况，进而也可以分析企业的成长性。其计算公式可表示如下。

$$某种产品销售增长率 = \frac{某种产品本期销售收入增加额}{上期销售收入净额} \times 100\%$$

根据产品生命周期理论，每种产品的生命周期一般可以划分为四个阶段。每种产品在不同阶段反映出的销售情况也不同：在投放期，由于产品研究开发成功，刚刚投入正常生产，因此该阶段的产品销售规模较小，而且增长比较缓慢，即某种产品销售增长率较低；在成长期，由于产品市场不断拓展，生产规模不断增加，销售量迅速扩大，因此该阶段的产品销售增长较快，即某种产品销售增长率较高；在成熟期，由于市场已经基本饱和，销售量趋于基本稳定，因此该阶段的产品销售将不再有大幅度的增长，即某种产品销售增长率与上一期相比变动不大；在衰退期，由于该产品的市场开始萎缩，因此该阶段的产品销售增长速度开始放慢甚至出现负增长，即某种产品销售增长率较上一期变动非常小，甚至表现为负数。根据这一原理，借助某种产品销售增长率指标，大致可以分析企业生产经营的产品所处的生命周期阶段，据此也可以判断企业发展前景。对一个具有良好发展前景的企业来说，较为理想的产品结构是"成熟一代，生产一代，储备一代，开发一代"，如图9-1所示。如果一个企业所有产品都处于成熟期或者衰退期，那么它的发展前景就不容乐观。

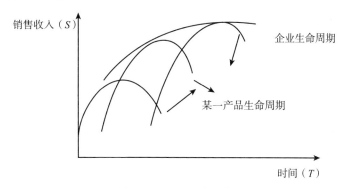

图9-1　企业生命周期

【例9-3】（销售增长能力分析）以相关资料及SYZG公司年度报表为基础，分析该公司的销售增长能力。其计算如表9-3所示。

表9-3　SYZG公司销售增长率计算表

| 项目 | 2012年 | 2013年 | 2014年 | 2015年 |
|---|---|---|---|---|
| 营业收入净额/万元 | 4 683 054 | 3 732 789 | 303 6472 | 2 336 687 |
| 本年营业收入增加额/万元 | — | −950 265 | −696 317 | −699 785 |
| 销售增长率/% | — | −20.29 | −18.65 | −23.05 |

从表9-3可以看出，SYZG公司近几年的销售规模不断萎缩，营业收入从2012年的4 683 054万元降低到2015年的2 336 687万元；销售增长率从2013年到2015年都为负增长，与2013年的−20.29%相比，2014年销售负增长略有好转，为−18.65%，但2015年又继续下降至−23.05%。

利用表9-2的资产增长率指标，结合表9-3分析各年销售增长是否具有效益性：2013年、2014年、2015年这三年的资产降幅分别为0.92%、1.34%、2.83%，销售收入的降幅高于相应年份的资产降幅，可见近年销售增长率的效益性正逐年减弱。

## 9.2.4　利润增长率计算与分析

### 1. 利润增长率的内涵和计算

由于一个企业的价值主要取决于其盈利及增长能力，所以企业的利润增长是反映企业增长能力的重要方面。由于利润可表现为营业利润、利润总额、净利润等多种指标，因此相应的利润增长率也具有不同的表现形式。在实际中，通常使用的是净利润增长率、营业利润增长率这两种比率。

由于净利润是企业经营业绩的结果，因此净利润的增长是企业成长性的基本表现。净利润增长率是本期净利润增加额与上期净利润之比，其计算公式如下。

$$净利润增长率 = \frac{本期净利润增加额}{上期净利润} \times 100\%$$

需要说明的是，如果上期净利润为负值，则应取其绝对值代入公式进行计算。该公式反映的是企业净利润增长情况。净利润增长率为正数，则说明企业本期净利润增加，净利润增长率越大，则说明企业净利润增长得越多；净利润增长率为负数，则说明企业本期净利润减少，净利润降低。

如果一个企业销售收入增长，但利润并未增长，那么从长远看，它并没有创造经济价值。同样，一个企业如果营业利润增长，但营业收入并未增长，也就是说其利润的增长并不是来自于营业收入，那么这样的增长也是不能持续的，随着时间的推移也将会消失。因此，利用营业利润增长率这一比率也可以较好地考察企业的成长性。营业利润增长率是本期营业利润增加额与上期营业利润之比，其计算公式如下。

$$营业利润增长率 = \frac{本期营业利润增加额}{上期营业利润} \times 100\%$$

同样，如果上期营业利润为负值，则应取其绝对值代入公式进行计算。该公式反映的是企业营业利润增长情况。营业利润增长率为正数，则说明企业本期营业利润增加，营业利润增长率越大，则说明企业营业利润增长得越多；营业利润增长率为负数，则说明企业本期营业利润减少，营业利润降低。

值得注意的是，在实际中有人提出利用三年利润平均增长率这一指标分析企业收益增长能力。其计算公式如下。

$$三年利润平均增长率 = \left( \sqrt[3]{\frac{年末利润总额}{三年前年末利润总额}} - 1 \right) \times 100\%$$

从计算公式可以发现该指标的设计原理与三年资本平均增长率一致。计算三年利润平均增长率是为了均衡计算企业的三年平均利润增长水平，从而客观评价企业的收益增长能力状况。但是从该项指标的计算公式来看，并不能达到这个目的。因为其计算结果的高低同样只与两个因素有关，即与本年度年末利润总额和三年前年度年末利润总额相关，而中间两年的年末实现利润总额则不影响该指标的高低。这样，只要两个企业的本年度年末利润总额和三年前年度年末利润总额相同，就能够得出相同的三年利润平均增长率，但是这两个企业的利润增长趋势可能并不一致。因此，依据三年利润平均增长率来评价企业收益增长能力存在一定的局限性。

#### 2. 利润增长率分析

要全面认识企业净利润的增长能力，还需要结合企业的营业利润增长情况来分析。如果企业的净利润主要来源于营业利润，则表明企业产品持续盈利能力较强，具有良好的增长能力；相反，如果企业的净利润不是主要来源于正常业务，而是来自于营业外收入或者其他项目，则说明企业的持续增长能力并不强。

要分析营业利润增长情况，应结合企业的营业收入增长情况一起分析。如果企业的营业利润增长率高于企业的销售增长率即营业收入增长率，则说明企业正处于成长期，业务不断拓展，企业的盈利能力不断增强；反之，如果企业的营业利润增长率低于营业收入增长率，则反映企业营业成本、税费、期间费用等成本上升超过了营业收入的增长，说明企业的营业盈利能力并不强，企业发展潜力值得怀疑。

为了更正确地反映企业净利润和营业利润的成长趋势，应将企业连续多期的净利润增长率和营业利润增长率指标进行对比分析，这样可以排除个别时期偶然性或特殊性因素的影响，从而可以更加全面真实地揭示企业净利润和营业利润的增长情况。

【例 9-4】（利润增长能力分析）以相关资料及 SYZG 公司年度报表为基础，分析该公司的利润增长能力。其计算如表 9-4 所示。

表 9-4　SYZG 公司收益增长率指标计算表

| 项目 | 2012 年 | 2013 年 | 2014 年 | 2015 年 |
|---|---|---|---|---|
| 营业利润/万元 | 609 739 | 274 761 | 71 743 | 17 054 |
| 本年营业利润增加额/万元 | — | −334 978 | −203 018 | −54 689 |
| 营业利润增长率/% | — | −54.94 | −73.89 | −76.23 |
| 净利润/万元 | 601 068 | 309 485 | 75 597 | 13 815 |
| 本年净利润增加额/万元 | — | −291 583 | −233 888 | −61 782 |
| 净利润增长率/% | — | −48.51 | −75.57 | −81.73 |

首先，根据表 9-4 分析 SYZG 公司的营业利润增长率。结合表 9-3，该公司近三年的销售增长率分别是 −20.29%、−18.65%、−23.05%，而该公司这三年的营业利润增长率分别为 −54.94%、−73.89%、−76.23%。对比可以看出，营业利润下降幅度始终大于销售下降幅度，进一步分析可知，受固定资产投资特别是房地产投资持续放缓的影响，SYZG 公司营业收入持续下滑，营业成本、税费、期间费用等成本相应下降，但各项成本费用的降幅低于营业收入的降幅，说明公司应当加强成本费用控制，同时着力提升销售收入。

其次，分析 SYZG 公司的净利润增长率。从表 9-4 可知，该公司近三年的净利润增长率分别为 −48.51%、−75.57%、−81.73%，结合公司的营业利润增长率来看，净利润的下降幅度与营业利润的降幅基本持平，说明这三年净利润的下降主要源于营业利润的下降，其他项目的影响较小。通过相关资料可以知道，净利润出现负增长的原因主要是外部环境因素所致。

最后，综合以上分析，SYZG 公司近三年在营业利润方面出现负增长，主要是受宏观经济增速回落、固定资产投资特别是房地产投资持续放缓的影响，故净利润出现负增长主要是外部环境因素导致的。

# 9.3 整体增长能力分析

## 9.3.1 企业整体增长能力分析框架

除了对企业增长能力进行单项分析以外，还需要分析企业的整体增长能力。其原因在于：其一，股东权益增长率、利润增长率、销售增长率和资产增长率等指标，只是从股东权益、利润、销售收入和资产等不同的侧面考察了企业的增长能力，不足以涵盖企业增长能力的全部；其二，股东权益增长率、利润增长率、销售增长率和资产增长率等指标之间相互作用、相互影响，不能截然分开。因此，在实际运用时，只有把四种类型的增长率指标相互联系起来进行综合分析，才能正确评价一个企业的整体增长能力。

那么，应该如何分析企业的整体增长能力呢？具体的思路如下。

① 分别计算股东权益增长率、利润增长率、销售增长率和资产增长率等指标的实际值。

② 分别将上述增长率指标的实际值与以前不同时期增长率数值、同行业平均水平进行比较，分析企业在股东权益、利润、销售收入和资产等方面的增长能力。

③ 比较股东权益增长率、利润增长率、销售增长率和资产增长率等指标之间的关系，判断不同方面增长的效益性及它们之间的协调性。

④ 根据以上分析结果，运用一定的分析标准，判断企业的整体增长能力。一般而言，只有一个企业的股东权益增长率、资产增长率、销售增长率、利润增长率保持同步增长，且不低于行业平均水平，才可以判断这个企业具有良好的增长能力。

根据上述分析思路可形成企业整体增长能力分析框架，如图9-2所示。

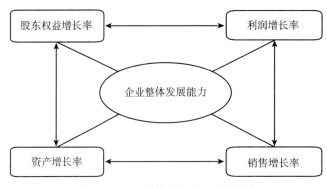

图9-2 企业整体增长能力分析框架

　　运用这一分析框架能够比较全面地分析企业发展的影响因素，从而能够比较系统地评价企业的增长能力，但对于各因素的增长与企业发展的关系无法从数量上进行确定。

　　从企业整体的角度考虑企业的增长，就是保持企业的可持续增长能力，从某种程度上来讲就是保持和谐的财务政策和经营政策。对快速成长的企业而言，其资源会变得相当紧张，管理层需要采取积极的财务政策和经营政策加以控制，比如发行新股、提高财务杠杆系数、减少股利支付比例来满足资金的需求，同时调整经营政策来进行增长管理，比如降低成本费用、改变销售策略、停止或减少入不敷出的经营项目来减少增长的现金压力、加快资产周转等。对于成长过慢的企业来说，管理层面临的问题之一是如何解决现金顺差问题，根据自身的情况可以进行股票回购或增发股利、通过并购买入成长型企业，即在更有活力的行业寻找物有所值的成长机会。一般来说，企业可持续增长能力的评价指标是可持续增长率。

---

**案例 9-3**

# 可持续增长率[①]

　　可持续增长率是企业在保持目前经营政策和财务政策的情况下能够实现的最大增长比率。可持续增长率主要是指企业可持续销售增长率，当然也可以指可持续资产增长率、可持续利润增长率、可持续股利增长率等。

　　那么，一个企业要获得持续增长，应该满足什么条件呢？为了简化问题，可进行以下假设：企业想以市场条件允许的速度尽快发展；企业经营者不愿意或者不能够筹集新的权益资本；企业想维持目标资本结构和固定的股利政策。在这些假设条件下，一个企业的利润要想以过去的增长速度持续增长，就必须增加销售收入；而在企业的总资产周转率一定的条件下，增加销售收入必须依赖于资产的相应增加。而要增加资产，在不对外进行权益资本融资的条件下，其来源渠道不外乎企业内部积累和对外进行债权融资。在不改变目标资本结构的情况下，债务的增加又取决于企业自身内部积累的多少，而企业内部积累数量又取决于其本身的盈利能力和既定的股利政策。因此可持续增长率指标可以表示如下。

　　　　可持续增长率＝净资产收益率×（1－股利支付率）
　　　　　　　　　　＝销售净利率×资产周转率×权益乘数×（1－股利支付率）

　　可见，一个企业的可持续增长率受销售净利率、资产周转率、权益乘数和股利支付率四个因素的影响，其中销售净利率和资产周转率是企业经营业绩的综合体现，反映的是企业的经营政策效果；而权益乘数和股利支付率则分别体现了企业的融资政策和股利政策，反映的是企业的财务政策效果。因此，如果一个企业要想改变增长速

---

　　① 资料来源：根据 2004 年度注册会计师全国统一考试指定辅导教材《财务成本管理》（经济科学出版社，2004）和尚志强的《企业会计信息披露与分析》（立信会计出版社，2000）中有关可持续增长率的内容改编。

度，就必须改变企业的经营政策或者财务政策或者两者的组合。

可持续增长的思想，不是说企业的增长不可以高于或低于可持续增长率。问题在于管理人员必须事先预计并且加以解决公司超过可持续增长率之上的增长所导致的财务问题。例如一个企业如果要使实际的增长速度超过可持续增长率，也就是企业要想超速发展，只能是通过以下途径：要么是增强自身的盈利能力（提高销售净利率），要么是提高自身的经营效率（提高资产周转率），要么是改变自身的财务政策（降低股利支付率或提高财务杠杆水平）。当然，几个方面同时调整和改变也是可行的。但是，需要指出的是，提高经营效率并非总是可行的，而改变财务政策是有风险和极限的，因此超常增长只能是短期的。

企业的实力和承担风险的能力决定了企业的增长速度。因此，实际上一个理智的企业在增长率问题上并没有多少回旋余地，尤其是从长期来看更是如此。一些企业由于发展过快陷入危机甚至破产，另一些企业由于增长太慢遇到困难甚至被其他企业收购，这说明不当的增长速度足以毁掉一个企业。

## 9.3.2　整体增长能力分析框架应用

应用企业整体增长能力分析框架分析企业整体增长能力时应该注意以下几方面。

### 1. 对股东权益增长的分析

股东权益的增长一方面来源于净利润，净利润又主要来自于营业利润，营业利润又主要取决于销售收入，并且销售收入的增长在资产使用效率保持一定的前提下要依赖于资产投入的增加；股东权益的增长另一方面来源于股东的净投资，而净投资取决于本期股东投资资本的增加和本期股利的发放。

### 2. 对利润增长的分析

利润的增长主要表现为净利润的增长，而对于一个持续增长的企业而言，其净利润的增长应该主要来源于营业利润；而营业利润的增长又应该主要来自于营业收入的增加。

### 3. 对销售增长的分析

销售增长是企业营业收入的主要来源，也是企业价值增长的源泉。一个企业只有不断开拓市场，保持稳定的市场份额，才能不断扩大营业收入，增加股东权益；同时为企业进一步扩大市场、开发新产品和进行技术改造提供资金来源，最终促进企业的进一步发展。

### 4. 对资产增长的分析

企业资产是取得销售收入的保障，要实现销售收入的增长，在资产利用效率一定的条件下就需要扩大资产规模。要扩大资产规模，一方面可以通过负债融资实现，另一方面可以依赖股东权益的增长，即净利润和净投资的增长。

总之，在运用这一框架时需要注意这4种类型增长率之间的相互关系，否则无法对企业的整体发展能力作出正确的判断。

**名人名言**

一个企业要为股东创造财富，就必须获得比其债务资本和权益资本成本更高的报酬。

——英国著名经济学家 汉密尔顿

**【例9-5】**（整体增长能力分析）以SYZG公司为例，对其2013—2015年的整体增长能力进行分析，并与ZLZK公司和XGJX公司两家同行业竞争对手进行比较。三家公司的增长能力主要指标如表9-5所示。

表9-5  增长能力指标

单位:%

| 项目 | SYZG公司 | | | ZLZK公司 | | | XGJX公司 | | |
|---|---|---|---|---|---|---|---|---|---|
| | 2015年 | 2014年 | 2013年 | 2015年 | 2014年 | 2013年 | 2015年 | 2014年 | 2013年 |
| 股东权益增长率 | −4.49 | −1.07 | 1.61 | −1.55 | −1.91 | 2.09 | 0.81 | 3.69 | 12.49 |
| 净利润增长率 | −81.73 | −75.57 | −48.51 | −85.48 | −84.11 | −47.51 | −115.40 | −73.71 | −37.22 |
| 营业利润增长率 | −76.23 | −73.89 | −54.94 | −191.28 | −85.38 | −49.10 | −131.52 | −71.98 | −35.84 |
| 销售增长率 | −23.05 | −18.65 | −20.29 | −19.72 | −32.93 | −19.82 | −28.53 | −13.66 | −15.99 |
| 资产增长率 | −2.83 | −1.34 | −0.92 | −0.04 | 4.71 | 0.63 | −12.57 | −0.50 | 8.24 |

根据表9-5可以发现，SYZG公司近三年的股东权益增长率、净利润增长率、营业利润增长率、销售增长率及资产增长率几乎全部为负值，说明该企业自2013年以来股东权益、净利润、营业利润、销售收入、总资产均在减少。

进一步观察表9-5可以发现，SYZG公司2013年以来销售增长率、股东权益增长率、净利润增长率、营业利润增长率、资产增长率都出现下降趋势，这种趋势属于暂时性的还是持续性的需要进一步深入分析。

比较各种类型增长率之间的关系。首先看销售增长率和资产增长率，可以看出SYZG公司销售增长率均低于资产增长率，而且都是负增长，说明公司的销售减少并不是主要由于资产投入的减少。

比较股东权益增长率与净利润增长率。可以看出该公司2013年股东权益增长率为正值，2014年、2015年为负值，净利润增长率均为负值，股东权益下降幅度小于净利润的下降幅度，且差异较大。

比较净利润增长率与营业利润增长率。可以发现SYZG公司净利润下降幅度与营业利润的下降幅度基本一致，表明该公司净利润的下降主要是由于营业利润的下降导致的，说明企业在净利润方面的持续增长能力比较弱。

　　比较营业利润增长率和销售增长率。可以看出，公司营业利润的下降幅度高于营业收入的下降幅度，反映该公司这年的营业收入的降幅高于营业成本、营业税费、期间费用等成本的降幅，有的成本费用项目还有大幅增加，说明公司存在盈利风险，应加强成本费用的控制。

　　结合同行业竞争对手及其他资料可知，SYZG 公司、ZLZK 公司和 XGJX 公司同属工程机械行业，其产品市场需求受国家固定资产和基础设施建设投资规模的影响较大，下游客户主要为基础设施、房地产等投资密集型行业，这些行业与宏观经济周期息息相关。2008 年，为了缓解全球金融危机的冲击，我国出台了"四万亿"经济刺激政策，并陆续推出多个区域经济振兴计划，保证了社会固定资产投资的持续增长，从而带动了工程机械行业的高速发展。2012 年，随着全球经济复苏乏力和我国对房地产行业的持续调控，国内经济增速和固定资产投资增速均呈现放缓趋势，上游工程机械行业受到较大冲击。2015 年，在国内外经济复苏推动力不足的形势下，受固定资产投资特别是房地产投资持续放缓的影响，工程机械行业整体发展依然较为低迷。

　　面对国际国内经济发展的多重困难和严峻挑战，SYZG 公司贯彻"转型升级"战略，坚决推进公司国际化发展战略，进一步深耕国际化经营，总体产业布局和"一带一路"区域吻合度较高。公司推行价值销售，严控成交条件，强化存货管理，不断提升经营质量。公司主导产品的技术、性能、质量、服务于行业内领先，主导产品的市场占有率仍在继续提升。

　　通过以上分析，对 SYZG 公司的增长能力可以得出一个初步的结论：该公司在行业整体下滑的情势下，能够保持现有地位实属不易。当然，考虑到企业增长能力还受许多其他复杂因素的影响，因此要得到关于企业增长能力更为准确的结论，还需要利用更多的资料进行更加深入的分析。

## 本章小结

　　企业增长能力通常是指企业未来生产经营活动的发展趋势和发展潜能，也可以称之为发展能力。从形成看，企业的增长能力主要是通过自身生产经营活动的不断扩大积累而形成的，主要依托于不断增长的销售收入、不断增加的资金投入和不断创造的利润等。从结果看，一个增长能力强的企业，能够不断为股东创造财富，能够不断增加企业价值。

　　企业能否持续增长对股东、潜在投资者、经营者及其他相关利益团体至关重要，因此有必要对企业的增长能力进行深入分析。

与盈利能力一样，企业增长能力的大小同样是一个相对的概念，即分析期的股东权益、利润、销售收入和资产相对于上一期的股东权益、利润、销售收入和资产的变化程度。仅仅利用增长额只能说明企业某一方面的增减额度，无法反映企业在某一个方面的增减幅度，既不利于不同规模企业之间的横向对比，也不能准确反映企业的增长能力，因此在实践中通常是使用增长率来进行企业增长能力分析。当然，企业不同方面的增长率之间存在相互作用、相互影响的关系，因此只有将各方面的增长率加以比较，才能全面分析企业的整体增长能力。

可见，企业增长能力分析的内容可分为两部分：企业单项增长能力分析和企业整体增长能力分析。

企业价值要获得增长，就必须依赖于股东权益、利润、销售收入和资产等方面的不断增长。企业单项增长能力分析就是通过计算和分析股东权益增长率、利润增长率、销售增长率、资产增长率等指标，分别衡量企业在股东权益、利润、销售收入、资产等方面所具有的增长能力，并对其在股东权益、利润、销售收入、资产等方面所具有的发展趋势进行评估。

除了对企业增长能力进行单项分析以外，还需要分析企业的整体增长能力。其原因在于：其一，股东权益增长率、利润增长率、销售增长率和资产增长率等指标，只是从股东权益、利润、销售收入和资产等不同的侧面考察了企业的增长能力，不足以涵盖企业增长能力的全部；其二，股东权益增长率、利润增长率、销售增长率和资产增长率等指标之间相互作用、相互影响，不能截然分开。因此，在实际运用时，只有把四种类型的增长率指标相互联系起来进行综合分析，才能正确评价一个企业的整体增长能力。

企业整体增长能力分析就是通过对股东权益增长率、利润增长率、销售增长率、资产增长率等指标进行相互比较与全面分析，综合判断企业的整体增长能力。运用企业整体增长能力分析框架能够比较全面地分析企业发展的影响因素，从而能够比较全面地评价企业的增长能力，但对于各因素的增长与企业发展的关系无法从数量上进行确定。

# 练 习 题

## 一、单项选择题

1. 下列因素中，能直接影响股东权益增长率变化的指标是（　　）。

A. 净资产收益率　　　　　　　　　B. 总资产周转率

C. 总资产报酬率　　　　　　　　　D. 总资产

2. 如果企业某一种产品处于成熟期，其销售增长率的特点是（　　　）。

A. 比值比较大　　　　　　　　　　B. 与上期相比变动不大

C. 比值比较小　　　　　　　　　　D. 与上期相比变动非常小

3. 下列指标中，不属于增长率指标的是（　　　）。

A. 利息保障倍数　　　　　　　　　B. 销售增长率

C. 股东权益增长率　　　　　　　　D. 资本积累率

4. 如果企业某一种产品处于衰退期，其销售增长率的特点是（　　　）。

A. 比值比较大　　　　　　　　　　B. 增长速度与上期相比变动不大

C. 比值比较小　　　　　　　　　　D. 增长速度开始放慢甚至出现负增长

5. 下列计算股东权益增长率的公式中，不正确的是（　　　）。

A. $\dfrac{\text{本期股东权益增加额}}{\text{股东权益期初余额}} \times 100\%$

B. $\dfrac{\text{净利润＋对股东的净支付}}{\text{股东权益期初余额}} \times 100\%$

C. $\dfrac{\text{净利润＋（股东新增投资－支付股东股利）}}{\text{股东权益期初余额}} \times 100\%$

D. $\dfrac{\text{净利润－支付股东股利}}{\text{股东权益期初余额}} \times 100\%$

## 二、多项选择题

1. 可以用于反映企业增长能力的财务指标包括（　　　）。

A. 资产增长率　　　　　　　　　　B. 销售增长率

C. 资本积累率　　　　　　　　　　D. 净利润增长率

E. 营业利润增长率

2. 股东权益增长率的大小直接取决于下列因素中的（　　　）。

A. 资产负债率　　　　　　　　　　B. 总资产报酬率

C. 净资产收益率　　　　　　　　　D. 总资产周转率

E. 股东净投资率

3. 下列项目中，属于企业资产规模增加的原因的是（　　　）。

A. 企业对外举债　　　　　　　　　B. 企业实现盈利

C. 企业发放股利　　　　　　　　　D. 企业发行股票

E. 企业购置固定资产

4. 可以用来反映企业利润增长能力的财务指标有（　　　）。

A. 净利润增长率　　　　　　　　　B. 销售增长率

C. 总资产报酬率　　　　　　　　　D. 资产增长率

E. 营业利润增长率

5. 对一个快速增长的企业而言，管理层需要采取措施加以控制，可采取的措施包括（　　　）。

A. 发行新股　　　　　　　　　　　B. 改变销售策略

C. 减少股利支付　　　　　　　　　D. 停止亏损项目

E. 降低成本费用

## 三、判断题

1. 企业资产增长率越高对企业就越有利。（　　　）

2. 企业能否持续增长对投资者、经营者至关重要，但对债权人而言相对不重要，因为他们更关心企业的变现能力。（　　　）

3. 在产品生命周期的成长期，产品销售收入增长率一般趋于稳定，与上期相比变化不大。（　　　）

4. 增长能力的大小是一个相对概念。（　　　）

5. 仅分析某一项增长能力指标，无法得出企业整体增长能力情况的结论。（　　　）

## 四、简答题

1. 企业增长能力分析的目的是什么？

2. 一个企业要想提高股东权益增长率可以采取什么措施？

3. 为什么分析营业利润增长率的同时要结合营业收入的增长情况？

4. 企业产品生命周期有哪几个阶段？每个阶段的销售增长率表现如何？

5. 简述企业整体增长能力分析的思路。

## 五、计算分析题

1. 已知甲公司 2013 年到 2016 年的净利润分别为 180 万元、200 万元、220 万元、250 万元，2013 年到 2016 年的股东权益净额分别为 1 400 万元、1 800 万元、2 100 万元、2 450 万元，请计算甲公司的股东权益增长率，并根据股东权益增长率的直接影响因素分析其变化的原因。

2. 已知 A 公司所生产的甲产品，从 2013 年开始连续四年的营业收入分别为 5 400 万元、6 700 万元、9 200 万元、13 800 万元，请判断甲产品所处生命周期的阶段。

3. 已知乙公司 2013 年、2014 年、2015 年、2016 年的资产总额分别为 200 万元、296 万元、452 万元、708 万元；四年的负债总额分别为 78 万元、120 万元、179 万元、270 万元，请分析乙公司的资产增长能力。

## 六、综合题

1. 已知 ABC 股份有限公司 2014—2016 年的简要报表如表 9-6 所示。

### 表 9-6 简要报表

单位：万元

| 项　　目 | | 2014 年 | 2015 年 | 2016 年 |
|---|---|---|---|---|
| 资产负债表 | 资产总额 | 702 | 1 973 | 2 261 |
| | 流动资产 | 631 | 838 | 1 071 |
| | 固定资产 | 64 | 1 110 | 1 073 |
| | 负债和所有者权益 | 702 | 1 973 | 2 261 |
| | 负债 | 488 | 706 | 1 052 |
| | 所有者权益 | 214 | 1 267 | 1 209 |
| 利润表 | 营业收入 | 501 | 799 | 1 478 |
| | 营业利润 | 129 | 156 | 274 |
| | 净利润 | 36 | 58 | 74 |

要求：

（1）请根据 ABC 股份有限公司 2014 年、2015 年和 2016 年的有关数据计算各个重要项目的增长率（股东权益增长率、资产增长率、销售增长率、净利润增长率等），并作简要分析。

（2）请分析 ABC 股份有限公司的整体增长能力。

2. 创维数字股份有限公司成立于 2002 年，是国内较早从事数字电视机顶盒研究、开发、设计、生产及销售的公司，在国内广电运营商市场、国内智能终端市场、出口海外销量均为第一，在国内电信运营商市场居第二，整体规模是国内行业的龙头企业。

公司的主营业务为数字电视智能终端、软件系统与平台的研究、开发、生产、销售、运营与服务。在此基础上，公司积极拓展新的运营与服务市场，包括与广电运营商拓展增值服务运营、基于自主 OTT 云平台的运营与服务、智能家居及 O2O 管家上门服务等。基于全球机顶盒行业十几年的发展及存量与更新需求的视角，全球机顶盒行业正处于快速成长阶段，并不存在明显的周期性。公司的技术研发实力强、市场覆盖广、客户与用户规模大，公司的客户遍及全球主要的国家和地区，不存在明显的区域性特点。

公司的主营产业是国家"十三五"战略规划及"中国制造 2025"中的新一代信息技术产业。基于国务院办公厅三网融合推广方案的通知，广电、电信业务双向进入将扩大至全国范围，宽带通信网、下一代广播电视网和下一代互联网的宽带建设将加快推进，积极促进三网融合关键信息技术产品研发及制造。围绕光传输和光接入、下一代互联网、下一代广播电视网等重点领域的高端光电设备，基于有线电视网的接入技术和关键设备，IPTV 和数字电视智能机顶盒、互联网电视及配套应用、操作系统、多屏互动技术、内容传送系统、信息安全系统等的研发和产业化将进一步发展。

表9-7和表9-8分别是创维数字股份有限公司2013—2015年的简要资产负债表和利润表。

### 表9-7  资产负债表简表

单位：万元

| 项　　目 | 2013 年 | 2014 年 | 2015 年 |
|---|---|---|---|
| 流动资产合计 | 320 781 | 371 404 | 472 843 |
| 非流动资产合计 | 16 277 | 21 552 | 54 054 |
| 资产总计 | 337 058 | 392 957 | 526 897 |
| 流动负债合计 | 163 582 | 165 275 | 264 551 |
| 非流动负债合计 | 9 133 | 26 271 | 26 987 |
| 负债合计 | 172 715 | 191 547 | 291 538 |
| 所有者权益合计 | 164 342 | 201 410 | 235 358 |
| 负债和所有者权益总计 | 337 057 | 392 957 | 526 897 |

### 表9-8  利润表简表

单位：万元

| 项　　目 | 2013 年 | 2014 年 | 2015 年 |
|---|---|---|---|
| 营业收入 | 360 207 | 355 064 | 410 782 |
| 营业利润 | 33 224 | 35 589 | 38 652 |
| 利润总额 | 38 875 | 42 684 | 47 306 |
| 所得税费用 | 2 201 | 4 731 | 6 047 |
| 净利润 | 36 674 | 37 953 | 41 259 |

要求：

按照本章所介绍的企业整体能力分析框架分析创维数字股份有限公司的整体增长能力。

# 参考文献

[1] 樊行健. 财务分析. 北京：清华大学出版社，2007.

[2] 樊行健. 财务报表分析. 2 版. 北京：清华大学出版社，2014.

[3] 陈希圣. 财务分析学. 上海：立信会计出版社，2004.

[4] 陈学庸. 财务分析. 北京：中国商业出版社，2006.

[5] 陈星玉. 财务分析. 北京：电子工业出版社，2015.

[6] 程隆云. 财务报表分析. 北京：经济科学出版社，2007.

[7] 黄世忠. 财务报表分析：理论·框架·方法与案例. 北京：中国财政经济出版社，2007.

[8] 胡玉明. 财务报表分析. 3 版. 大连：东北财经大学出版社，2016.

[9] 李燕翔. 500 强企业财务分析实务：一切为经营管理服务. 北京：机械工业出版社，2015.

[10] 刘玉梅. 财务分析. 大连：大连出版社，2007.

[11] 刘德红. 企业财务分析技术. 北京：中国经济出版社，2003.

[12] 陆正飞, 财务报表分析. 北京：中信出版社，2006.

[13] 陆正飞. 财务报告与分析. 2 版. 北京：北京大学出版社，2014.

[14] 马贤明, 郑朝晖. 会计 & 谜局. 大连：大连出版社，2005.

[15] 马贤明, 郑朝晖. 会计迷局·解，大连：大连出版社，2005.

[16] 孟天恩, 张炎兴, 李生校. 会计管理与经营分析. 上海：上海财经大学出版社，2005.

[17] 汤炳亮. 企业财务分析. 北京：首都经济贸易大学出版社，2005.

[18] 王亚卓. 真账与假账：会计舞弊的甄别与防范. 北京：经济科学出版社，2008.

[19] 王化成, 支晓强, 王建英. 财务报表分析. 7 版. 北京：中国人民大学出版社，2014.

[20] 王化成. 财务报表分析. 2 版. 北京：北京大学出版社，2014.

[21] 王治安. 现代财务分析. 成都：西南财经大学出版社，2006.

[22] 吴革. 财务报告陷阱. 北京：文津出版社，2004.

［23］吴革．跨越财务报告陷阱．北京：文津出版社，2004．

［24］夏汉平．财务报表分析识别从入门到精通．北京：中国社会出版社，2015．

［25］谢志华．财务分析．大连：大连出版社，2012．

［26］谢士杰．读懂财务报表看透企业经营．北京：人民邮电出版社，2016．

［27］叶陈云．陪你学财务报表分析．北京：机械工业出版社，2014．

［28］袁克成．明明白白看报表．北京：机械工业出版社，2008．

［29］袁小勇．财务报告窗饰研究：理论·方法·策略．北京：首都经济贸易大学出版社，2006．

［30］张新民，钱爱民．企业财务报表分析．2 版．北京：清华大学出版社，2011．

［31］张新民，钱爱民．财务报表分析．3 版．北京：中国人民大学出版社，2014．

［32］张新民，王秀丽．财务报表分析．3 版．北京：高等教育出版社，2016．

［33］张先治．财务分析．4 版．大连：东北财经大学出版社，2011．

［34］张先治，陈友邦．财务分析．7 版．大连：东北财经大学出版社，2014．

［35］张俊民．财务分析．上海：复旦大学出版社，2006．

［36］张小雪．财务分析禁忌 124 例．北京：民主与建设出版社，2014．

［37］赵国忠．财务报告分析．北京：北京大学出版社，2004．